现代大学德育创新研究丛书
张耀灿思想政治教育学术研究基金资助
华中师范大学中央高校基本科研业务费(人文社科类)重大培育项目
"我国当代青少年精神生活现代化问题研究"
（项目编号：CCNU16Z02001）成果

"现代大学德育创新研究丛书"编委会

主　　编　张耀灿

主任委员　张耀灿

委　　员　（**按姓氏笔画顺序排列**）
　　　　　万美容　平　凡　李辽宁　张红霞　张耀灿
　　　　　罗爱平　项久雨　曹清燕　梅　萍　曾　兰
　　　　　谢守成

现代大学德育创新研究丛书

张耀灿　主编

当代大学生精神生活现状及其优化研究

曾兰　著

人民出版社

总　　序

　　大学德育是个常研常新的领域。这是因为大学是培养中国特色社会主义事业合格建设者和可靠接班人的摇篮,是为各行各业输送专门人才的阵地;学校教育必须坚持贯彻党和国家的教育方针,在德智体美劳诸育中坚持德育的主导地位,才能顺利完成立德树人的根本任务。随着国内外形势的发展变化,党和国家中心任务的与时俱进,随着大学生一届届毕业走向社会一级级新生又入学,都必然要求大学德育适应新形势,研究新情况,解决新问题。为此,对大学德育理论和实践的研究,从来都受到学界的高度关注。

　　新中国成立以来,大学为国家社会主义建设各条战线培养输送了大批人才,许多大学毕业生在实践磨练中成长为各行各业的精英或各级各地的骨干。在社会主义高等教育发展史上,大学德育作出了应有的贡献,也积累了丰富的经验。认真总结大学德育的历史经验和新鲜经验,能促进我们更好地认识和掌握客观规律,不断地加强和改进工作,从而也推进大学德育的实践创新和理论创新。

　　思想政治教育学是一门应用学科,在重点开展应用研究的同时,也要注意加强基础研究。大学德育就是对大学生开展的思想政治教育,即对大学生开展的思想教育、政治教育、道德教育和心理健康教育的总称。正是由于大学德育的突出地位,所以,在思想政治教育研究中长期受到重点关注。本套丛书专题开展新中国成立以来大学德育创新发展的研究,专题开展我国高等教育走向现代化的过程中的大学德育面临的新课题研究,其中《新中国高校德育史论》、《现代大学德育创新论》、《现代大学德育方法论》侧重于德育基础理论研究,《大众文化影响下大学生生命价值观教育研究》、《文化多样化背景下大学生志愿服务育人功能研究》、《价值多元背景下大学生价值观引导研究》、《大学生生态德育新论》、《大学生道德认同与培育研究》、《非意识形态化思潮对社会主义核心价值体系的影响及其对策研究》等则侧重于应用研究。

　　本套丛书的各位作者长期在思想政治教育工作的第一线,坚持以马列主义、毛泽东思想和中国特色社会主义理论体系指导研究,特别注重以习近平总书记系列重要讲话精神指导新的实践和研究。习近平总书记高举中国特色社会主义伟大旗帜,在治国理政中提出了许多新理念新思想新战略,如"以人民为中心"、"敢于担当"、"创新、协调、绿色、开放、共享"的发展理念,"两个一百年"的奋斗目标和中华民族伟大复兴的中国梦,"五位一体"的总体布局和"四个全面"的战略布局等。习近平总书记特别关怀大学生的成长,对大学生培育和弘扬社会主义核心价值观等也有直接的教导和深刻的论述。这一系列新理念新思想新论述既是我国高校德育创新发展的指导思想,也是现代大学德育重要的时代内容。在五大发展新理念中,创新居于首要和核心的地位。习近平在2013年8月19日中央宣传思想工作会议上的重要讲话强调了理念创新、手段创新、基层工作创新;2015年2月19日在新闻舆论工作座谈会上的重要讲话中指出要以创新为要,实现理念、内容、方法、手段、体制机制等的全面创新。之所以如此强调创新,是因为我国的改革、发展进入了深水区和攻坚期,发展已从主要靠资源投入转向主要靠创新驱动转变。高校的改革、发展同样要适应和顺应经济新常态;在经过世纪之交大学扩招的规模急速拓展之后,同样需要通过全面深化教育改革,重点抓好结构优化调整和质量效益提升的工作,因此,同样应当重视创新,主要要靠创新驱动发展。创新从来就是事物发展的不竭动力,在大众创业、万众创新的时代更加如此。因此,大学德育及其研究也要以创新为要，推进理念创新、手段创新和基层工作创新，适应新常态，引领新常态，推进新常态。本套丛书便是为此而作的一次新尝试。

当今在校就读的大学生基本上是成长于新的世纪，在新的时代进入大学，面临着新的使命和新的考验。在国内外复杂多变的形势下，在国家仍将处在社会主义初级阶段，仍要坚持基本经济制度的背景下，公有制为主体、多种所有制共同发展，必然反映到观念上层建筑领域，思想文化、价值取向也必然呈现"一元主导，多元并存"的态势，大学生也不例外。因此，以社会主义核心价值体系和核心价值观引领现代大学德育创新发展就显得十分重要；提高德育的实效性也势必对德育创新提出了新要求。相信本套丛书的出版，将会对高校干部、教师有所启迪。

"现代大学德育创新研究丛书"的编撰出版，是我所在的华中师范大学思想政治教育研究所加强思想政治教育学科建设的又一个重点项目。研究所自1994年成立以来，为社会培养了一大批思想政治教育专门人才，有的已经成为各级思想政治教育管理部门的领导，有的已经成为思想政治教育学科领域的中青年专家，更多的成为了思想政治教育实践领域中的优秀工作者。学校110周年校庆之时，我的学生罗爱平捐资设立"张耀灿思想政治教育学术研究基金"，让我感到十分欣慰。正是因为有了该基金的资助，"现代大学德育创新研究丛书"才能得以顺利出版。当然，该丛书的出版也得到了学校和马克思主义学院领导的大力支持，得到了出版社诸多朋友的无私帮助，这是我们全体丛书作者不会忘记的。

张耀灿

2016 年 3 月

目　　录

序

　　曾兰的博士论文《当代大学生精神生活现状及其优化研究》几经修改，终于成书，即将付梓出版。此时此刻，我和她一样，内心充满激动和喜悦。

　　满足人民精神需要、丰富人民精神生活、提高人民精神力量、构建民族精神家园，是新时代建设社会主义精神文明，建设社会主义文化强国，从而建成富强民主文明和谐美丽的社会主义现代化强国的题中要义。随着我国综合国力的持续提升，在物质生活水平显著提高的同时，人民精神生活的内容和形式都得到极大丰富。但我们也注意到，当今世界处于百年未有之大变局，国际敌对势力与我争夺青年一代的斗争更加尖锐复杂，国内外复杂多变的形势时常冲击着青年学生的思想观念和行为方式。在一些大学生中，政治信仰迷茫、理想信念模糊、价值取向扭曲、诚信意识淡薄、社会责任感缺乏、艰苦奋斗精神淡化、团结协作观念较差、心理素质欠佳等精神生活层面的问题仍不同程度地存在。我个人认为，大学生中存在的这些问题，从一个方面凸显了加强大学生思想政治教育，贴近青年思想实际，从关注他们精神生活问题出发，探讨如何引导他们坚定理想信念，树立正确的世界观、人生观和价值观，厚植爱国情怀，培育民族精神和时代精神，加强品德修养的必要性和紧迫性。正是在这个意义上，近年来我一直引导我的学生们从这个方面去寻找研究选题，曾兰就是从中发现了问题，找到了研究方向，并且长期坚持且小有所成的一个学生。

习近平总书记在纪念五四运动100周年大会上的讲话中指出,"青年是整个社会力量中最积极、最有生气的力量,国家的希望在青年,民族的未来在青年"。关注大学生的精神生活现状及其优化问题,不仅是提高社会主义核心价值观对青年的向心力、整合力和凝聚力,抵御西方意识形态对青年的渗透的有力举措,也是培养能够担当民族复兴大任的时代新人,确保中国特色社会主义伟大事业后继有人的迫切需要。习近平总书记在全国教育大会上指出,"培养什么人,是教育的首要问题。我国是中国共产党领导的社会主义国家,这就决定了我们的教育必须把培养社会主义建设者和接班人作为根本任务,培养一代又一代拥护中国共产党领导和我国社会主义制度、立志为中国特色社会主义奋斗终身的有用人才"。并强调,对学生的教育引导要着力在坚定理想信念、厚植爱国主义情怀、加强品德修养、增长知识见识、培养奋斗精神、增强综合素质六个方面下功夫。这既是对广大教育工作者的要求,也是对青年学生发展的期待,为新时代青年学生成长指明了方向。深刻领会其科学内涵,使我更加坚定一个信念:关注青少年精神世界的建构,精神生活的优化,精神成长的发展,顺利实现精神成人的目标,应当成为新时代思想政治教育创新发展的一个重点领域。这也使我坚信,《当代大学生精神生活现状及其优化研究》的出版是一件十分有价值的事情。

《当代大学生精神生活现状及其优化研究》是曾兰在其博士论文基础上修改、充实完成的成果。这本著作在厘清时代发展要求、明晰教育根本任务、立足青年成长需要、把握学生思想特点的基础上,提出了"当代大学生精神生活需要优化"的核心命题,并从理论阐述、现实状况、原因探析、目标内容、方法路径等方面展开研究,着重探讨了"当代大学生精神生活何以如此重要"、"当代大学生精神生活何以需要优化"、"当代大学生精神生活如何有效优化"等主要问题。应当说,这本著作就其内容来看,还是颇有一些新意的。

《当代大学生精神生活现状及其优化研究》从界定精神生活概念出发,结合大学生精神生活实际,对当代大学生精神生活系统进行了结构分析,将精神生活从内容上划分为感性层次的心理生活、理性层次的伦理生活和超越层次的信仰生活，从形式上划分为与精神生产、精神交换和精神消费相对应的学习创造生活、精神交往生活和娱乐休闲生活。这不仅是在已有研究基础上对精神生活的一些重要理论问题作出的更为深入的阐释，更为当代大学生精神生活的理论研究与实证分析提供了分析框架和工具。此外，以较为科学规范的问卷调查、半结构式访谈结果为基础，坚持整体性把握、选择性突出、创新性切入的原则，分析了当代大学生精神生活的整体状况和群体差异，对其良性发展趋势和存在的突出问题进行了概括；从市场经济、多元文化、现代科技、社会支持、人生境遇等方面分析了影响当代大学生精神生活的主要因素，提出正是在个体精神系统与外部复杂环境的互动中，当代大学生精神生活的发展变化表现出在与物质生活的辩证互动中发展，在与群体精神生活的相互渗透、相互影响中发展，在网络虚拟环境的建构与解构中发展，个体精神生活的继承、延续发展，在重要生活事件影响下的突变性发展等特点，揭示了大学生精神生活环境建构发展、需要驱动发展和自我继承发展的基本发展规律。最后值得推介的是，曾兰在这本著作中提出了当代大学生精神生活环境助力之教化熏染、教育引导之精神养成、自主建构之现代修身等层次推进、三位一体的优化发展模型，从而探讨了优化当代大学生精神生活的社会保障、德育引领和自我调适的方法和途径。其中涉及的个体精神发展的方向、领域、条件等问题，个体精神生活发展的全面与协调问题、自觉与自主等问题，也极大地拓展了我们的研究视野，展现了这一研究领域更为夺目的魅力。

感谢"张耀灿思想政治教育学术研究基金"同意将《当代大学生精神生活及其优化研究》纳入张耀灿先生主编的"现代大学德育创新研究丛书"出版并给予资助！感谢华中师范大学中央高校基本科研业务费（人文社科类）重大培育项目"我国当代青少年精神生活现代化问题研究"对曾兰研究工作的支持与资助！

最后必须感谢曾兰邀请我为她的学术首秀作序！祝愿曾兰博士在已经选

择的学术道路上坚守信念,砥砺前行,为培养德智体美劳全面发展的社会主义建设者和接班人,为新时代青少年健康成长,为思想政治教育学科的创新发展奉献自己的聪明与才华。

万美容

2020 年 11 月 18 日

绪　　论

精神生活不是现实窘迫、无计可施的呻吟,也不是生活安乐、闲来无事的诗词,它是与人的生活同生同在,并表征人的本质力量的存在方式。如果人的生活中只有吃、喝、生、养,那么他的存在与动物无异。如果人的生活只是机械地重复满足温饱的生产与消费,那么他的存在是单一而片面的。正因为人在温饱、繁殖之外还有精神性需求,他才得以与动物区别开来。正因为人在物质生活之外还有自己独特的精神生活,他才得以成为区别于他人的个性化存在。尤其是随着经济的持续发展,社会物质财富的不断增加,人们的物质生活将越来越同质化,而表征人个性化存在的精神生活则越来越异质化,精神需要将成为个体的首要需要,精神生活也将成为个体最重要的生活方式。

"青年兴则国家兴,青年强则国家强。青年一代有理想、有本领、有担当,国家就有前途,民族就有希望。"[①]习近平总书记在党的十九大报告中提出要"培养担当民族复兴大任的时代新人",并在全国宣传思想工作会议和全国教育工作大会上再次强调了这一关键问题。这深刻地回答了党在新时代"培养什么样的人、为谁培养人"的根本问题,为新时代中国特色社会主义的人才培养指明了方向。作为时代新人的重要主体构成,青年学生有着怎样的精神生

[①]　《决胜全面建成小康社会　夺取新时代中国特色社会主义伟大胜利 中国共产党第十九次全国代表大会在京开幕》,《人民日报》2017 年 10 月 19 日。

活、精神发展呈现何种态势,决定着他们能否担当民族复兴大任、成为合格的时代新人,并最终关系着中国特色社会主义伟大事业是否后继有人、后继有何人的根本问题。此外,中国特色社会主义进入新时代,我国社会主要矛盾已经发生转变,青年学生的美好生活需要日益广泛。关注青年精神需要、提升青年精神素养、引领青年精神生活,着力培养堪当大任的时代新人成为高等学校完成"立德树人"根本任务的具体表现和价值目标。爱因斯坦曾指出,学校的目标是使学生在离开学校时成为一个和谐的人,而不是一个专家。叶圣陶先生也提出,教育是农业而不是工业。这表明,教育是一个促进生命健康生长、个性发展的过程,而不是一个产品机械制造、批量加工的过程。因此,思想政治教育要积极关照大学生的精神生活和精神成长,在强调知识教育的同时更加突出精神教育,在促进大学生专业成才的同时着力促进大学生精神成人。

问题的提出及研究意义

一、问题的提出

对国家社科基金项目"'90后'学生思想行为特点与大学生思想政治教育实践创新研究"全国范围抽样的4000多份有效问卷的统计分析发现:当代大学生面对重重压力往往表现出明显的浮躁、焦躁、狂躁心态,他们期待他人关注但又缺乏真正的知心朋友,强烈的心理需求与弱化的社会支持形成反差;他们有着明确的道德价值观念、较高的道德认知水平和道德追求,但当遭遇生活中某些道德难题、困境时,他们在行为上往往表现出犹疑和不确定,高道德认知与低道德践履不相适应;他们身处竞争激烈的社会环境,却失却了对人生意义与理想信念的追求,表现出较为明显的生活目标务实、人生信念淡薄、意义追求缺乏、精神动力不足等特点。在对当代大学生思想行为特点作进一步阐述与分析时发现,这些问题都直接指向一个更为根本性的问题,即当代大学生的精神生活问题,更为具体地来说,是当代大学生精神生活的失衡、失序问题。

通过对精神生活问题的理论思考和现实反思,深感当代大学生的精神生活问题是一个具有重要理论价值和现实意义的前沿性课题。人是具有二重性的存在,是自然性与社会性、肉体与心灵、物质与精神的统一。在这相对区分的两者之间,"由于人首先是作为一个生物体而存在的,而人的其他一切活动都是建立在生物体存在的基础之上的,因而,为了保障生命存在的物质活动即物质生活资料的生产活动对于全部人类生活便具有了首要的意义"①。然而,只有精神才能给出人之所以成其为人的内在理由,只有精神存在才是标识人与动物根本区别的特性所在,因此,在人的生存问题得到根本解决的条件下,个体精神生活的发展相对物质生活而言具有一定的优先性。党的十八大报告指出,让人民享有健康丰富的精神文化生活,是全面建成小康社会的重要内容,并明确要求"大力弘扬民族精神和时代精神,深入开展爱国主义、集体主义、社会主义教育,丰富人民精神世界,增强人民精神力量"。可见,不论是人的发展还是社会的发展,最终都必然指向社会中现实个体精神世界的丰富和精神生活的发展。

改革开放以来,中国的国民经济获得了前所未有的迅猛发展,商品琳琅满目的商场、迅速更新换代的电子产品、鳞次栉比的高楼大厦、丰富多彩的城市夜生活、成群结队的外国旅行团,等等,无不彰显着现代中国物质资料的日益丰裕。然而,"物质生活水平和自由程度的大幅提高并没有真正使人们追求幸福生活的愿望得以实现。相反,却出现了诸如不断增强的主体性与日益严重的虚弱感的矛盾、物质占有的丰裕性与精神失所的矛盾、个体交往的广泛性与孤独感不断增强的矛盾等等问题"②。人们不禁倍感疑惑并开始追问:为什么丰裕的物质换不来充实的内心?为什么物质的满足换不来心底的幸福与愉悦?人到底为什么而活?人应该怎样活?这种对生活最终意义的追问使人们

---

① 王南湜:《简论人类精神生活》,《求是学刊》1992年第4期。
② 吴玉军:《非确定性与现代人的生存》,人民出版社2011年版,第57页。

开始普遍警醒,精神生活绝不是物质生活的附属品,它是表征人的本质存在与生命价值的根本所在。

对大学生而言,个体的成长不仅在于年龄增长和身体发育,更在于心理成熟、价值养成和信仰确立。青春期的他们正迫切地追问自我的价值和意义,急于明确自我在社会中的角色和地位,因而也必然遭遇更多的精神困惑与疑虑,甚至矛盾与冲突。而教育的根本任务是立德树人,大学生思想政治教育的目的不仅在于促进学生的知识增长和专业成才,更在于促进学生的精神发展和精神成人。此外,目前思想政治教育存在的有效性或实效性之痛,也与思想政治教育在目标确立、工作开展过程中对人的定位模糊、认识有所偏差大有关联。当代大学生究竟有着怎样的精神面貌和精神生活质量,他们对思想政治教育的目标内容、方式方法提出了哪些要求,思想政治教育在学生精神成长、精神成人过程中有何作为、如何作为,这是关乎"立德树人"根本任务和思想政治教育实际效果的重要理论与实践课题,理应引起思想政治教育理论研究者和实际工作者的足够重视。

二、研究的理论价值和现实意义

当代大学生是祖国未来的建设者,是中国特色社会主义事业的接班人。他们的精神境界以及精神生活质量如何,深刻影响着中国未来社会的精神面貌和发展趋向,直接影响着"两个一百年"奋斗目标和中华民族伟大复兴中国梦的实现。习近平在2018年全国教育大会上指出,"培养什么人,是教育的首要问题。我国是中国共产党领导的社会主义国家,这就决定了我们的教育必须把培养社会主义建设者和接班人作为根本任务,培养一代又一代拥护中国共产党领导和我国社会主义制度、立志为中国特色社会主义奋斗终身的有用人才。这是教育工作的根本任务,也是教育现代化的方向目标"[①]。加强当代

---

① 《习近平在全国教育大会上强调 坚持中国特色社会主义教育发展道路 培养德智体美劳全面发展的社会主义建设者和接班人》,《人民日报》2018年9月11日第1版。

大学生精神生活现状及其优化研究,促进大学生精神生活品质的提升和精神成人的实现,助力培养担当民族复兴大任的时代新人,具有重要的理论价值和现实意义。

（一）理论价值

1. 揭示大学生成长发展的规律。大学生的成长发展主要包括生理的发育、心理的成熟、道德的养成、信仰的确立等内容。而这些成长变化,都内蕴着个体意识不断发展、精神不断成长,并日益充实精神世界、最终实现精神成人的过程。在校大学生既具有一般青少年的普遍性特征,也具有区别于其他青少年群体的特殊性。调查当代大学生在该人生发展阶段精神生活的现实特征和突出问题,分析不同年龄段学生精神生活的现实差异和变化趋势,探求大学生精神生活发展、演变的影响因素和作用规律,对于揭示大学生的阶段性成长规律、揭示其整合内外因素促进发展的规律都有重要意义。

2. 拓展青年学理论。青年学是一门研究青年发生、发展的过程与规律的科学。对于青年学的研究对象,国内外主要有两种意见,一是认为青年学要回答的基本问题是"青年应当成为怎样的人"以及"怎样教育青年成为这样的人",二是认为青年学的首要任务是回答"青年是怎样的人"[1]。显然,不论是对青年的实然性存在还是应然性存在的考察,也不论是对青年的本质还是发展的研究,都无法回避青年精神性的生成和发展问题,因此也无法回避青年的精神存在、精神成长和精神生活问题。从精神生活的内涵、特征、结构等角度研究当代大学生精神生活的一般理论性问题,从整体特点、突出问题、群体差异等角度研究当代大学生精神生活的现实性问题,从自我修身、学校教育、社会保障等角度研究当代大学生精神生活的优化问题,将极大地推进青年学基础理论的创新和社会应用的拓展。

----

① 金国华:《青年学》,中国青年出版社 1999 年版,第 15 页。

3. 丰富思想政治教育的内容与方法体系。思想政治教育学科的持续发展与影响力的逐渐扩大,一是要求加强基础理论研究创新的自觉性,二是要求加强理论回应现实问题的自觉性。研究当代大学生的精神生活问题,既是对基础理论研究创新的努力与尝试,也是对现实突出问题的回应与解答。优化当代大学生的精神生活,高校思想政治教育在丰富精神生活内容、优化精神生活方式、提高精神生活质量过程中扮演着不同于家庭影响,也不同于社会引导的重要角色。而这一功能的发挥和目标的实现又依托于教育内容的科学选择和教育方法的科学运用。在经济市场化、文化多元化、社会信息化的现实背景下,面对当代大学生这一个性鲜明、价值多元、心态务实的特定群体,思想政治教育有效性的提升面临更为严峻的挑战。因此,系统研究当代大学生的精神生活及其优化问题,将在一定程度上丰富和拓展思想政治教育的内容与方法体系,推动具有中国特色的哲学社会科学体系构建。

(二)现实意义

1. 研究当代大学生精神生活现状及其优化问题,有助于解决大学生精神生活问题,提高个体生命质量。当前大学生群体中部分地存在目标摇摆不定、情绪起伏不定、精神动力缺失、状态散漫倦困等精神懈怠现象,其本质是一种精神的缺失。毫无疑问,这种精神缺失危害了大学生的健康成长:部分学生出现了急躁、烦躁、焦躁心态,心态的失衡影响着个人聪明才智的正常发挥;有的学生滋生心理疾病,抑郁、焦虑或神经衰弱,疾病的困扰影响着个人学习效率和生活品质的有效提升;甚至个别学生出现严重的精神危机,引发自杀或他杀行为,直接摧毁了自己的美好人生。促进大学生的全面、可持续发展,必须以解决学生的现实问题与思想问题为前提。提高大学生的生命质量和生活幸福感,必须以解决学生的精神缺失与精神困扰为基础。因此,研究当代大学生的精神生活现状及其优化,对解决大学生的现实问题和提高生命质量具有直接的现实意义。

2. 研究当代大学生精神生活现状及其优化问题,有助于把握大学生精神成长特点,提高思想政治教育的针对性和实效性。目前,思想政治教育实效性不强的重要原因之一是教育的针对性不强,而教育针对性不强又突出地表现在教育内容的设置、教育方法的选择、教育情境的创设等没有很好地针对教育对象的现实特点。由于出生的时代背景、社会变迁、不同成长阶段遭遇的生活事件(社会重大事件)等的差异,当代大学生或多或少地表现出与其他群体的不同,加上家庭经济基础、父母文化水平、家庭教育理念等的区别,当代大学生群体内部也存在一定的性格差异。大学生思想品德和精神素养等人文品质的发展不同于专业知识的掌握和专业技能的提升,它更要求教育要针对学生思想品德和精神素养的现实状况,遵循教育引导其健康发展的客观规律。研究当代大学生的精神生活现状,把握其精神成长的特点与规律,有利于思想政治教育更有针对性地发挥其在提高学生精神生活质量、促进学生精神成人过程中的作用,切实提高教育的实效性。

3. 研究当代大学生精神生活现状及其优化问题,有助于促进大学生精神成人,促进高校立德树人根本任务的完成。当代大学生精神生活的失衡、失序,必然伴随着心态消极、情绪波动大等精神状态。长此以往,就会模糊人生发展的方向,迷失人生的价值和意义,形成不健康的生活态度、不科学的精神生活方式,一旦遭遇困难就悲观失望,甚至轻生。当代大学生能否构建和谐的精神世界,培育健康的精神生活方式,他们能否以自身积极的精神面貌和较高的精神境界引领社会风气的发展,都直接体现着高等学校"立德树人"的成效。显然,高校思想政治教育从理论上和实践上关注当代大学生精神生活,尤其是对学生现实精神生活问题的关切和解决,将有效促进学生健康成长和精神成人,促进高等学校"立德树人"这一根本任务的顺利完成。

4. 研究当代大学生精神生活现状及其优化问题,有助于优化人才结构,助力培养担当民族复兴大任的时代新人。党和国家在不同的历史时期都有对时代"新人"及其培养目标的论述,党的十九大报告首次提出"担当民族复兴大任的时代新人",使时代新人成为一个具有特定所指的概念。从时代新人培养的角度而言,大学生显然是时代新人的重要主体来源。而"担当民族复兴大任"作为时代新人的根本价值和核心特征,它是对时代新人应该具备何种精神素养的高度概括。因此,个体精神素养水平的高低和精神生活质量的好坏,这是衡量大学生能否担当起民族复兴大任、成为合格时代新人的关键要素所在。研究当代大学生精神生活的基本特征、突出问题和发展趋势,并在此基础上探究优化精神生活、提升精神素养、促进精神成人的现实对策,有助于优化人才结构,培养时代新人。

国内外相关研究现状

经过 40 多年的改革开放,现代经济与科技的迅猛发展带来了整个社会翻天覆地的变化,人们的物质生活水平得到普遍提高。然而,人们在享受物质生活多种多样、丰富多彩的同时,却不同程度地出现了意义失落、信仰迷失、支柱崩塌的精神危机。物质生活与精神生活好比人走路的两条腿,精神生活的滞后发展影响着人们生活质量的提高以及社会持续稳定的发展。因此,人的精神生活问题受到了越来越多的关注和重视。

一、国外相关研究现状

精神生活作为人的一种本质存在方式和生活方式,自古以来就受到西方思想家的关注。古希腊时期,赫拉克利特、苏格拉底、德谟克利特、柏拉图、亚里士多德等哲人就从"幸福"、"快乐"、"德性"、"善"、"美"、"信仰"、"灵魂"、"智慧"等角度,从追求幸福、崇尚理性、塑造人格、充实心灵,从灵魂的不朽、欲望与真理的关系、智慧和知识的关系等方面研究了人的精神系统和精神生活问题。到了中世纪,基督教精神广泛渗透到社会日常生活的众多领域,控制着社会意识形态和人们的思想行为。基督教强调放弃当下的物质享受以洗脱自身的罪孽,通过在俗世行善积德、禁欲苦行以获得自身的救赎,追求来世的恩宠与幸福。宗教对上帝的绝对信仰,实质上是神性对人性的压制,但也以给人内心信仰和自由的方式为人提供精神支柱。在现当代资本主义社会,随着社会生产力的高度发达和科学技术的迅猛发展,在神学与科学、价值与理性的对抗中,人的信仰迷失、精神失落的现象日益严重,学者们开始从社会精神危机的角度研究精神生活问题。在哲学、心理学、社会学、宗教学等领域涌现出一大批关注精神生活的学者和一批高水平的著作。比如胡塞尔的《欧洲科学的危机与超越论的现象学》,雅斯贝尔斯的《时代的精神状况》,马尔库塞的《单向度的人》《爱欲与文明》,弗洛姆的《逃避自由》《健全的社会》《为自己的人》,哈贝马斯的《交往的理论》,奥义肯的《生活的意义与价值》《新人生哲学要义》,等等。

西方对人的精神生活问题研究大体可以分为两大类型,一是对精神、对精神生活基本问题的理论探究与讨论,二是对社会、对个体精神生活突出问题的现实审视与反思。在理论问题研究上,黑格尔对人的精神系统进行了详尽的分析和阐述,他在《精神哲学》一书中把精神的发展分为主观精神、客观精神和绝对精神三个阶段,分别描述了人的精神从自然灵魂成长为自由精神,人的精神通过抽象的法、道德和伦理进入社会并实现意志自由,人的精神通过艺术、宗教和哲学三个阶段达到自由境地而实现对自身的完全认识的过程。汉娜·阿伦特则对人的精神活动进行了深入探索,在《精神生活》系列著作("思维"卷、"意志"卷,另外"判断"卷未完成)当中,她指出人的精神主要有思维、意志和判断三种基本活动形式。而在精神生活现实问题研究上,马克思、恩格斯从资本主义社会矛盾的角度研究了人的异化问题;海德格尔认为,技术的本质就是把人限制在特定的框架内,人在技术世界中不断被物化,并逐渐丧失了自身存在的意义,技术的非家园性使人认识到,人应该诗意地栖居在大地上;马尔库塞指出,科学技术的发展大大提高了人们生活的福利,人们在享受物质福利的同时却不自知地受到技术和物质的奴役与控制,丧失了自身思考和批判的主体性,成为片面、单向度的人,等等。

此外,在对青少年、大学生进行精神教育,引导学生重建精神世界、优化精神生活问题上,西方同样进行了广泛的探索。比如,(苏)苏霍姆林斯基在《年轻一代的道德理想教育》(1984)中阐述了理想在个人精神成长中的作用以及个人道德理想的形成;(苏)纳扎罗娃在《青年共产主义信仰的形成》(1986)中分析了信仰形成的过程以及青年科学世界观的形成;(美)泰普斯科特在《数字化成长 网络世代的崛起》(1999)中研究了网络世代在人格特征、思想意识、价值观念、意识形态、心理素养等方面的特点;(美)巴格莱(2005)在《教育与新人》中指出教育是社会进化的基本因素,并论述了知识、课程、教师的作用和功能;(美)腾格在《我一代》(2012)中描述了"我一代"自我关注的特点,等等。目前,"精神教育研究已成为当代西方教育研究的一个热点问题","倡导精神教育,既是当代西方人文主义教育所关心的主题,又是解决当下社会危机的基本对策"。(王坤庆,2002)西方针对青少年、大学生精神教育的研究,主要有人格培养、宗教教育、价值教育、博雅教育等角度,并主要聚焦于课程设置、实践活动、公共参与、校园文化等具体方式的研究。这些成果,毫无疑问对研究当今中国大学生的精神生活具有重要的参考、启发作用。

二、国内有关大学生精神生活研究的现状

根据在国家图书馆、读秀学术搜索,以及中国知网(CNKI)上的检索结果,有关精神生活问题的研究大概在2000年左右获得了较为明显的增长。自2000年以后,有关精神生活问题研究的学术成果基本呈逐年递增的趋势。就目前研究情况而言,中山大学以郑永廷教授为核心的学术团队,以及华东师范大学由许纪霖教授、童世骏教授、陈赟教授等组成的学术团队,走在全国精神生活研究的前列。此外,宁夏社会科学院的张同基研究员和包哲兴研究员、中共中央党校的韩庆祥教授、东北师范大学的庞立生教授、南开大学的杨桂华教授、河海大学的孙其昂教授等及其团队,也对人的精神生活或精神世界问题多

有关注,并有相应的较高水平的研究成果。而在学位论文方面,中山大学郑永廷教授指导了一系列有关精神生活、精神动力、精神追求、精神交往、精神文化、精神家园等问题研究的博士论文。另外,东北师范大学、山东大学、吉林大学、河北师范大学等高校的部分博导,也指导学生从科技哲学、马克思主义哲学、教育学、思想政治教育学等方向和角度关注和研究精神生活问题。可以说,人的精神生活(包括大学生的精神生活)问题研究,已然成为学术界的热点问题和前沿问题。

(一)关于精神生活概念和特点的研究

精神生活作为个体生存方式的重要表征,是与现实个体生活结构中的物质生活相对应的部分。王南湜教授指出,物质生活与精神生活"是互相渗透、互为中介的,我们只能够在相对的意义上把人类生活划分为物质生活过程和精神生活过程两个方面"。(王南湜,1992)另外,有学者认为,物质生活的目的是为了生存,生存又从本质上区别于生活,因此,生活即精神生活几乎是逻辑的结论。(包哲兴,1992)学界对于精神生活这个概念的定义有多种,反映了研究者理解精神生活内涵的不同角度。

一是个体存在状态与方式的角度。郑永廷教授认为精神生活是"在一定社会条件与物质生活基础上,人们在改造客观世界过程中选择、向往和创造精神资源以满足精神需要并不断推进自身发展、超越的状态与方式",并从精神生活的具体承担者、精神生活的物质基础、精神生活形成和发展的重要条件、精神生活形成和发展的内在动力、精神生活的构成、精神生活的重要价值等六个方面对概念的内涵作了进一步的说明。(郑永廷,2012)王南湜教授则把人类精神生活规定为"主体借助于语言符号的中介对于对象的象征性把握",并把其本质规定为"通过语言符号的象征作用而打开一个可能世界,并在其中选择一个理想世界作为现实生活所趋向的目标使现实世界意义化的过程"。(王南湜,1992)此外,有学者以"存在方式"、"实践活动"、"价值体认"来表述

精神生活的内涵。(王崎峰,2014)

二是满足精神需要的活动与过程角度。童世骏教授指出,"我们可以把精神生活理解为精神活动,进而把精神活动理解为一种自觉到精神需要并尽力加以满足的人类行为"。(童世骏,2009)张慧君教授则认为,精神生活是"与一定的物质生活相适应,人们为了获得独特的各种精神需求而进行的自由自觉的文化层次或意识形态层次上的活动"。(张慧君,2011)还有学者从人的生成与生存的角度,将人的需要分为生命需要、交往需要和精神需要,而精神生活即"现实个人物质生活和交往生活过程中形成的相对独立的生活领域,是对现实个人精神需要的满足与超越"。(王书道,2002)

三是个体内在意识、精神世界的角度。王坤庆教授把精神生活界定为"人在处理自我、他人与人类关系过程中的思想倾向、情感态度和价值意识"。(王坤庆,2009)另外,有学者指出,"精神生活是个体内心对客观现实的一种体认、载录和诠释"。并指出,作为一种体认,精神生活反映的是个体内心静态形态,作为一种载录和诠释,它反映的是个体内心的一种动态形态。(胡键,2004)有学者则在指出,精神生活是个体内心静态与动态形式的统一的基础上,进一步指出精神生活从"内部"向"外部"的延续就表现为物质生活,精神生活的"物化"表现即为物质生活。(王玉如、赵继伦,2012)

精神生活是在人的社会实践活动过程中不断生成并逐步发展的,它与社会生活、物质生活、政治生活等都紧密相连,但又具有区别于其他类型生活的显著特征。有学者认为精神生活具有不可替代性、不可转让性、发展持续性等特性。(廖小琴,2009)有学者指出,超越性、历史性和多样性、社会性、阶级性是精神生活的特点。(陈春莲,2012)郑永廷教授指出,当代社会的精神生活在一般特性之外还具有现代性与传统性交融、超越性与滞后性兼有、层次性与起伏性交错等区别于传统社会精神生活的鲜明特征。(张彦、郑永廷,2011)此外,有学者提出,精神生活具有物质性的特点,表现为个体的精神生活对被其反馈的客观实践产生的一种"社会性"力量,以及个体内心的精神生活对客

— 12 —

观物质世界具有的"雕塑"功能。(胡键,2004)

(二)关于精神生活内容与结构的研究

精神生活的复杂性决定了其内容和形式的丰富性。有学者指出,精神生活主要由知识生活、心理和情感生活、道德生活和信仰生活等要素构成,既包含哲学、艺术、科学等自觉精神文化图式,又包含在社会生活中,体现为社会心理、社会伦理、公共价值观念等,还包含个体行为习惯、风俗、礼仪、宗教等自发精神文化。(侯勇、孙其昂,2010)有学者认为精神生活包含了欣赏性的精神生活、参与性的精神生活、情感交流生活、道义性精神生活、求知与学习性的精神生活、创造性活动中的精神生活,以及为理想奋斗过程中的精神生活等丰富的内容。(李建英,2008)王南湜教授指出精神生活的主要样式包括理论生活(指向外部世界)、道德生活(指向人类自身)和艺术生活(指向二者之综合的人类理想)三类。(王南湜,1992)杨桂华教授从现实问题出发,从经济生活的精神畸变、政治生活的精神症结、法律生活的精神梗阻、文化生活的精神陷阱、伦理生活的精神困惑、社会生活的精神失衡、终极关怀的精神迷茫等角度研究了社会转型期精神迷失现象,(杨桂华,2009)体现出对精神生活内容的另一种认识模式。

精神生活作为一个复杂的系统,其构成要素总是以一定的方式联结在一起形成一定的结构。目前关于精神生活的结构研究存在三种维度。

一是内容结构。郑永廷教授指出,社会发展的阶段性和精神生活水平的差异性,决定了精神生活的层次性,根据人在成长过程中精神生活水平提高的顺序,可以将精神生活分为感性层次(感知层次)、理性层次(理智层次)、信仰层次(理想层次)。(郑永廷,2012)多数学者则直接从精神世界的构成视角考察了精神生活的内容结构。张健立足于生成论和存在论两种视界,根据意识活动中刺激—反应、疑问—探究、意义—反思,以及本质—追问四个层次的不同结果,揭示了精神世界中心理层面、思维与认识层面、伦理与价值观层面以及思想层面等四个层面的生成。(张健,2011)王海滨则依据涵摄因素、遵循逻辑和适应原理的不同,将个体内在精神世界分为欲求世界(满足逻辑与苦乐原理)、情感世界(愉悦逻辑与爱憎原理)、认知世界(科学逻辑与真假原理)、评价世界(规范逻辑与应实原理)、伦理世界(德性逻辑与善恶原理)、超验世界(究极逻辑与有无原理),并形成了精神世界的"一体六维"结构。(王海滨,2012)

二是形成、发展结构。廖小琴指出,精神生活形成的核心,是精神的生成,精神的生成是一个由对象、需要、价值观和实践等多要素复杂耦合和综合作用的过程。人的精神生活是奠基在物质生活基础上,不断由近及远向社会性、文化性和价值性的高层次发展,因而可以把人的精神生活发展结构看成以物质生活为基础,并逐层拓展的物质—文化性精神生活、关系—价值性精神生活、文化—价值性精神生活三个圈层,此外,虚拟精神生活是精神生活发展中的新层次。(廖小琴,2009)

三是综合结构。有学者从主观与客观、微观与宏观两个视角把精神生活划分为四个维度,并对应界定为个体、社会、心理和环境四个不可化约的要素,四个要素相互作用产生社会心理、社会环境、个人心理、个人环境四个子系统,并生发出价值取向力、社会规范力、心理驱动力和情景约束力四种基本力量,分别对应精神生活的主观世界层面、客观世界层面、个体心理层面和群体互动层面。(文军,2004)

(三)关于精神生活发展目标及具体衡量的研究

当讨论精神生活存在问题、优化精神生活现状、构建健康精神生活时,必然涉及精神生活发展、优化的目标问题。有学者指出,中国共产党"为人民谋幸福"、"为民族谋复兴"、"为世界谋大同"的历史使命,为新时代精神生活提供了个人、民族、人类的三维价值遵循。(袁祖社、刘华清,2019)有学者从精神生活丰富性的角度,指出参加主体的广泛性与生活内容的丰富多样是精生活丰富的主要表现。而健康精神生活是符合人的需要,并有利于促进人的全面发展的,至少包括崇高的精神追求、理性的精神享受、丰富的精神交往、良好的精神状态等目标。(潘华实,2012)另外,有学者从大学生精神成人的角度,提出大学生要成为一个能创造意义、富于批判精神和怀疑意识且具有独立思想能力的主体,其中,独立人格是精神成人的内核、自由表达是精神成人的前提、批判思维是精神成人的保障、创造意义是精神成人的目的。(张笑涛,2011)

精神生活发展目标是对精神生活发展变化结果预期的概括性、抽象性表达。在接近并实现目标的过程中,显然无法回避精神生活的具体衡量标准问题。已有研究对精神生活衡量问题的讨论主要有三种视角。

一是从精神生活内容构成上寻求不同的标准。童世骏教授认为精神生活包括心理生活、文化生活、心灵生活,因而对精神生活的衡量可以从心理生活的健全程度、文化生活的丰富程度、心灵生活的充实程度三个方面展开。(童世骏,2005)

二是探讨精神生活衡量的原则及指标。廖小琴指出,精神生活的发展,既有"质"的标志,也有"量"的标志,(廖小琴,2009)精神生活质量作为精神生活满足个人精神需要的客观程度以及个人对这种满足状况的主观感受的反映,其衡量需要坚持主客观指标相结合、相对性与动态性相结合、简明实用等原则,并以精神生活特性、精神生活需求、精神发展程度和精神感受作为其具体的衡量指标。(廖小琴,2005)

三是精神生活质量衡量指标体系的建构。有学者从个人在工作过程中、在工作后和余暇休闲中、社交中、家庭生活中四个方面构建了30个二级维度的精神生活质量指标体系。(杨绪忠,2002)郑永廷教授则从生产劳动与实践活动过程中的精神生活质量、客观环境制约与影响下的精神生活质量、人际交往过程中的精神生活质量、休闲生活中的精神生活质量,以及家庭生活过程中的精神生活质量等方面建构了包含五个维度44个指标的精神生活质量测评

指标体系。(郑永廷,2012)

(四)关于精神生活发展规律的研究

内部结构、外部环境,以及生成机制的复杂性,决定了精神生活发展、演变的复杂性。学者们从不同视角对精神生活发展的规律进行了总结概括。宏观上,有学者从社会物质生活决定、改造世界的实践活动推进、精神交往深刻影响三个方面,揭示了人的精神生活产生与发展的规律。(郑永廷,2012)微观上,有学者指出物质生活与精神生活辩证发展、精神生活系统多因素作用、精神生活的继承与创造、精神生活的渐进与连续发展、需要驱动、社会交往中介、能力发展提升等是个体精神生活发展的一般规律。(廖小琴,2010)此外,有学者指出,物质生活是精神生活的根源性基础、精神生活与物质生活相互促进、精神生活受制于政治生活又反作用于政治生活、精神生活的形成就是内源性精神资源和外源性精神资源的结合等是精神生活发展的一般规律。(陈春莲,2012)

(五)关于中国人精神生活的研究

从古至今,精神生活问题一直都受到人们的关注。然而,中国古代思想家对人的精神生活的探索并不是在"精神生活"这个概念之下进行的,而"是在心、性、情、欲、知、意、行、理、道等术语和范畴中进行的",并且多从道德生活的角度,讨论人应该怎样修身养性、培养健全人格、提升道德境界,"成为实践、遵守社会伦理规范的圣贤,即实现一个社会的理想人格"。(吴元梁,2004)近现代学者们对中国人精神生活的研究从众多角度展开,比如,国民性的角度(辜鸿铭《中国人的精神》、鲁迅《呐喊》与《彷徨》、柏杨《丑陋的中国人》、明恩博《大国与小民》等)、传统礼俗的角度(蓝吉富等《中国人的精神生活与礼俗》等)、人情世相的角度(余世存《人间世——我们时代的精神状况》、周志强《这些年我们的精神裂变》等)。随着物质生活的日益丰富,中国人精神生活发展的整体质量与突出问题等引起了学者们越来越多的关注,一些回应现实需要、解决现实问题的高水平研究成果逐渐出现。比如,郑永廷教授的《中国精神生活发展与规律研究》(2012)一书系统阐述了市场经济、民主政治、多元文化、信息科技等背景下人的精神生活的丰富、发展,以及面临的新挑战,在分析精神生活质量的基本特征与测评方式的基础上,探讨了当代社会提高中国人精神生活质量的新思路。童世骏教授的《当代中国人精神生活研究》(2009)用实证调查、理论思辨、文本诠释和现象分析的方法,从心理生活、文化生活和心灵生活等角度,对当代中国人的精神生活状况和特征进行描述和解读,并指出,"我们的时代是一个传统神圣价值受到严重挑战的时代,也是精神生活空间高度开放的时代;是一个精神生活越来越等同于文化消费的时代,也是一个人们越来越有条件过一种不受日常的物质生活和社会生活拖累的精神生活的时代"。廖小琴教授的《人的精神生活质量研究——小康社会进程中人的发展图景》(2009)在理论梳理和框架构建的基础上,论述了全面建设小康社会进程中精神生活的价值彰显以及人的精神生活滞后、失落的现实状况,并从观念变革、社会保障、主体投入三个层面阐述了提升人的精神生活质量问题。部分学者以课题为依托,也发表了一些高质量的调研报告,比如,秦文教授的《转型期我国公众精神生活的碎片化特征及整合路径——基于"现阶段社会公众精神生活水平调查"数据的分析》(2014)对当前公众精神信仰、精神生活方式以及参与公共空间状况等多项数据指标进行分析,指出转型期社会公众精神生活呈现碎片化的状态。并在《社会转型期公众精神生活的断裂样态及弥合路径——基于"现阶段我国公众精神生活水平调查数据"的分析》(秦文,2014)一文中指出,在现实生活的重压之下,个体所背负的精神负荷难以得到纾解,不断加剧的张力迫使精神生活濒于断裂。而断裂的诱因在于"在'进步'中失去信仰",断裂的实质在于"在'丰裕'中流失幸福"。另外,有学者在阐述精神家园的存在论意义的基础上指出,现时代人类精神生活遭遇了物化的现代性处境。(庞立生,2013)有学者则从思想政治教育视角论及对美好精神生活需要的满足,指出,思想政治教育通过提供思想指引、确立价值坐标和培育心态基调,引领美好精神生活需要的发展方向;思想政治教育用科学理论明确美好精神生活需要之"真"、用价值观念规范美好精神生活需要之"善"、用审美意识廓清美好精神生活需要之"美",丰富美好精神生活需要的基本内容;思想政治教育以理论教育、文化熏陶以及实践养成的方式,提供美好精神生活需要的实现路径。(李伟,2020)

(六)关于大学生精神生活的研究

大学生是精神生活基础理论分群体、适应性研究的主要对象。通过对著作和期刊论文具体内容的分析发现,已有成果多以精神生活的具体构成内容和外在表现形式作为切入点,直接针对大学生精神生活本身的整体性研究较为缺乏。

目前,对大学生精神生活问题的探讨主要存在两种路径,一是从宏观的视角对大学生精神生活存在的现实问题、可能原因以及引导对策进行全面的分析和阐述(侯勇,2012;陈涛,2010;等);二是从微观、具体的视角对大学生精神生活的普遍问题与优化方法进行单因素的探因和论证(毕红梅,2019;伍廉松,2019;陈尧,2013;等)。整体而言,研究多遵循"问题针对—现实归因—对策求解"的逻辑思路。在问题针对性上,或是直接论述大学生精神生活的物化或异化倾向(孙其昂,2012;王琼,2013;等),或是探究精神生活不同具体内容上的问题和表现(金飞、冯正玄,2019;安海娟,2010)。并且随着问题的日益突出、研究的科学化发展与技术手段的不断更新,大学生精神生活研究已转入实证研究阶段,区域性大样本的问卷调查和调研报告见之于众。比如,2000年以河南省为例(有效问卷980份)、2007年以南华工商学院为例(有效问卷423份)、2010年以河北省为例(回收问卷1148份)、2012年以内蒙古为例(回收问卷962份)、2014年全国范围(有效问卷4315份)的调查研究(葛操,2000;宁晓菊,2007;安海娟,2010;何学慧,2012;万美容,2014)等;而原因与对策的分析,或是在"社会—学校—家庭—个人"框架体系内进行整体而宽泛的分析阐述,或是着眼于学校教育层面的路径寻求,或是结合特定视角,比如现代性视野(孙其昂,2012)、理性志趣培育(解兆丹,2020)、全媒体时代(王寅申、朱忆天,2020)、古代文学教学(侯海荣,2013)等,进行各有侧重的探讨论证。大学生的精神生活是社会影响与自我建构共同作用的结果,家庭教育、同辈群体、自我修养、学校教育、社会文化环境等因素在优化、改善大学生的精神生活过程中都发挥着难以替代的作用。而学校教育作为其中的一环,在承认它构建个体精神生活系统有限作用的同时,我们也不可否认、不能轻视它在培育大学生健康精神生活中的特殊地位。有学者指出,从教育活动的结构层面可以划分出"生活世界的教育、科学世界的教育、精神世界的教育",然而当前科学世界的教育已遮蔽了人们的眼睛,因此必须对大学教育进行改革,使大学生精神世界教育有"位"。(李金奇,2003)"精神教育,就是促进人的精神发展的教育。是旨在促进人的精神世界发展、提升人的精神生活质量的教育活动的总称。"(王坤庆,2009)它与追求功利的教育、与只服务于社会需要的教育、与宗教教育、与实用主义相区别,是心理教育、情感教育,是道德教育、生活教育,是审美教育、理想教育。(王坤庆,2009)另外,也有学者指出,应该从心理成人、道德成人和理想成人三个层面帮助大学生实现真正意义上的精神成人,且三者分别构成了大学生精神成人的逻辑前提、中心环节和价值指向。(黄聘、李辉,2012)

三、研究评述与趋势展望

通过上述对国内外精神生活研究现状的梳理与分析,我们发现,国内外学者从哲学、教育学、社会学、文化学等不同学科视野,运用哲学思辨、实证调查、经验总结等多元研究方法,并结合不同的时代主题或关注内容对大学生精神生活有较为深入的研究,并且出现了代表性学者和高质量成果。一方面,大学生精神生活问题研究表现出较为明显的研究学理化、方法实证化、主题时代化的趋势。另一方面,综观已有文献,目前精神生活问题研究,尤其是大学生精神生活问题研究存在以下几个突出的特点:第一,多以社会全体成员为研究对象,缺乏群体的区分,忽视不同社会群体之间的差异性,直接针对大学生精神生活的高质量研究成果不多;第二,理论思辨、经验判断、简单实证的研究比较多,在较为严密的理论论证基础上通过科学设计、科学抽样、科学统计分析进行的定量研究和质性研究比较缺乏;第三,着重从社会管理、社会精神文化建设层面提出要求和解决问题,缺乏从个体生存和积极发展的视角探讨构建个体健康精神生活和实现全面发展的研究;第四,多从教育、管理等工作开展的角度探求提升学生精神境界的路径,缺乏从引导个体自觉修养、自我教育的角度培育健康精神生活方式等方面的研究。这些局限与不足的存在,一方面表明大学生精神生活研究尚处于起步阶段,这种初步的尝试和探索是精神生活研究走向成熟的必经阶段;另一方面,它表明大学生精神生活研究还有进一步深化的空间。基于目前的相关研究成果,今后的研究需要从以下几个方面加强。

首先,对精神生活主体进行明确区分,关注大学生这一特定群体的精神生活现状。从大学生精神生活与非群体区分的精神生活研究成果的比较来看,大学生精神生活研究在所有研究中所占比重并不大。大学生在生理发育、心理成熟、社会适应、家庭责任、生活追求等众多方面的现实状况与少年、成年人、老年人存在的显著差异,必然带来其精神生活状况的众多不同。因此,在针对全体社会成员精神生活展开的系列研究中,有必要对大学生群体进行区别对待。而在大学生群体中,"80后"或"90后"甚至"00后"等不同出生年代的差异,在校大学生或就业大学生等不同阶段的差异,甚至同为在校大学生,但由于地域、高校、年级、专业类别等不同而带来的差异,都可能带来精神生活需求、主观感受、发展层次的不同。所谓"具体问题具体分析"、"对症下药",深化大学生精神生活研究,必须加强对大学生群体的进一步区分和细化。

其次,加强基础理论研究,构建明确的理论指导大学生精神生活的实证研

究。目前,在精神生活的内涵、本质、结构、衡量标准等基础理论问题的研究
上,成果较少,并且还远未形成共识。一是相近概念的混用,精神世界、精神家
园、精神成人等是与精神生活比较相近的概念,但在实际运用过程中的界限厘
定尚未清晰化,混用的情况时有发生。二是使用相同概念却表述不同含义。
对于精神生活这一核心概念的理解,从"精神"破题还是从"生活"入手,侧重
内在相对静止形态的精神世界抑或侧重外在相对运动形态的精神生活形式,
关照整体的精神生活状况或者倾向具体方面的现实问题,不同学者在缺乏共
识性的理论前提或分析框架的情况下,对相同的主题进行着不同的研究。更
为突出的问题是,抽象的理论建构往往与实证调查相脱节,也就是说,实证调
查并不是严格依据概念界定、要素构成、结构划分等基础理论展开。因此,加
强理论研究,寻求理论分析工具,构建切实指导调查开展的理论框架,是今后
精神生活实证研究不断科学化的重要突破点。

再次,强化方法多元意识,以问卷调查和深入访谈的实证方法研究大学生
的精神生活。从目前精神生活研究中的方法运用情况来看,理论思辨、经验探
索的研究显然多于实证研究,并且实证研究多以定量的问卷调查为主,质性的
访谈研究和文本研究尚属少见。然而,精神生活内容的丰富性与复杂性,现实
问题的多样性与异质性,影响源的多端性与难控性,决定了精神生活问题研究
不能局限于单一的研究方法,尤其是针对大学生这一群体时更不能局限于经
验、理论的方法。因此,有必要在理论构建的基础上,通过科学设计、严格抽
样、多元统计获悉大学生精神生活的现实状况,对大学生精神生活进行整体
性、数量化、直观性的把握。此外,质的研究作为一种"在收集原始资料的基
础之上建立'情境化的'、'主体间性'的意义解释"(陈向明,2000)的研究方
式,通过深度访谈、个案解析、行为观察、生活故事、文本(语言)分析等质的具
体研究形式,改变大学生在众多研究中被观察、被定义、被表达的失语状态,应
该成为以后精神生活研究的重要取向。

最后,从人的生存发展角度探求大学生精神生活的系统优化问题,并突出

个人的文明修身。大学生是社会中的大学生,其精神生活的生成与发展是个体与外在环境不断互动、相互建构的结果。因此,必须在社会历史大背景中审视大学生精神生活的现实状况及优化构建,并且采取多元而非单一、系统而非孤立、复杂多维而非简单线性的思维把握影响因素,系统优化和构建大学生的精神生活。另外,从根本上而言,精神生活是现实个人的精神生活。部分大学生思想懈怠、不求进取、缺乏抱负、得过且过,这是自身精神生活贫乏、失衡的关键因素。因此,通过"克己"、"内讼"、"见贤思齐"、"反求诸己"、"择善而从"等方式加强自身修养,促进个人的反省内求和修身养性是提升精神生活品质的关键所在。目前,关于精神生活优化具体策略的研究,多数着眼于社会的保障和教育的促进。在尝试揭示大学生精神生活发展规律的基础上,构建更为有效的精神生活优化模型,是今后需要进一步深化研究的课题。

本研究正是在掌握已有相关文献、把握研究发展趋势的基础上,确定以"当代大学生精神生活现状及其优化研究"作为题目,聚焦于在校大学生这一特定群体,构建实证研究的理论框架,运用定量定性相结合的研究方法,了解大学生精神生活的现实状况、群体差异和影响因素,探究优化当代大学生精神生活的具体策略。

研究内容与方法

一、研究内容

本书从理论建构与梳理出发,在分析调查问卷和访谈结果的基础上,以当代大学生的精神生活现状为现实基点,分析当代大学生精神生活的整体状况和群体差异,并把大学生精神生活问题放到社会宏大背景中,探求影响大学生精神生活现状的主要因素,最终指向当代大学生精神生活的优化。本研究一共分为四大板块,逻辑地回答当代大学生精神生活研究的分析框架、问题针对、现实探因和系统优化的问题。

第一，相关理论问题阐述，主要是本书的第一章。从当代大学生精神生活的科学界定、结构划分、理论基础、思想资源等方面展开。对精神生活最简单直接的理解是"带有精神性的生活"，因此，精神生活从属性上来说首先是一种生活。生活，从内容上可以划分为物质生活和精神生活。在此意义上，精神生活是生活的外延，是与物质生活相对而存在的生活形式，这是研究当代大学生精神生活的基本立场。基于对当代大学生精神生活概念界定、结构划分等基础性问题的研究，系统梳理马克思主义、马克思主义中国化成果等指导理论以及中国古代、西方社会、社会建设时期的相关思想资源，为研究当代大学生精神生活现状及优化策略提供理论依据和分析框架。

第二，现实特点研究，主要是本书的第二章。该部分在问卷调查和半结构式访谈的基础上，对复杂社会环境和个体身心发展阶段共同建构下的当代大学生精神生活状况形成了一个较为清晰的认识。通过对数据和文本的整体把握和深度分析，了解当代大学生对自身精神生活状况的认识和满意程度，了解他们精神生活的基本特点，了解他们精神生活领域存在的突出问题，并着重从整体状况和群体差异两个角度全面、系统地把握当代大学生的精神生活现状。这是本研究的问题针对，是优化当代大学生精神生活的现实基点。

第三，影响因素分析，主要是本书的第三章。当代大学生精神生活的优化，不仅要针对现实状况的改观、突出问题的解决，还要针对造就当代大学生精神生活现状的各种影响因素。研究哪些因素、以何种方式、在多大程度上影响着当代大学生的精神生活，是寻求有效优化路径的前提之一。社会主义市场经济体制的完善、多元文化格局的形成、信息社会的发展等因素构成每一个现实个体生活的社会客观条件，这些因素同样构成了当代大学生精神活动的宏观环境与条件；而人是社会中的人，其现实生活的客观变化和主观体验都受个体社会关系的影响，而这种社会关系对个体具有显著主观特征、情感色彩的精神生活的影响尤其明显；此外，每一个个体、每一个群体都有自身区别于他者的特殊性,青春期的当代大学生个体或群体所具有的这种特殊性决定了其精神生活的差异性和个体性。

第四,优化策略探索,包括本书的第四章和第五章。针对当代大学生精神生活的整体状况、群体差异及其影响因素提出具体可行的解决方案,是研究当代大学生精神生活问题的目标所在和最终落脚。目标是行为的方向所在,内容是目标实现的现实载体,确立优化大学生精神生活的目标、明确优化大学生精神生活的具体内容,是寻求优化精神生活有效方法和途径的基础。当代大学生精神生活的现实状况是众多因素综合作用的结果,因此,大学生精神生活的系统构建与优化也需要整合多方的力量。其中,社会保障是优化大学生精神生活的重要条件,德育引领是优化大学生精神生活的主要力量,而个体的自我调适则是优化大学生精神生活的关键所在。

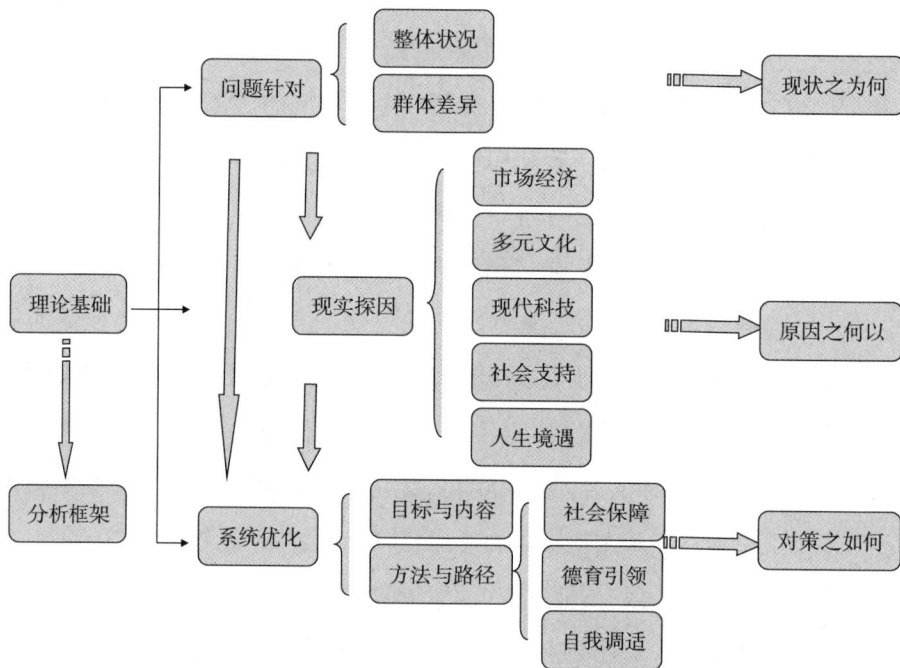

"当代大学生精神生活现状及其优化研究"思路图

二、研究方法

精神生活具有内容丰富、形式多样、变化复杂、差异显著等特点,单一的方法不可能获得对这一问题的全面、深入认识。因此,必须以唯物史观为指导,综合运用多种方法,从理论和实践两个层面深入研究当代大学生的精神生活问题。

(一)文献研究法

本研究按照文献分类,分别对已有涉及当代大学生(青年、青少年、大学生等)以及精神生活(精神世界、精神家园、精神成人、精神文明建设等)的中央文件、报纸、杂志、新闻报道、网络言论等资料进行搜集和整理。在某高校图书馆文献检索专家的指导下,利用中国期刊全文数据库(CNKI)对已公开发表的相关期刊论文、学位论文进行检索,利用国家图书馆和中国读秀学术对已出版的相关著作进行检索。在全面掌握、重点参考的基础上,形成了本研究的文献资料库。在研读基础文献、梳理基本理论的基础上,确定了本研究的理论框架和研究内容,并对当代大学生精神生活的现状及其优化形成了基本的研究假设。

(二)问卷调查法

本研究从实践生存论的角度观照当代大学生的精神生活状况,因此具有强烈的现实性和实践性,这决定了实证研究成为本研究的基本方法,其中又以问卷调查为主。问卷调查是一种直接、系统地从一个取自总体的样本中收集量化资料,并通过对资料的统计分析来认识社会现象及其规律的研究方法。本研究在文献研读、理论梳理的基础上,结合研究目的预设和研究内容选择,设计了"当代大学生精神生活状况调查问卷",以目的抽样和整群抽样相结合的方式发放问卷。问卷回收后对变量进行系统编码,将统计的数据导入 SPSS

17.0统计软件,并根据具体需要进行相关分析和差异性检验。

(三)半结构式访谈法

马克思主义主张从"从事实际活动的人"去"理解有血有肉的人","它的前提是人,但不是处在某种虚幻的离群索居和固定不变状态中的人,而是处在现实的、可以通过经验观察到的、在一定条件下进行的发展过程中的人"。当代大学生精神生活问题的复杂性要求研究者必须以非线性、互补性的复杂思维对其进行考察。本研究在几次焦点集体访谈的基础上确定了当代大学生精神生活研究的访谈提纲,在某高校选取39名在校大学生进行了为时40—60分钟的半结构式访谈,在征求被访谈者同意的前提下对访谈进行全程录音,事后根据录音将所有对话内容转化为文本。大量的访谈资料弥补了问卷调查因追求数量和量化而失却的生动性和深刻性,同时也起到了与问卷调查结果相互印证的作用。

(四)对比研究法

对比研究法是将两个及以上不同的或相似的事物放在一起,依据一定的标准进行比较,以确定事物之间相同与相异之处的方法。优化当代大学生精神生活,既包括解决当代大学生精神生活的突出问题,也包括调整其精神生活的结构,提升其精神生活的水平。而问题解决、结构调整、水平提升所针对的精神生活现状,既包括当代大学生群体的整体现状,也包括大学生当中不同群体的现状,以及大学生不同个体的现状。其中,不同群体之间的差异往往是较为容易被忽略的。本研究根据性别、年级、专业类别、家庭经济状况等基本人口学特征因素,对不同当代大学生群体之间的精神生活现状进行比较分析,以期为优化策略真正做到有所针对提供依据。

(五)系统分析法

系统是普遍存在的,任何事物都可以被看成一个独立的有机整体。显然,当代大学生的精神生活也是作为一个系统而存在。系统分析，是加强对事物整体的宏观把握，了解事物内在构成及其与外界互动机制的科学思维方式。以系统论中整体、要素、结构、功能、时序、运动等范畴考察精神生活，探究当代大学生精神生活的要素构成、层次结构、系统功能、动态发展，并通过系统与环境之间物质、信息、能量的交换以寻求当代大学生精神生活的影响因素，是全面、整体地把握当代大学生精神生活问题的重要方法。系统分析法在本研究中主要体现在第一章的结构划分，以及第三、第四、第五章的归因分析、对策求解等部分。

本研究的创新之处

本书是以较为科学规范的问卷调查、半结构式访谈为基础的研究成果，实证方法是本研究的主要特色。在梳理基础理论与相关研究成果的基础上，构建了当代大学生精神生活现状及其优化研究的理论框架与分析依据。关于理论的梳理与构建贯穿实证调查的设计、数据结果的分析和最终的精神生活优化策略当中。整体而言，本研究在以下几个方面有所创新。

1. 对精神生活这一核心概念的操作化处理。精神生活是与物质生活相对存在的，它是现实的个体为满足自身精神需要而进行的精神活动及其精神上的生活状态与生活方式。本书从实践生存论的视角，以现实的个人作为逻辑起点，将精神生活从内容和形式上进行结构划分，并具体操作化为内在的心理生活、伦理生活和信仰生活，以及外在的学习求知生活、精神交往生活和娱乐休闲生活。对精神生活概念做这样的操作化处理，为开展不同群体精神生活的理论研究与实证分析提供了一种较为有效的分析工具。

2. 综合运用定量（问卷调查）与定性（个人访谈）相结合的方法研究当代大学生的精神生活问题。当代大学生的精神生活是一个复杂的系统，运用单一的方法无法获得对其全面、整体的认识。目前有关精神生活问题研究存在经验思辨较多、科学调查较少、质性研究缺乏等特点。本研究在严格依据理论建构和维度划分的基础上设计问卷,坚持整体性把握、选择性突出、创新性切入的原则,运用问卷调查的方式,通过目的抽样和整群抽样在全国范围内获得大量有效样本,为数量化、直观性、整体性地把握当代大学生精神生活现状提供了现实基础。此外,本研究运用面对面半结构式访谈的形式,获得了对当代大学生精神生活现状与发展的丰富的一手资料,形成了对问卷调查的有效补充。而在具体的数据分析中,运用对比的方法研究当代大学生不同群体之间精神生活的差异,通过研究假设和差异检验,提高了研究的科学性,同时也为"个体适应性"原则下当代大学生精神生活的优化提供了科学依据。

3. 提出当代大学生精神生活的优化发展模型。个体的精神成长与精神生活构建都是个人自我反思、成长与外部影响、引导共同作用的结果,因此,当代大学生精神生活的优化也必须作为一个系统工程放到社会大环境中进行考量。本研究在尝试总结精神生活发展方式的基础上,揭示了当代大学生精神生活环境建构发展、需要驱动发展和自我继承发展的基本规律,提出了当代大学生精神生活环境助力之教化熏染、教育引导之精神养成、自主建构之现代修身等层次推进、三位一体的优化发展模型,从而探讨了优化当代大学生精神生活的社会保障、德育引领和自我调适的方法与途径。其中,社会保障主要解决个人精神发展的方向、条件问题,保障的是个人发展方向;德育引领主要解决个人精神发展的全面、协调问题,引领的是个人发展领域;自我调适主要解决个人精神发展的自觉、自主问题,调适的是个人发展状态。

第一章　当代大学生精神生活
基本理论问题阐释

　　精神生活是人区别于动物的本质存在方式,也是个体区别于他者而表征自身个性化存在的重要方面。在现实生活中,精神生活这一概念被广泛运用,并随着物质生活的日益改善而逐渐被关注、被热议和被重视。然而,对于精神生活究竟是什么,具体包括哪些内容,大家似乎又有一种说不清、道不明的感觉。因此,从理论上澄清精神生活的概念、明晰精神生活的内容、厘清精神生活的结构,是深化该问题研究的基础。

第一节　当代大学生精神生活的科学内涵

一、生活:理解精神生活的基本切入点

　　人是现实的人,是生活着的人,是在生命展开过程中不断生成的人。"对人的精力作最细致的考察分析的着眼点,应是人的独特状况;对人的精神的理解,应建立在分析人类需要的基础之上,而这些需要又来源于他的生存状况。"① 因

---

　　① 　[美]弗洛姆:《健全的社会》,孙恺详译,贵州人民出版社 1994 年版,第 20 页。

此,考察人的精神生活,必须从现实的活生生的人的现实生活着手。

(一)"生活"的丰富意蕴

"生活"是个看似简单实则复杂、模糊的概念。对"生活"的理解,主要有广义、狭义和特定三个层次。广义的生活,泛指为了生存和发展的一切活动和生活形式;狭义的生活,指人有关衣食住行的日常生活;特定的生活,特指人的精神生活。基于对生活的意义和价值旨归的认识,精神生活才是个体生活境界的标识。

在对"生活"一词的具体认识和阐述中,学者们有着自己不同的视角。从本体论的角度来看,生活不是"日常生活",而是指"人的生命活动"。"日常生活只是研究'人的生命活动'所必须由之出发的一个'事实',而不是'现实'。"①从过程论的角度来看,"生活是生命不断有意义的展开过程,是人之为'人'有关的一切活动",因而可以把生活理解为"人生的存在过程,以及人生意义的实现过程"②。就目的论而言,生活更多的指向为一种"可能生活",即"每个人所意味着去实现的生活","尽可能去实现各种可能生活就是人的目的论的行动原则","而人的根本性目的是否得到实现则决定了人的生活意义"③。就实践论而言,生活是"与一定社会生产状况相适应的现实个人的生活,是对一定社会中人们的日常生活、社会生活和精神生活等领域的总体概况,是现实个人生成、存在和全面发展的总体体现","是与人的生存方式内在相关的范畴"④。

---

① 马拥军:《马克思主义生活本体论概说》,《武汉大学学报》(人文科学版)2008 年第 2 期。

② 郭元祥:《生活与教育——回归生活世界的基础教育论纲》,华中师范大学出版社 2002 年版,第 104 页。

③ 赵汀阳:《论可能生活——一种关于幸福和公正的理论》,中国人民大学出版社 2004 年版,第 148—149 页。

④ 王书道:《精神生活的历史演进与当代走向》,博士学位论文,南开大学,2002 年,第 24 页。

而在马克思主义看来,"有意识的生命活动把人同动物的生命活动直接区别开来"①,"动物仅仅利用外部自然界,简单地通过自身的存在在自然界中引起变化;而人则通过他所作出的改变来使自然界为自己的目的服务,来支配自然界。这便是人同其他动物的最终的本质的差别"②。人的生活是有意识的,自由自觉的活动是人的类的特性,也是人的生命活动的本质规定。因而,生活首先是人区别于动物的、有意识的、自由自觉的生命活动。其次,"人们为了能够'创造历史',必须能够生活。但是为了生活,首先就需要吃喝住穿以及其他一些东西。因此第一个历史活动就是生产满足这些需要的资料,即生产物质生活本身"③。马克思主义理解的人的生活首先是一种物质生活,是以维持个体生存的物质生产活动。最后,与动物相比,"人的生产是全面的","人甚至不受肉体需要的影响也进行生产,并且只有不受这种需要的影响才进行真正的生产"④,此外,人还"懂得按照任何一个种的尺度来进行生产","人也按照美的规律来构造"⑤。由此看来,马克思主义所理解的生活更是一种精神生活,是以满足个体精神需要为目的的意识生产活动。

总的来说,生活是人区别于动物的、有意识的生命活动过程,是个体在与自我、与社会和与自然的互动中不断生成并发展的过程,更是个体不断追寻存在意义的过程,它是个体不同层次、不同领域、不同方面存在状态的综合体现。

(二)"生活"的领域划分

对"生活"的理解不同,必然带来对生活领域划分的差异。

四领域说:马克思在《〈政治经济学批判〉序言》中指出:"物质生活的生产

---

① 《马克思恩格斯选集》第1卷,人民出版社2012年版,第56页。
② 《马克思恩格斯选集》第3卷,人民出版社2012年版,第997页。
③ 《马克思恩格斯选集》第3卷,人民出版社2012年版,第158页。
④ 《马克思恩格斯选集》第1卷,人民出版社2012年版,第57页。
⑤ 《马克思恩格斯选集》第1卷,人民出版社2012年版,第57页。

方式制约着整个社会生活、政治生活和精神生活的过程"①,实际上是把生活的领域划分为物质生活、社会生活、政治生活和精神生活几个方面。

三领域说:梁漱溟先生综观人类生存、生活的总体状况指出,所谓一家文化不过是一个民族生活的种种方面,总括起来,不外三方面。一是有如宗教、哲学、科学、艺术等的精神生活方面;二是有如社会组织、伦理习惯、政治制度及经济关系等的社会生活方面;三是人类对于自然界求生存之各种的物质生活方面,如饮食、起居种种享用等②。中国现代民族学奠基人之一的黄现璠先生认为,"人类古往今来蓄积的所有知识与智慧以及人类思维和学问的终极目的,几乎无一例外地皆围绕着'生存'或'生活'展开,因而'生活学'实属世上所有学问的母体",并首倡"中国生活学"的构建。在对生活进行广义和狭义区分的基础上,黄现璠先生把生活划分为"社会生活"、"职业生活"和"家庭生活"三类。③

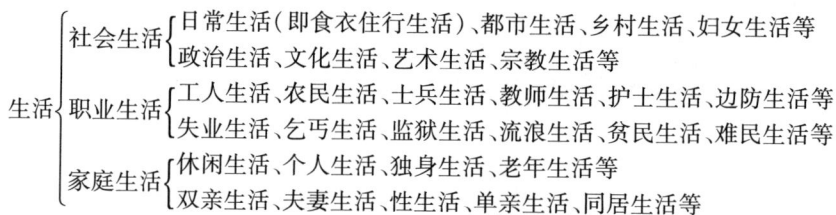

生活 {
社会生活 { 日常生活(即食衣住行生活)、都市生活、乡村生活、妇女生活等
政治生活、文化生活、艺术生活、宗教生活等

职业生活 { 工人生活、农民生活、士兵生活、教师生活、护士生活、边防生活等
失业生活、乞丐生活、监狱生活、流浪生活、贫民生活、难民生活等

家庭生活 { 休闲生活、个人生活、独身生活、老年生活等
双亲生活、夫妻生活、性生活、单亲生活、同居生活等
}

图1-1:黄现璠先生关于"生活"内容的划分

二分法:对"生活"最为简单也最为常用的划分是物质生活与精神生活的相对二分。世界上各种事物、现象可以分为物质和精神两大类,"物质与精神的辩证法",也是人的活动的辩证法。"正因为人具有物质精神二象性,具有双重生命,所以人既有物质需要,又有精神需要……既从事物质生产,又从事

---

① 《马克思恩格斯选集》第2卷,人民出版社2012年版,第2页。
② 《梁漱溟全集》第二卷,山东人民出版社1989年版,第339页。
③ 黄现璠遗稿,甘文杰整理:《试论"中国生活学"的构建》,《广西社会科学》2007年第3期。

精神生产;既有物质生活,又有精神生活。"①另外,也有学者将生活领域分为日常生活和非日常生活,认为日常生活是"同个体的生命延续,即个体生存直接相关","旨在维持个体生存和再生的各种活动的总称",包括日常消费活动、日常交往活动和日常观念活动三种基本活动类型。而与之相对的非日常生活则是"同社会整体或人的类存在相关","旨在维持社会再生产或类的再生产的各种活动的总称",包括非日常的社会活动领域、非日常的精神生产领域两个基本层次②。

然而,需要说明的是,不管以何种标准、何种形式对生活进行划分,都是学理上满足研究需要的一种合理抽象,具有人为切割的相对性。人是全面、完整的人,因而人的生活也必然是全面、完整和关联的,不同的生活内容、不同的生活领域相互影响、相互渗透,共同构成生活的整体。物质生活与精神生活的区分,不过是人把握世界的不同方式,自然人(生物人)、经济人(理性人)、宗教人、德性人等也不过是对人某一领域生活的放大或聚焦,因而都是相对意义上的区分。

人的生活是现实个体在特定社会条件下自我生成并不断寻求存在意义的过程,是个体存在、发展与超越的统一,是人的本质力量的外化,具有现实性、社会性和超越性等特征。然而,在满足基本生存需求的基础上,人的精神品质的好坏、精神追求的有无、精神境界的高低、精神生活的贫富,才是真正反映个体生活质量高低的根本所在。

二、精神生活及其特点

(一)精神生活的含义

对精神生活最简单的理解是"带有精神性的生活",精神生活与物质生活

---

①　林德宏:《人:物质精神二象性》,《自然辩证法研究》2001 年第 9 期。

②　衣俊卿:《现代化与日常生活批判》,人民出版社 2005 年版,第 12—17 页。

相对应,两者是人类社会生活的最基本形态,共同构成了社会生活的全部。如果说物质生活是为了生存和发展而进行的物质资料的生产、交换和消费活动,那精神生活则是为了更好的生存和发展而进行的精神资料的生产和精神资源的享用活动。精神生活虽然由"精神"和"生活"两个词构成,但在内涵上绝不是两者意义的简单相加或重叠。精神是个体在现实生活中意识到的、自主自觉的精神,生活是关涉生命意义和存在价值的生活。在此意义上,可以把精神生活理解为:现实的个体为满足自身精神需要而进行的精神活动及其精神上的生活状态与生活方式。精神生活是精神活动与精神状态的统一,是个体的本质存在方式,体现着人生存的意义和价值。它既包括道德、理想、情感、信念、思想等精神文化要素,又包括科学知识、社会交往、娱乐活动、传统习俗等精神文化形式。理解、阐述精神生活这一概念,需从以下几点进行全面把握。

1. 实践是精神生活的本质规定。马克思主义认为,实践是人的本质存在方式,实践性是人的本质规定性。"全部社会生活在本质上是实践的"①,"个人怎样表现自己的生命,他们自己就是怎样。因此,他们是什么样的,这同他们的生产是一致的——既和他们生产什么一致,又和他们怎样生产一致"②。人的实践活动包括物质生产实践和精神生产实践,人成为怎样的人,这是在实践过程中不断生成的,不仅与其物质生产相一致,更与精神生产相一致。人的精神生活就是人在精神生产实践过程中生成个体的本质、获得人的本质属性的发展过程和结果状态。从根本上讲,精神生活的本质规定在于实践。

2. 物质生活是精神生活的现实基础。精神生活是与物质生活相对应而存在的,两者互为中介,相互渗透。但个体首先作为一种自然存在物,他必须通过满足基本的物质需要以获得生物学意义上的生命延续,才能谈及以肉体存在为前提的更多、更深层需要(社会需要、精神需要)的满足。"人们首先必

① 《马克思恩格斯选集》第1卷,人民出版社2012年版,第135页。
② 《马克思恩格斯选集》第1卷,人民出版社2012年版,第147页。

须吃、喝、住、穿,然后才能从事政治、科学、艺术、宗教等等。"①"思想、观念、意识的生产最初是直接与人们的物质活动,与人们的物质交往,与现实生活的语言交织在一起的。人们的想象、思维、精神交往在这里还是人们物质行动的直接产物。"②如果没有物质生活保证个体生命的自然存在,精神生活的构建只能是空中楼阁。

3. 精神需要是精神生活形成、发展的不竭动力。需要是人在意识到自身的匮乏时产生的一种主观愿望,它是个体行动的动机,是行为发生的内驱力量。可以说,有关人的一切精神活动、精神现象都是为了满足人的精神需要而进行的实践及其结果状态。因而,精神需要是人的精神实践及精神生活形成、发展的内在动力。此外,"已经得到满足的第一个需要本身、满足需要的活动和已经获得的为满足需要而用的工具又引起新的需要"③。在需要的种类差异和层次高低上,人的需要都具有无限性,在一定需要满足的基础上,人会生发出更多种类、更高层次的需要。正是人的需要的无限性和不完满性,推动个体不断进行新的精神实践,从而实现精神生活的不断发展。

4. 精神生活是标识人的本质存在及个性化存在的根本方式。每一个个体都是自然属性、社会属性与精神属性的统一,其中精神属性以及部分的社会属性通过个体的精神生活得以体现。一方面,精神生活是人区别于动物的根本所在,体现了人有意识的、自由自觉的生命实践活动。另一方面,精神生活也是个体借以区别于他人,并表征自我个性化存在的根本。每一个具有自我意识的人都有精神生活,但个体之间存在精神生活性质好坏、质量高低之别,这是个体存在差异的根本所在。所谓"有的人活着,他已经死了,有的人死了,他还活着",蕴含的就是精神存在、精神生活在标识个人存在及存在价值中的首要性甚至唯一性。

5. 精神生活是现实生活与可能生活的有机统一。精神生活的主体是人,

---

① 《马克思恩格斯选集》第3卷,人民出版社2012年版,第1002页。
② 《马克思恩格斯选集》第1卷,人民出版社2012年版,第151页。
③ 《马克思恩格斯选集》第1卷,人民出版社2012年版,第159页。

是只有在想象中才能撇开的"现实的个人",这样的人不是独立存在、静止不变的,而是从事实际精神生产活动的、活生生的、现实生活中的人。因而,精神生活首先是一种现实生活。此外,精神生活内蕴着个体是寻求一种理想生活和可能生活的人,在探求生活可能、超越生命存在的过程中,个人意向性、象征性地把握世界,通过意义悬设构建一种理想的生活,以此作为现实生活的目标并使现实生活不断意义化,并借此实现现实生活与可能生活的有机统一。

(二)精神生活的特点

精神生活作为人类社会生活的特定领域,具有一般意义上生活的基本特征。精神生活是人满足自身精神需要而进行的一切精神实践活动及其结果的总和,本质上是人的实践的产物,具有实践性;精神生活是个体在一定的社会历史条件下,以一定的物质生活为基础、精神资源为条件,在处理人与自我、与他人、与社会关系的过程中逐渐生成并不断发展的,具有社会性;精神生活是个体满足当下精神需要并超越现实生活的一切活动及状态,指向一种理想生活、可能生活、意义世界的构建,具有超越性。

此外,相比于物质生活而言,精神生活具有自身特有的属性。一是阶段渐进性。物质财富的获得、物质生活的丰裕存在"一夜暴富"的可能,而精神生活的发展不是一蹴而就、一劳永逸的,而是在不断的体验、感受、反思、追求基础上循序渐进、日积月累的过程;二是有限转移性。物质生活可以通过财富以继承、赠送、出售等方式的全额转移从而实现质与量的改变,而精神生活虽然可以通过知识分享、情感交流、艺术共赏等方式实现部分转移,但归根结底还依赖于个体自身差异性的体验和反思;三是分享增值性。正如英国大文豪萧伯纳所言:"你有一个苹果,我有一个苹果,彼此交换,每个人只有一个苹果。你有一种思想,我有一种思想,彼此交换,每个人就有了两种思想。"物质资料的对等交换并不能带来量的改变,单向分享的结果是一种分割性的减少,而精神资料在传递、分享过程中则可以实现精神价值的正向增长。

三、当代大学生精神生活发展与建构的特殊性

在本研究中,调查和研究的当代大学生是指目前在大学注册入学并正接受教育的全日制本科生和专科生。它既不包括已经本科毕业的在校研究生,也不包括已经就业或在职就读的大学生。当代大学生精神生活特指这样一个大学生群体或个体的精神生活,是当代在校全日制大学生为满足自身德智体美劳全面发展的精神需要而进行的求真、向善、为美的精神活动及其状态与生活方式。这一主体所具有的区别于其他群体的特征,使得当代大学生精神生活的发展与建构也存在一定的特殊性。

第一,当代大学生精神生活发展条件优越,但表现出一定的物化色彩和失衡倾向。当代大学生出生和成长于改革开放后中国逐渐腾飞的大好时期,相比于以往大学生,他们成长环境复杂,社会转型发展速度更快,经济全球化程度更高,国际文化交往交流更多,网络化信息化范围更广,因而在物质生活水平、国际化视野、多元化价值观念、信息获取方式等方面存在一些显著特征,在精神生活发展的资源和条件上也有以往大学生无法比拟的优势。然而值得注意的是,社会全面改革、高速发展的时期同时也是社会矛盾凸显期和社会价值体系重构期,在这一发展变化过程中,市场经济的金钱法则、物欲主义、实用逻辑广泛渗透甚至冲击到社会各个方面,个体的精神生活、社会的精神文化也难逃功利化的命运,带上了物化的色彩。此外,个体精神生活内部的发展失衡、精神生活发展与物质生活发展的失调也日益成为普遍现象。

第二,当代大学生精神生活发展存在较大空间,但矛盾性、波动性明显。当代大学生的年龄多处于18—22岁,正值青春年少。"就其在年龄阶梯上的客观状况而言,它的特点是时间领域的不对称,亦即未来(发展)超过过去(经验)。"[①]这种时间领域不对称以及面向未来的特点与趋向,决定了当代大学生

---

① [罗]马赫列尔:《青年问题和青年学》,陆象淦译,社会科学文献出版社1986年版,第157页。

精神生活的发展具有"展望性前景",前景的自由性和变动性都高于老年人,其精神生活发展具有了较大的空间和可能。此外,在斯坦利·霍尔看来,青春期是个体的一次新生,是 14 岁青春期萌动到 24 岁成年期形成的独立过渡期,是个体对青春发育期的各种生理上及心理上变化的自然响应。在向成人期的过渡中,青少年在生理和心理方面会表现出对变化、创伤的混乱、恐慌和焦虑,在情绪、情感、精神上表现出突出的波动性和矛盾性。因而,青春期也被霍尔称为"暴风骤雨"的时期。身心发展变化的难以预测加剧了大学生精神生活的复杂性。

第三,当代大学生精神生活的引导与建构紧迫而艰巨。当代大学生是未来中国特色社会主义事业的主要建设者,他们的精神面貌也是未来社会精神文明状况、社会主义精神文化水平的重要风向标。这使优化大学生精神生活的现状,解决大学生精神生活的突出问题,提高大学生精神生活的质量成为一项重要而紧迫的任务。然而,当代在校大学生是一种独特的社会存在,他们"既非不承担任何社会义务的婴幼儿,也非以职业劳动而与社会进行交换的成人",而是"介于婴幼儿与成人之间的'半'社会成员","在相当程度上带有'边缘人'的特征"①。这在一定程度上加剧了大学生在角色定位、群体融入和社会适应过程中实现精神生活协调、均衡、持续发展的难度和不确定性。

第四,当代大学生精神生活的构建与优化具有天然优势。大学是实现个体社会化的关键时期,也是青少年逐渐形成自我认知、度过同一性危机的心理社会合法延缓期。当代大学生处于学习求知的重要阶段,在校期间,他们接受有目的、有计划、系统性的知识教育与价值影响,获得了一定的在处理与自然、与他人、与社会关系过程中满足自身精神需要所需的知识、技能和思想观念;他们身处一草一木、一人一楼都尽量意蕴精神领航和价值导向的校园文化当中,感受着名校名师名楼名事所传递的精神能量与动力;他们享有着文献资

---

① 吴康宁:《教育社会学》,人民教育出版社 1998 年版,第 222 页。

料、兴趣小组、学生社团、庆典活动、社会实践等众多形式和载体的精神资源，自觉不自觉地丰富精神生活内容、提升精神生活境界。相比于其他青年群体（青年白领、青年农民工、农村无业青年等），当代大学生精神生活的构建与优化具有天然的优势。

第二节　当代大学生精神生活的基本结构

精神生活所包含的内容十分广泛，要素之间又彼此交错、相互作用。但它并不是一堆要素的杂乱堆积，而是一个要素有序排列并形成层次结构的有机系统。正如恩格斯所言："当我们通过思维来考察自然界或人类历史或我们自己的精神活动的时候，首先呈现在我们眼前的，是一幅由种种联系和相互作用无穷无尽地交织起来的画面。"①

前文已论述到，目前学者们对精神生活的界定和阐述较多的从"精神"一词入手，因此哲学思辨色彩浓厚，抽象性有余而现实性不足。加上精神生活本身的复杂性和主体差异性，目前对精神生活结构的研究尚显薄弱。然而，精神生活的结构问题，是关涉如何在实践中切实引导和优化个体现实精神生活的重要理论问题。对此，郑永廷教授指出，不能将研究该问题的意义局限于学术性，而要着重于它对实际精神生活的作用，并回答"如何引导人们把握精神生活的内容与形式，认识精神生活的作用"，以及"如何帮助人认识精神生活的高低层次，不断提高精神生活的水平"两个问题②。本研究认为，精神生活存在内容与形式之分。精神生活在内容上主要指代内在精神成长、发展并积淀为个体精神发展水平和精神境界的部分，在形式上主要指代外在精神生产实践开展并逐步稳固化形成个体精神生活方式的部分。精神生活是精神活动与精神状态的统一，两者在内容和形式上都有内在的构成要素和层次结构，共同

---

① 《马克思恩格斯全集》第 3 卷，人民出版社 1971 年版，第 395 页。

② 郑永廷、罗姗：《中国精神生活发展与规律研究》，中山大学出版社 2012 年版，第 11 页。

构成了精神生活综合、立体的结构图景。

一、精神生活的内容结构

精神生活不是一种自然存在、本能遗传或经验获得的东西,它需要主体通过不断的自觉实践和积极体悟、追求、超越才能得以生成和发展。这一方面体现了人是有意识、能进行自由自觉的活动的生命体;另一方面,这也反映了精神生活的生成需要以个体自我意识的形成为基本前提。自我意识是意识的一种,是以自我为认识对象的意识形式。心理学家詹姆斯把"自我"分成主观的"我"(对自己活动的觉察者)和客观的"我"(被觉察到的自己的身心活动),米德对此分别称之为"I"和"me"。人在现实生活中通过自身的不断反省,在认识周围世界与认识自己的过程中,逐渐形成"我"与"非我"的观念和意识。自我意识的形成,为个体在认识和改造客观世界的同时不断认识和改造主观世界提供了现实可能和基本前提。①

意识作为主体对客观事物的一种主观映像,其内容与客观事物之间"存在一种镜像性关系"②。当个体自我意识形成以后,意识还会随着实践的深入而由低级到高级、由简单到复杂地发展起来。个体意识发展的不同水平,或者意识活动中对客观事物形成镜像的不同方式,都会带来个体精神生活发展的差异。即意识发展的不同水平带来精神生活发展层次的差异,意识对事物镜像的不同方式反映某一精神生活形式所属层次的差异。在此意义上,个体精神生活在内容上依据意识、精神的发展水平差异大体可以分为感性的层次、理性的层次和超越的层次,并与个体的心理生活、伦理生活和信仰生活相对应。

---

① 注:在研究个体、群体,或社会精神生活的现实问题时,一般不涉及是否生成精神生活、有没有精神生活的问题,而是在精神生活发展的程度差异、多与少的意义上进行深入讨论。同样,本研究中对精神生活的讨论也不在于有没有的问题,而在于多与少的问题。
② 张健:《论人的精神世界》,河南人民出版社2011年版,第115页。

（一）感性层次：心理生活

列宁说过，"在人面前是自然现象之网。本能的人，即野蛮人，没有把自己同自然界区分开来。自觉的人则区分开来了"①。有意识的人在把自己与自然界区分开以后，自身的内在需要会驱动他以觉察者的身份去审视自然界、思考与自然界的关系并积极互动。而个体在对外部世界的反映与对外部刺激的反应过程中，必然会伴随一些感官体验和感性认识，这些基本的认识活动、情感活动和意志活动就构成了个体的心理生活。个体的心理生活体现了个体在日常生活中自觉感受到、体验到的情感和状态，它包括个体对事物外部形态的感觉、知觉，以及在此基础上引起的对事物的情绪反应、情感倾向和欲望表达。在现实生活中，个体的生活心态、自尊自信水平、幸福感受能力、心理调适方式、情绪情感自控能力等都属于心理生活的范畴。心理生活属于精神生活的感性层面，在个体精神生活的内容结构中处于基础层次。

（二）理性层次：伦理生活

人是社会的人，人的社会属性表征着人是一种社会的链接、文化的承载和历史的生成。在罗马人的语言中，"活着"和"在人们中间"是同义词。作为一种关系存在，个体在日常生活中不断地对他人、对群体、对社会形成新的感性认识，而当"这种感性认识的材料积累多了，就会产生一个飞跃，变成了理性认识，这就是思想"②。为了更好地适应和融入社会生活，个体需要不断地审视和修正自己的理性认识，以符合为了维护社会秩序而预设的行为规则、价值观念和道德规范。个体的伦理生活反映了个体对现实的自觉反思和对价值的理性判断，它主要体现在个体的价值取向和道德意识上，旨在追求一种"至善"的实现。在现实生活中，个体的道德认知、道德行为、人生价值取向、社会

---

① 《列宁专题文集·论辩证唯物主义和历史唯物主义》，人民出版社 2009 年版，第 131 页。
② 《毛泽东文集》第八卷，人民出版社 1999 年版，第 320 页。

规则意识等都属于伦理生活的范畴。伦理生活属于精神生活的理性层面,在个体精神生活的内容结构中处于中间层次,是影响个体具体精神活动和精神生活方式的重要因素。

(三)超越层次:信仰生活

人的意识不局限于对客观事物的主观反映,也不限于对"超物形、非直观、非感性"①世界的理性把握,它还能超越当下物质生活的局限与社会生活的束缚,去追问存在的意义甚至世界的本原问题。这是意识活动的最高层次,也是精神发展的最高境界。"精神生活通过理想世界的悬设,使得人的生活不仅自觉化而且意义化,即从所指向的理想世界中获得意义。"②精神生活对现实生活的这种范导作用,主要通过人的信仰生活体现出来。个体的信仰生活,表征着人的生存不仅仅是生命自身的存在,更是被意识到的现实境遇和不断展现的生存可能。它是对自我存在意义的寻求,是对自我生命价值的阐释和超越,集中体现着个体精神追求的终极导向。在现实生活中,个人对生命、对人生、对社会、对存在的终极性追求,即生命信仰、人生信仰、社会信仰、宗教(鬼神)信仰等都属于信仰生活的范畴。在精神生活内容结构中,信仰生活处于最高层次,是决定个体精神生活水平和精神生活质量的核心指标。

个体的心理生活、伦理生活与信仰生活由下而上构成个体精神生活内容体系的金字塔结构。其中,信仰生活主要是一种生命超越,居于金字塔的顶端,对个体的精神发展起着统摄、指引的作用。个体的信仰生活从根本上决定了个体的价值观、道德感和心理状态等,决定了个体精神发展的高度和深度,决定了个体精神生活发展的水平和质量。伦理生活主要是一种理性反思,居于金字塔的中间层,是个体精神境界的重要体现,也是影响和制约个体精神生活状况的重要因素。向上,个体的伦理生活受制于个体的信仰生活,是个体信

---

① 胡潇:《意识的起源与结构》,中国社会科学出版社 2004 年版,第 43 页。
② 王南湜:《简论人类精神生活》,《求是学刊》1992 年第 4 期。

仰生活的具体化和现实化。向下,个体的伦理生活广泛渗透个体现实生活的方方面面,是外在环境影响个体精神生活状况的重要中介变量。心理生活主要是一种感性认知,居于个体精神生活内容体系的底层,是个体内在精神发展状况与外在精神生活形态相链接的重要界面。外在环境对个体精神生活的作用首先就体现在心理生活上,比如情绪的好坏、情感的好恶、心态的稳定与波动、精神面貌的积极与消极等。从意识活动的层次和所体现的精神生活境界来看,如果说心理生活侧重于对生活事实的感性认知,简单、直观地回答"人的生活是什么"的问题,那么伦理生活侧重于对生活价值的理性反思,冷静、理智地回答"人应该怎样生活"的问题,信仰生活则侧重于对生活境界的自我追求,深沉、自觉地回答"人为什么这样生活"以及"如何更有意义地生活"的问题。

　　需要说明的是,要对个体精神生活的内容作出唯其如此、绝对合理的划分是不可能的。这是由它本身的非实体性、非定位性和个体的主观性、差异性等特点决定的,因而只能是一种相对意义上的、尽量合理的划分。此外,由心理生活、伦理生活、信仰生活构成的精神生活内容系统,并不是抽象的、孤立的意识层面的感官与体验,而是与个体现实的生活实践紧密相关,并外化为一定的行为方式和生活习惯,贯穿在精神生活外显的精神生活方式的方方面面。

二、精神生活的形式结构

　　精神生活是人之为人的本质存在方式,体现了人的一种意向性和个性化存在,但它并非神秘主义的超验领域,而是面向人的现实生活的实践活动,具有明确的外在表现形态。精神生活中个体外在精神生产实践(精神活动)及其结果状态(精神状态)的部分以精神生活方式的形式表现出来。个体的精神活动具有随机、不稳定、变化、跳跃等特点,而精神状态作为精神活动的结果体现,也是易变、短暂和不稳定的。当个体的精神活动、精神状态以一种习惯化、机制化、制度化的形式保持下来,就形成了个体的精神生活方式。精神生活方式是个体在一定的社会历史条件和物质生活条件制约下,在一定的社会价值观念指导、个体价值观念范导下所形成的满足自身精神需要的活动形式与行为特征的总和。有时也特指个体在自身爱好、情趣、价值观念影响下所形成的生活行为的独特形式,反映了个体某方面生活特点的规律性。精神生活方式体现的是人们怎样过精神生活和过怎样的精神生活的问题,具有一定的可观性和固定性。关注个体的精神生活问题,最终必然指向引导个体构建、形成一种稳定、合理、良好的精神生活方式。个体的精神生产实践过程包括了精神产品的生产、交换和消费等步骤,与此相对,个体精神生活在形式上主要包括精神生产方式、精神交换方式和精神消费方式,分别指代个体的学习创造生活、精神交往生活和休闲娱乐生活。

(一)精神生产方式:学习创造生活

作为人类实践活动的重要内容之一,精神生产实践是利用精神资源、创造精神产品、享受精神生活的基本前提。它是个体通过学习求知,或从事文学、艺术、哲学等精神文化工作以获得或创造精神资源的过程,包括两个方面的内容:一是个体的学习、求知活动,即在消化、吸收现有精神资源的基础上进行知识组合、思维转换和观念调适,从而使自身的知识结构、道德素养、价值观念、审美能力等得以优化或提高;二是个体进行的不同形式精神产品的创造活动,即个体依靠自身的才华和情感直接进行文学、艺术、宗教、哲学、法律思想等精神文化的生产。在现实生活中,不同职业、不同爱好、不同情趣的个体以特有的方式进行精神生产,并形成自己独特的生活风格。比如学生的学习求知生活、艺术家的艺术创作生活、思想家的哲学思辨生活、科学家的科学研究生活等,他们感受着从事自己所钟爱工作的愉悦感、才能充分发挥的自豪感、成果被他人肯定的成就感、偶尔遭遇生活不顺的挫败感,并在此过程中不断地体验、感受、反思、追求,丰富着自己的内心世界,丰盈着自己的精神生活。

（二）精神交换方式：精神交往生活

精神交换是精神产品进行流通的方式，它通过个体的精神交往生活表现出来。精神交往是个体、群体或社会（国家）之间精神活动及其成果的交流，是主体间思想、文化、价值、情感的沟通。对个人而言，精神交往则是个体在处理与自然、与自我、与他人关系过程中共享精神资源、传播精神力量的生活方式。从交往的对象来看，精神交往可以是发生在个体与自我、与他人、与自然之间，其中，人与人的精神交往是最为常见的形态。人有与同类进行交往的需要，他们"从一开始，从他们存在的时候起，就是彼此需要的，只是由于这一点，他们才能发展自己的需要和能力等等，他们发生了交往"[1]。从交往的内容来看，精神交往实质上是一种知识、思想和情感的流动和交换。人是有意识的，他能把自己的生命活动变成意志和意识的对象，"以全部感觉在对象世界中肯定自己"[2]。通过精神交往中知识、思想、文化、情感的交互，个体不仅确证了人的本质力量，而且拓展了自身的精神成长空间。从交往的空间或形式来看，精神交往包括现实空间的交往和虚拟空间的交往。随着网络信息化程度的日益提高，人的精神生活得以拓展到网络虚拟空间。虚拟空间中的个体通过即时通信、留言互动、话题参与等方式与他人交流，从而获得情绪的宣泄、情感的支撑、思想的冲击、艺术的享受等，或以日志、状态、消息的方式呈现自我审视、自我反思的结果，以激发自我精神动力，坚定自我意志，鞭策自我砥砺前行等，这些都属于精神交往的范畴。

（三）精神消费方式：休闲娱乐生活

精神消费是个体精神需要的直接满足形式，同时也是个体精神需要具体内容的间接体现。正如马克思所言，"消费在观念上提出生产的对象，把它作

---

[1]　《马克思恩格斯全集》第 42 卷，人民出版社 1979 年版，第 360 页。

[2]　《马克思恩格斯全集》第 42 卷，人民出版社 1979 年版，第 125 页。

为内心的图像、作为需要、作为动力和目的提出来"①。精神消费主要通过个体的休闲娱乐生活表现出来,它既包括以物品为载体的精神消费,比如工艺品的收藏、住所装潢的设计、进餐环境的挑选、时尚服装的消费等,也包括以符号为表征的精神消费,比如聆听一曲戏曲、欣赏一场歌舞、品评一幅画作、感受一处美景。社会主义市场经济的迅猛发展,为个体物质需要的满足提供了充足的产品和资源,通过阅读、旅行、健身、艺术鉴赏、影视欣赏等方式满足个体的心理—文化需要成为一种趋势。当人们意识到自己的某种需要并具备了一定条件,当某一形式的精神消费从偶然的享受变成了生活的必需,新的精神消费需要又会衍生出来并走到前面,从而使人的精神生活内容和形式得到不断丰富。值得一提的是,休闲娱乐生活的内容和形式不仅受到经济基础、技术水平、社会风俗、民族传统等社会环境与文化传统因素的影响,还会因为个人兴趣爱好、文化素养、生活水平、从事职业等的不同而表现出明显的个体差异。

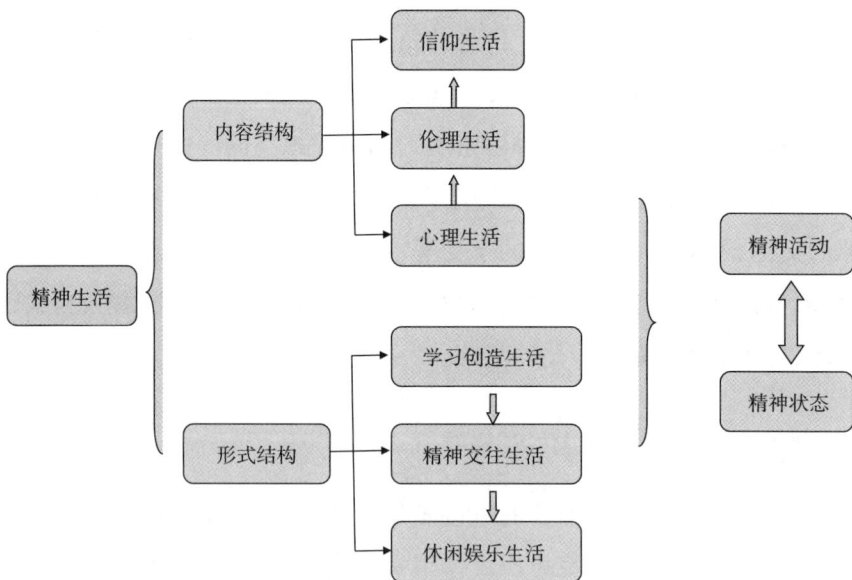

图1-2:精神生活结构示意

---

① 《马克思恩格斯选集》第2卷,人民出版社2012年版,第691页。

在精神生活的形式结构中,精神生产之学习创造生活、精神交换之精神交往生活、精神消费之休闲娱乐生活都是侧重从精神生活的外在或外显形式角度加以呈现,但这并不是说精神生活方式就是彻底外显、与内在精神发展状况截然分开的。恰恰相反,精神生活方式是个体内在精神发展状况的外化和具体化,都有一个心理与情感、道德与价值、信仰与审美的层次问题,都是个体感性层面的心理生活、理性层面的伦理生活和超越层面的信仰生活的集合。比如个体的休闲娱乐生活,既有心理层面的情绪悲喜、情感好恶,伦理层面的理性判断、价值甄别,也有超越层面的审美取向、精神追求问题。此外,不管是内在的精神发展状况还是外在的精神生活方式,两者都是精神活动与精神状态的统一,都是个体精神、意识生成、演变的动态过程和精神、意识发展、变化的静态结果的统一。并且,在尝试划分精神生活结构的过程中,不仅要看到各构成部分之间的相互关联性,更要看到精神生活本身甚至生活本身的整体性。

第三节　当代大学生精神生活研究的理论基础

对当代大学生精神生活的研究并不是一种凭空论述,而是有其深刻的理论依据。古今中外存在着大量有关人的存在、人的本质、人的需要、人的发展的探究,尤其是马克思主义关于人的系统论述,为论证当代大学生精神生活的存在、发展和优化问题提供了坚实的理论基础。

一、人的存在理论揭示人的精神生活之存在

人是自然性存在、社会性存在与精神性存在的统一,人在处理自身与自然、与社会、与他人、与自我的关系中获得自我身心和谐的持续发展和精神生活质量的有序提升。

（一）人的自然性存在

作为大自然进化的产物，人首先是作为一种生物体存活于世界之中。"全部人类历史的第一个前提无疑是有生命的个人的存在。因此，第一个需要确认的事实就是这些个人的肉体组织以及由此产生的个人对其他自然的关系。"①一方面，人不是一种灵魂、理性、意识或绝对精神的抽象存在，人直接地是自然存在物，是有生命的肉体组织的存在，具有食欲、性欲以及自我保存等基本的需求和属性。人的物质实体性，决定了他要满足自身的肉体需要，维持生命的自然存在，就必须同其他物种一样，依赖大自然的馈赠，服从大自然的规律，接受大自然的约束，因而是"受动的、受制约的和受限制的存在物"②。另一方面，人不是一般的自然存在物，人的有生命的肉体组织是人进行创造性的劳动实践、建立广泛性的社会关系、建构个性化的精神生活的现实基础和物质载体，因而具有不同于动物的生理结构和机能。动物的器官和机能是先天被规定的，只能适应特定的生活条件，就像一把钥匙只适合于一把锁一样。动物生命存在的特定化，规定了其活动的范围及具体的行为选择。一旦生存环境发生改变，它们便难以适应甚至难以存续。对于人而言，"人的器官没有片面地为了某种行为而被定向"，"人在本能上也是匮乏的：自然没有对人规定他应做什么或不应做什么"③。自然赋予人的自然力和生命力，是作为天赋、才能和欲望等存在于人身上的。人的这种非特定化使人的自然存在具有了一定的开放性、适应性和可塑性，也为人的生存状态的改变提供了无限可能。

人的自然性存在决定维持人的基本生命存在的物质生活在个体存在中具有了首要的意义，而人满足自身物质需要的生活资料不仅直接地来源于大自

---

① 《马克思恩格斯选集》第1卷，人民出版社2012年版，第146页。
② 《马克思恩格斯文集》第1卷，人民出版社2009年版，第209页。
③ ［德］兰德曼：《哲学人类学》，阎嘉译，贵州人民出版社2006年版，第164页。

然,还间接地来源于人的自由自觉的生产实践活动。随着社会生产水平的日益提升,人的自然性存在也将越来越多地蕴含社会的、文化的、精神的要素。

(二)人的社会性存在

人天生有一种合群的需要,人类生存的共生性规定了脱离社会的单个人是无法生存的。人不仅是一种自然的存在、生理的存在,更是一种社会的存在、文化的存在。人的存在是以人的具体生活为表现形态的,而生活只能是"现实的个人"的生活。"我们开始要谈的前提不是任意提出的,不是教条,而是一些只有在臆想中才能撇开的现实前提。这是一些现实的个人,是他们的活动和他们的物质生活条件,包括他们已有的和由他们自己的活动创造出来的物质生活条件。"①并且很显然,现实的从事实际活动的人,"不是处在某种虚幻的离群索居和固定不变状态中的人,而是处在现实的、可以通过经验观察到的、在一定条件下进行的发展过程中的人"②。也正是在人的这种社会性存在和社会性活动中,人作为自然性存在物所具有的才能、天赋和欲望等自然力和生命力才能真正转变成个体改造世界的创造性能力。但人的存在的社会性、群体性并不是对人的自然性存在、生理性存在的否定,相反,人的社会性存在必须以人的自然性存在为现实基础,人一旦脱离自然性存在,便会成为无肉身的精神虚空,也就不可能有现实的社会生活。

人的社会性存在首先表现为人的关系性存在。人不可能脱离社会、脱离群体而独立自存,现实生活中的人都是存在于一定社会关系中的个人,"既是单个的,也是处于他们的社会分离和社会联系之中的个人"③,社会关系是现实的个人的存在方式。其次,人的社会性存在通过人的社会生活和社会活动表现出来。人类维持生存和发展的社会实践活动包括物质生产和精神生产两

---

① 《马克思恩格斯选集》第 1 卷,人民出版社 2012 年版,第 146 页。
② 《马克思恩格斯选集》第 1 卷,人民出版社 2012 年版,第 153 页。
③ 《马克思恩格斯文集》第 8 卷,人民出版社 2009 年版,第 171 页。

大部分,即便是首要解决基本物质生活资料的物质生产,也不完全以自身的肉体生命需要为支配,更不用说物质资料的交换和享用的属人性和社会性了。人的物质生产和精神生产活动的展开,以及由此形成的不同领域的社会生活,是人的社会性存在的重要体现。最后,人的社会性存在集中表现为一种文化性存在。人"力不若牛,走不若马","既没有利爪,也没有尖牙",人在本能上的匮乏促使人为了自我保存和延续而努力超越生理的局限。比如,人"能够使用真正的语言,即是说,能够用声音或用其他符号向我们表示,只与思想有关的任何东西,而不是单单的情绪"①;人能够以契约的形式确立社会的运行规则,以道德和法律的基本方式维持社会关系的有序发展;人能够以社会教化的形式实现社会精神财富的积累与传承;等等。相比于动物的活动,人的社会性实践活动创造的是文化的世界,个体的存在也表现为文化性存在。

（三）人的精神性存在

人是有意识的存在物,是一种精神性的存在,其复杂的意识因素和丰富的意识活动建构着主体独特的精神世界。人的精神性存在一方面表现为人的活动具有目的性和创造性,是有意识的生命活动。人对活动结果的预期能在活动之前就观念的存在于头脑当中,"最蹩脚的建筑师从一开始就比最灵巧的蜜蜂高明的地方,是他在用蜂蜡建筑蜂房以前,已经在自己的头脑中把它建成了。劳动过程结束时得到的结果,在这个过程开始时就已经在劳动者的表象中存在着"②。在社会实践过程中,人对外部世界与主观世界的改造都有着明确的目的性、主体性、选择性,他们能够对外在环境进行主动适应、能动把握和积极改造,既满足当下享受的需要,又超越现实存在,着眼于未来发展,并实现精神文化的有效传承。另一方面,人的精神性存在还表现为人能把自我客体

---

① 笛卡尔:《致亨利·摩尔的信》(1649),转引自[美]莫蒂默·艾德勒、查尔斯·范多伦:《西方思想宝库》,吉林人民出版社1988年版,第17页。
② 《马克思恩格斯选集》第2卷,人民出版社2012年版,第170页。

化,把自我当成意识的对象加以把握。"动物和自己的生命活动是直接同一的。动物不把自己同自己的生命活动区别开来……人则使自己的生命活动本身变成自己意志的和自己意识的对象。"①人的自我意识的存在,使人能够把自己从周围世界中区别开来,在认识外部客体的同时,也能把自我的需要、个性、情感、动机、欲望等当作认识对象加以对待。并在这个过程中审视自己的内心世界,认识自己与他人、与社会、与自然的关系。也正是基于此,人逐步实现了自为自觉的发展,为个体的自我反思、自我调控、自我教育、自我完善提供了可能。总之,作为既有对象意识又有自我意识的精神存在物,人是在与社会的文化互动中形成的,这种文化互动既包括社会以主导价值、思想、道德、风俗等内容影响个体的教化活动,也包括个体对社会精神文明、制度文明的选择性吸收、内化与积极建构。

人的精神性存在是人区别于动物的最根本特征,也是人的本质的最重要确证。人通过自身对象性的意识活动,尤其是对自身思想境界、道德水平、信仰确立的积极建构,获得并丰富自身的精神世界,充实精神生活内容,提升精神生活品质。

二、人的本质理论阐发人的精神生活之重要价值

马克思主义对人的本质问题进行了诸多探讨,但更为重要的是,他提出了认识人的本质的正确方法,即从人的劳动实践和社会交往这一基本存在形式中探究现实个体超越动物,并区别于他者的本质特征。其中,人的精神实践活动及其结果性的精神状态无疑是反映人的本质特征的内核。

(一)人的实践性:自由自觉的劳动

人区别于动物,使人之所以成为人的根本依据在于人的劳动实践。"可

---

① 《马克思恩格斯选集》第1卷,人民出版社2012年版,第56页。

以根据意识、宗教或随便别的什么来区别人和动物。一当人开始生产自己的生活资料,即迈出由他们的肉体组织所决定的这一步的时候,人本身就开始把自己和动物区别开来。"①虽然动物也能生产,但动物的生产是按照本能的需要在大自然限定的范围内被动地获取现成资料以满足自身。而人的生产是一种有意识的生命活动,他能通过自由自觉的实践使自然不断人化,按照观念中的自我筹划而创造出一个属人的生活世界和文化世界。把劳动实践作为人的本质,并不是说人与动物只存在这一点区别。"事实上,人和动物在许多方面都有重要区别,但所有这些区别归根到底都是由人能够从事劳动实践这一特点所决定的。"②

人的劳动实践性,不仅标识了人如何区别于其他存在物,而且体现了人的本质存在方式。生产方式在一定程度上就是"他们表现自己生活的一定方式、他们的一定的生活方式"③,"个人怎样表现自己的生命,他们自己就是怎样。因此,他们是什么样的,这同他们的生产是一致的——既和他们生产什么一致,又和他们怎样生产一致"④。人的现实生活状况和基本生活方式都可以通过人的实践得到解释。人通过物质生产实践能动地作用于大自然,在获得基本的物质生存和生产资料的基础上,不断使自然人化,在更高水平上满足人的发展、享受需要;通过社会交往实践不断拓宽自身的文化视野,在不同群体、不同社会、不同国家、不同民族的比较中明确自身的角色定位,并在这种广泛的情感、文化、价值交换中延伸自我存在的空间;通过精神生产实践内化科学理论、文化艺术、道德观念、哲学思想等内容,不断丰富内在的精神世界,并以语言、文字、行为等手段和活动外化为具体的精神文化生活。总之,人的实践本质体现在人的一切社会实践和社会生活当中。随着生存实践的发展,人的

---

① 《马克思恩格斯选集》第1卷,人民出版社2012年版,第147页。
② 罗国杰:《马克思主义思想政治教育理论基础》,高等教育出版社2002年版,第43页。
③ 《马克思恩格斯选集》第1卷,人民出版社1995年版,第67页。
④ 《马克思恩格斯选集》第1卷,人民出版社2012年版,第147页。

物质生活资料日益丰富,并日益体现出更多的人性化色彩,人的精神生产实践将成为人最重要的存在方式。

(二)人的社会性:一切社会关系的总和

人的本质不仅让人以生产劳动区别于动物,还以社会关系区别于其他不同时代、不同阶级、不同圈层的人。在人的社会性存在层面,人的本质集中体现在人的社会关系上。"人的本质不是单个人所固有的抽象物,在其现实性上,它是一切社会关系的总和。"[①]在马克思看来,人在本质上,既不是肉体组织的实物存在,也不是脱离肉身的精神理性;既不是人区别于动物的生理上的共同属性,也不是人与人之间偶然的社会关联,"人的本质是人的真正的社会联系"[②]。这种社会联系,不仅包括人与人的关系;还包括人与社会的关系,不仅包括生产关系,还包括政治关系、思想关系、伦理关系等,它是人的全面的、多样的关系总和,不能以生产关系或其他某一种关系一而概之。现实的人总是存在于特定的社会关系当中,正是社会关系使人成为现实存在的、生活着的个体,并形成独特的社会特征和品质。然而,人的单一关系形态和整体关系结构是在不断发展、变化的,人也在变动不居的社会交往中不断生成、发展。

社会关系不仅决定着人的地位和角色,对当下的人来说也是"一种既定的力量,它限定、规范和塑造着人的活动和社会关系以及人的个性,由此构成人的发展的现实空间,形成人的现实生活世界"[③]。有的人沉迷于职场上的权术,把职位的提升和薪金的翻涨当成奋斗的目标;有的人醉心于挚爱的事业,把学艺的精进和自我的突破看成存在的意义;有的人投身于家庭的建设,把关系的和谐与后代的成长当作毕生的事业;有的人留恋于大自然的美好,把亲近

---

① 《马克思恩格斯选集》第1卷,人民出版社2012年版,第135页。
② 《马克思恩格斯全集》第42卷,人民出版社1979年版,第24页。
③ 钟明华、李萍等:《马克思主义人学视域中的现代人生问题》,人民出版社2006年版,第11页。

自然与享受自然当成生活的乐趣。虽然不能以任何一种社会关系对人进行判定,但很显然,主导的社会关系在很大程度上塑造着一个人的个性与现实生活。因此,丰富个体社会交往的内容,协调个体社会交往的关系,对于发挥个体的本质力量、提升个体的存在境界具有重要意义。

三、人的需要理论解析人的精神生活发展之必然与动力

人要生存,就必须解决吃喝等基本问题,人要生活,就必然会有交往、情感、休闲、艺术等高层次要求。需要是个体进行生命活动的驱动力量,可以说,正是"需要—需要的满足—新的需要"等这样一个循环往复的过程勾勒了人的生活印迹与发展趋向。人的需要具有广泛性,精神需要是人区别于动物并区别于他人的重要特征,人满足自身精神需要的实践活动促进个体精神生活的不断发展,并成为其持续发展的内在动力。

(一)需要的内容:人是有需要的生物,精神需要是人的需要之一

需要是一切生物体的普遍机能,但人的社会性和文化性使人不断脱离并超越动物本性,从而使人的自主性需要与动物的本能性需要有了根本的区别。"动物只生产它自己或它的幼仔所直接需要的东西;动物的生产是片面的,而人的生产是全面的;动物只是在直接的肉体需要的支配下生产,而人甚至不受肉体需要的影响也进行生产,并且只有不受这种需要的影响才进行真正的生产。"①就动物的需要而言,首先它是一种无意识无目的的本能性需要,体现为需要的产生受到饿了就要觅食饱肚、繁衍期到了就要交配繁殖、产崽就要筑巢建窝等本能的驱使,因而在需要的内容形式和追求层次上都具有一定的局限性。其次,动物满足需要的方式是一种适应性的满足。只能在适应大自然现存物质环境的基础上满足自身的既定需要,需要的满足方式体现出明显的被

① 《马克思恩格斯选集》第 1 卷,人民出版社 2012 年版,第 57 页。

动性、有限性、适应性的特征。而人不同,为了维持自身的生存与发展,他们不但能与外部世界进行物质、信息与能量的交换,并且能够对此作出积极主动的反应,从中有选择性地摄取满足基本要求并体现个性需要的部分。人的需要是一种自觉的需要,在对外部世界的依赖与索求的基础上,体现了人对客观环境的自觉性、能动性和创造性的反应。

"人以其需要的无限性和广泛性区别于其他一切动物"①,这主要体现为人不仅有物质需要,还有精神需要。物质需要主要是人的肉体保存、生命延续的需要,即通过物质产品的获得以满足基本的生存需要,譬如衣服的保暖御寒、食品的充饥储能、房子的遮风挡雨等。精神需要则是在物质生产的基础上超越本能需要而产生和发展起来的。比如对服装时尚、个性、品牌的追求,对美食色、香、味的要求,对住房设计、格调、品位的考究等,无不体现了人们对文化、艺术、情感、审美、个性等精神性需要的追求。精神需要是体现个体本质化存在和个性化存在的重要表征,并且,在物质生活越来越充裕的年代,精神需要将成为越来越多人的主导需求。

(二)需要的层次:人的需要是有层次的,精神需要是人的高层次需要

人是物质性与精神性的统一,因而既有物质需要也有精神需要。但物质需要与精神需要在大多数时候都不是均衡发展的,两者都在不断地自我调适和外部刺激中发展变化,使个体在不同阶段有不同的主导性需要。

肉体生存的需要是人的物质生产实践的内在动力。人为了生活,就必须吃喝住穿等,因此第一个历史活动就是生产物质生活本身,以此满足基本生存所需的物质资料。但同时,"吃、喝、生殖等等,固然也是真正的人的机能。但是,如果加以抽象,使这些机能脱离人的其他活动领域并成为最后的和唯一的

---

① 《马克思恩格斯全集》第 49 卷,人民出版社 1982 年版,第 130 页。

终极目的,那它们就是动物的机能"①。在人的基本生存需要得到满足后,人便会生发出更多更高的新的需要,既包括物质需要,也包括精神需要,并且这其中会越来越多地以精神需要为主。因此,很快"生存斗争不再单纯围绕着生存资料进行,而是围绕着享受资料和发展资料进行"②。从生存的物质需要到享受和发展的精神需要,人的需要的不满足性成为人不断从事精神生产实践的内在动力,也为促进人的精神生活发展、提高人的精神生活质量提供了现实可能。

在需要的结构层次上,美国人本主义心理学家马斯洛的需要层次理论影响较为广泛。马斯洛认为,人的需要是分层次的阶梯结构,从下到上分别由生理需要、安全需要、爱与归属需要、尊重需要和自我实现需要构成,后来他在尊重和自我实现需要之间增加了求知和审美的需要。他认为,人的需要是从低级到高级递增发展的,低层次的需要是基本的生存性需要,只有在低层次需要得到充分满足以后高层次需要才会出现和满足。只有高层次需要的充分满足才能给人带来更深刻的幸福感和丰富感,即"高峰体验"。但越是高层次的需要越难得到满足,因此也对个体而言具有更高的价值。美国耶鲁大学的克雷顿·奥尔德弗对马斯洛的需要层次理论进行了修正和重组,他认为人有三种核心需要,即生存(Existence)、相互关系(Relatedness)和成长发展(Growth)的需要,因此他的需要理论也被称为 ERG 理论。奥尔德弗指出,人的生存需要是与生俱来的,而关系和成长的需要是后天习得的。若某一层次的需要得到较少满足,个人对此需要获得满足的愿望就会更加强烈。当低层次需要得到满足时,人会产生高层次的需要。总之,不管对需要的具体层次作何划分,就现实个体而言,精神需要是人的高层次需要,精神需要的激发、满足和丰富是社会与个体发展的内在动力。

---

① 《马克思恩格斯选集》第 1 卷,人民出版社 2012 年版,第 54 页。
② 《马克思恩格斯选集》第 3 卷,人民出版社 2012 年版,第 987 页。

四、人的发展理论指明人的精神生活优化之可能与趋向

人是一种有意识、有目的的存在,除了生理方面的自然生长之外,主要通过知识学习、经验积累等方式不断提升自我素质,提高社会生存的能力,以获得更好的生存环境和生活状态。在这一过程中,个体以阶段发展、曲折发展的方式发生变化,并最终指向人的自由全面发展。正是这种向上向善、求好求进的心理和发展的趋势,为个体精神生活的优化提供了现实可能以及价值导向。

(一)人的阶段发展

人的发展是人随着时间的推移而发生由简单到复杂、由片面到全面、由不成熟到成熟的不断更新、进步的变化过程,包括生理发展、心理发展、社会性发展、文化性发展和精神性发展等众多方面。从人作为类存在的发展历程来看,马克思把人的发展阶段分为"人的依赖关系"阶段、"以物的依赖性为基础的人的独立性"阶段,以及"建立在个人全面发展和他们共同的社会生产能力成为他们的社会财富这一基础上的自由个性"阶段。在作为类的人的历史演进过程中,人的依赖性减少而独立性增加,自发性减少而自觉性增加,片面性减少而全面性增加,不自由性减少而自由性增加,不和谐性减少而和谐性增加。并且随着社会生产力的发展、科学技术的进步、社会文化的开放,社会的物质产品和精神文化产品日益丰富,这些反过来又成为人进一步发展的现实基础。而从人作为个体存在的发展过程来看,埃里克森把人的一生从婴儿期到成人晚期分成八个发展阶段,提出了人生发展八阶段理论(也叫心理社会发展理论,或人格发展阶段理论)。埃里克森指出,人的一生要经历一系列相互联系但又各不相同且顺序不变的阶段,个体在每一阶段都会出现生理成熟与社会要求和期待相冲突、矛盾带来的发展危机,而发展危机的解决情况和特定发展任务的完成情况都密切影响着个体的人格发展水平。只有顺利解决不同阶段的发展危机,个体才能有效地适应社会,塑造健康人格。此外,在个体发展阶

段问题上,陈志尚认为个人发展主要是一个人的社会化和个性化过程,包括自我发展的个人阶段、个性阶段和自主阶段①;科尔伯格依据人的道德判断能力发展情况把人的道德认知发展分成三水平六阶段;哈威赫斯特认为人从婴儿到成年人所经历的七个不同生活阶段都有不同的发展任务和发展内容;等等。这些理论对认识人的阶段发展问题都有一定的启发。

不管是作为类主体的人的发展,还是个体自我的发展,都有一个阶段演化、逐步推进的过程。同样,人的精神成长也有一定的阶段性,它与个体的自我意识、生活阅历、人文素质、教育水平、社会物质基础、社会环境影响程度等众多因素紧密相关,而这些又与个体年龄的增长、社会时代的变化不无关系。因此,我们需要辩证地看待大学生精神生活所表现出来的典型特征和突出问题,既要看到他们精神生活在某种程度上出现失衡失序的必然性,又要看到对他们进行精神教育、引导其优化精神生活的必要性,更要看到他们精神生活发展的未来趋势和光明前景。

(二)人的异化发展

从词源上来说,"异化"主要是强调脱离、疏远、丧失和转让等意思。在19世纪德国古典哲学中,异化成为一个哲学概念,用来分析主客体的分离与对立关系。黑格尔认为"异化"是一种外在化和对象化,主体逐渐丧失主体性、能动性,而客体不断与主体分离并成为压制自身的力量。费尔巴哈则用"异化"概念批判了宗教对人与人的本质的分离。马克思在审思和批判前人成果的基础上,进一步深化对"异化"问题的研究,提出了劳动异化理论。劳动(实践)作为人的本质存在方式,是对人的本质力量的确证。然而劳动也是一种双重性的存在,具有积极和消极的方面。"异化"作为劳动负面效应的体现,是人的生产实践及其产物成为外在的异己力量,站在人的对立面反过来统治人和

① 陈志尚:《人学新论——马克思主义人学基本理论和重大现实问题研究》,人民出版社2015年版,第146页。

压抑人本身的社会现象。在马克思看来,劳动异化包括了劳动者与其劳动产品的异化、劳动者与其劳动活动的异化、人与其类本质的异化,以及人与人的异化等四个方面。虽然异化劳动扭曲了人的本质力量,破坏了人自由自觉的实践,但它也并不是全然消极的东西。"自我异化的扬弃同自我异化走的是同一条道路"①,人被异化的同时也预示着人对异化的扬弃和超越。一方面,具有自觉意识和主观能动性的主体有能力在调控自身实践活动的过程中不断克服异化;另一方面,人在异化的同时也在为扬弃自我异化准备条件。劳动所表现出来的极端的异化形式"包含着一切狭隘的生产前提的解体,而且它还创造和建立无条件的生产前提,从而为个人生产力的全面的、普遍的发展创造和建立充分的物质条件"②,更为重要的是,"在产生出个人同自己和同别人相异化的普遍性的同时,也产生出个人关系和个人能力的普遍性和全面性"③,个人扬弃自我异化的过程同时也是努力实现人的自由全面发展的过程。

马克思从批判人的现实生存与发展方式的高度论述了资本主义生产劳动的异化现象,但是,这种人被物所奴役、控制、凌驾,人与人的关系被物质化、金钱化、实用化,人的本质被扭曲、压抑、否定的现象以其他形式同样存在于现有的社会形态中。读书、就业,甚至婚恋成为部分人实现财富积累、物质丰裕、生活奢侈人生梦想的手段;拥有美丽不能等、享受生活不能等、实现梦想不能等成为部分人通过花呗、借呗、来贷呗实现超前消费、符号消费的借口;游戏、直播、短视频成为部分人实现闲暇消遣、促进群体融入,甚至获得自我认同的载体。物质的满足和丰富在维持基本生存之外成为个体能力的体现、身份的象征和炫耀的资本;科技的创新和进步在提高生活水平之外成为人们无法脱离又无法掌控的力量所在。现实生活中的房奴、屏奴、网络综合征、点击强迫症、网购成瘾等奴化现象,行为处事、人际交往过程中的金钱逻辑、实用原则、功利

---

① 《马克思恩格斯文集》第 1 卷,人民出版社 2009 年版,第 182 页。
② 《马克思恩格斯全集》第 30 卷,人民出版社 1995 年版,第 512 页。
③ 《马克思恩格斯全集》第 30 卷,人民出版社 1995 年版,第 112 页。

主义等物化现象,在一定程度上都是主体丧失了精神自我、失落了精神追求的异化表现。因而,通过提高个体自主意识、发展社会生产力,在努力克服、扬弃和超越自我异化的过程中提升人的精神品质,实现人的自由全面发展,这是可能的,也是必然的。

(三)人的全面发展

人的发展是一个阶段发展、终身发展的历程,也是一个不断接近和实现人的自由全面发展的过程。在马克思恩格斯看来,他们所追求的最高社会理想——共产主义社会是一个"保证社会劳动生产力极高度发展的同时又保证每个生产者个人最全面的发展的这样一种经济形态"①,也是一个"更高级的、以每一个个人的全面而自由的发展为基本原则的社会形式"②。在这样的社会形态中,人的全面发展是最为重要的特征之一,它是"人以一种全面的方式,就是说,作为一个完整的人,占有自己的全面的本质"③。人的全面发展有着丰富的内涵,包括人的能力和素质的全面发展,使人成为"各方面都有能力"、"通晓整个生产系统"的人;包括人的个性自由与发展,使人的"一切天赋得到充分的发挥";包括人的社会关系的全面丰富,使人的"现实关系和观念关系"都得到全面丰富;等等。实质上则是实现人的工作职能的自由转换、依附束缚的完全摆脱、本质力量的充分展现、全面感觉的丰富而深刻④。

在马克思看来,"每个人的自由发展"需要具备一系列的相关条件,比如消除私有制的束缚、劳动不再只是谋生的手段而成为人的需要、人与人之间平等而普遍的交往等,因而只有社会生产力高度发展、社会成员共同占有全部生

---

① 《马克思恩格斯选集》第3卷,人民出版社2012年版,第730页。
② 《马克思恩格斯选集》第2卷,人民出版社2012年版,第267页。
③ 《马克思恩格斯文集》第1卷,人民出版社2009年版,第189页。
④ 尤安毅:《人的全面发展问题的研究综述》,《求实》2003年第6期。

产资料的共产主义社会才能得以全面而彻底地实现。然而,人的全面发展既是一种历史规定,也是一种现实规定。作为一个终极性的价值目标,它在不同历史时期有不同的具体内容和形式,需要通过不同阶段目标的实现带来量的突破和质的飞跃。在中国特色社会主义建设阶段,中国共产党人在促进人的全面发展上进行了诸多的探索与实践。邓小平在提倡大力发展社会生产力的同时强调精神文明建设,在教育方面突出强调"四有"新人的培养;江泽民明确将促进人的全面发展纳入建设社会主义新社会的本质要求中,提出"要努力提高全民族的思想道德素质和科学文化素质,实现人们思想和精神生活的全面发展";胡锦涛提出要树立科学发展观,坚持以人为本,要求"把文化发展的着力点放在满足人民群众精神文化需求和促进人的全面发展上";习近平尤其重视青年一代的发展状况,要求青年要"勤学、修德、明辨、笃实",要"爱国,忠于祖国,忠于人民;励志,立鸿鹄志,做奋斗者;求真,求真学问,练真本领;要力行,知行合一,做实干家",注意补好精神上的"钙"、扣好人生第一粒扣子;等等。总之,坚持统筹推进经济建设、政治建设、文化建设、社会建设、生态文明建设"五位一体"总体布局,协调推进全面建成小康社会、全面深化改革、全面依法治国、全面从严治党"四个全面"战略布局,促进社会生产力的发展,实现社会各领域的协调,加强社会精神文明建设和文化建设,促进青年一代的健康成长等,都是促进人的全面发展的具体举措,是提高人们的精神生活水平,提升人们的精神境界的重要途径。

第四节　当代大学生精神生活研究的思想资源

　　人对精神生活的思考伴随着人类认识自我、感受世界、追寻意义、超越生命的整个过程,并且在这个不断探究的过程中留下了大量的思想资源,这对我们正确认识人的精神发展和精神生活、构建现代化、高品质的精神生活都有着重要的启发意义。

一、中国特色社会主义建设中的精神生活构建与优化实践

马克思主义从人的存在、人的本质,以及人的发展等高度论述了精神生活是人的根本存在方式,是人的自由全面发展的重要表征和动力。中国共产党领导人继承和发展了马克思主义关于精神生活与物质生活辩证发展、精神生产、意识形态建设等理论,认为精神生活富裕是社会主义社会的重要特征,是社会主义制度优越性的重要体现。在领导中国进行新民主主义革命、社会主义建设和改革开放的过程中,尤其是在中国特色社会主义的建设实践中,他们十分重视人的精神生活,并结合中国的具体国情,对人的精神生活问题进行了广泛探索。

(一)社会主义精神文明建设

在我国经济恢复和社会主义建设过程中,经济建设是全党全国一切工作的中心。中国共产党领导集体在全力发展经济的同时,高度认识到了精神文明为物质文明发展所提供的精神动力、智力支持和思想保证作用。邓小平指出,"不加强精神文明建设,物质文明的建设也要受到破坏、走弯路"①,因而十分强调在实际工作中要做到物质文明和精神文明"两手抓、两手都要硬"。江泽民在考察深圳经济特区的发展情况时指出,"在任何时候任何情况下,发展物质文明都不应该以削弱甚至牺牲精神文明建设为代价,而应该积极促进精神文明发展,既满足人民的精神生活需要,又为发展物质文明不断提供精神动力和智力支持"②。针对现实生活中存在的一些忽视精神文明、忽视思想教育的问题,1996 年中国共产党第十四届中央委员会第六次全体会议通过《中共中央关于加强社会主义精神文明建设若干重要问题的决议》,《决议》指出,"物质文明是基础,经济建设这个中心必须牢牢把握,毫不动摇,但是精神文

---

① 《邓小平文选》第三卷,人民出版社 1993 年版,第 144 页。
② 《江泽民文选》第一卷,人民出版社 2006 年版,第 381 页。

明搞不好,物质文明也要受破坏,甚至社会也会变质",深刻认识到了精神文明在社会主义建设中的重要作用。

习近平总书记向来重视人民的精神生活和生活质量问题。在任职浙江省委书记时,他就曾提出,"物质文明的发展会对精神文明的发展提出更高的要求,同时精神文明的发展又会成为物质文明建设的动力,尤其是经济的多元化会带来文化生活的多样化,只有把精神文明建设好,才能满足人民群众多样化的精神文化生活需求"①。他还进一步强调,"要认清物质文明建设和精神文明建设的最终目的是什么,GDP、财政收入、居民收入等等是一些重要指标,但都不是最终目的,其最终目的就是要促进人的全面发展,包括改善人们的物质生活、丰富人们的精神生活、提高人们的生活质量、提高人们的思想道德素质和科学文化素质等等"②。在 2013 年全国宣传思想工作会议上,习近平在强调经济建设和意识形态建设的重要性时补充道,"只有物质文明建设和精神文明建设都搞好,国家物质力量和精神力量都增强,全国各族人民物质生活和精神生活都改善,中国特色社会主义事业才能顺利向前推进"③,把精神文明的建设、精神力量的增强、精神生活的改善提到了关系中国特色社会主义事业顺利推进的高度。而在 2015 年会见第四届全国文明城市、文明村镇、文明单位和未成年人思想道德建设工作先进代表时的讲话中,习近平指出,"实现中华民族伟大复兴的中国梦,物质财富要极大丰富,精神财富也要极大丰富。我们要继续锲而不舍、一以贯之抓好社会主义精神文明建设,为全国各族人民不断前进提供坚强的思想保证、强大的精神力量、丰润的道德滋养"④,认为抓好精神文明建设是实现中华民族伟大复兴中国梦不可或缺的部分。

---

① 习近平:《之江新语》,浙江人民出版社 2007 年版,第 95 页。
② 习近平:《之江新语》,浙江人民出版社 2007 年版,第 95 页。
③ 《习近平谈治国理政》,外文出版社 2014 年版,第 153 页。
④ 《习近平谈治国理政》第二卷,外文出版社 2017 年版,第 323 页。

（二）社会主义文化建设

文化生活是人的精神生活的重要方面，良好的社会文化环境也是孕育和促进个体精神生活健康、和谐发展的重要因素。在中国特色社会主义社会和现代化国家的建设中，先进文化向来是中国共产党领导人关注的重点内容。江泽民指出，"发展和繁荣先进文化的一项极为重要的任务，就是要使我们的民族和人民在建设有中国特色社会主义事业的征程上，始终保持奋发有为、昂扬向上的精神状态……必须不断增强全民族的精神力量，不断丰富全民族的精神世界。"①胡锦涛在庆祝中国共产党成立90周年大会上发表重要讲话，就社会主义先进文化的发展也提出了系列要求，他讲道，要"大力发展先进文化，支持健康有益文化，努力改造落后文化，坚决抵制腐朽文化，不断丰富人们的精神世界，不断增强人们的精神力量，推动社会主义先进文化更加深入人心，推动社会主义精神文明同物质文明、政治文明、社会文明以及生态文明全面发展"，"形成体现中国先进生产力发展要求、体现中国先进文化前进方向、体现中国最广大人民根本利益的理论指导、舆论力量、精神支柱和文化条件"②。

以习近平同志为核心的党中央对文化建设进行了多方面的探索和实践，有力地促进了人民精神生活的丰富和民族精神家园的构建。一是凝聚全党全社会价值共识，培育和践行社会主义核心价值观。面对世界范围内思想文化交流交融交锋形势下价值观较量的新态势，面对改革开放和发展社会主义市场经济条件下思想意识多元多样多变的新特点，党的十八大提出，倡导"富强、民主、文明、和谐"，倡导"自由、平等、公正、法治"，倡导"爱国、敬业、诚信、友善"，从国家价值目标、社会价值取向、个人价值准则三个层面明确了社会主义核心价值观的基本内容。这"对于巩固马克思主义在意识形态领域的指

---

① 《江泽民文选》第三卷，人民出版社 2006 年版，第 400 页。
② 《胡锦涛总书记在庆祝中国共产党成立 90 周年大会上的讲话学习读本》，人民出版社2011 年版，第 140 页。

导地位、巩固全党全国人民团结奋斗的共同思想基础,对于促进人的全面发展、引领社会全面进步,对于集聚全面建成小康社会、实现中华民族伟大复兴中国梦的强大正能量,具有重要现实意义和深远历史意义"①。在 2019 年春节团拜会上,习近平强调,"没有国家繁荣发展,就没有家庭幸福美满。同样,没有千千万万家庭幸福美满,就没有国家繁荣发展。我们要在全社会大力弘扬家国情怀,培育和践行社会主义核心价值观,弘扬爱国主义、集体主义、社会主义精神,提倡爱家爱国相统一,让每个人、每个家庭都为中华民族大家庭作出贡献"②。二是加强中华优秀传统文化教育,守护中华优秀传统文化这一精神命脉。习近平在 2013 年全国宣传思想工作会议上强调,中华文化积淀着中华民族最深沉的精神追求,包含着中华民族最根本的文化基因,代表着中华民族特有的精神标识。加强中华优秀传统文化教育,要着力"开展以天下兴亡、匹夫有责为重点的家国情怀教育","开展以仁爱共济、立己达人为重点的社会关爱教育","开展以正心笃志、崇德弘毅为重点的人格修养教育"③,以促进青少年学生全面发展,培养富有民族自信心和爱国主义精神的社会主义事业建设者和接班人。习近平在 2018 年全国宣传思想工作会议上强调,"兴文化"是做好新形势下宣传思想工作必须自觉承担的使命任务之一,"就是要坚持中国特色社会主义文化发展道路,推动中华优秀传统文化创造性转化、创新性发展,继承革命文化,发展社会主义先进文化,激发全民族文化创新创造活力,建设社会主义文化强国"。在这其中,"中华优秀传统文化是中华民族的文化根脉,其蕴含的思想观念、人文精神、道德规范,不仅是我们中国人思想和精神的内核,对解决人类问题也有重要价值。要把优秀传统文化的精神标识提炼出来、展示出来,把优秀传统文化中具有当代价值、世界意义的文化精髓

　　① 《中共中央办公厅印发〈关于培育和践行社会主义核心价值观的意见〉》,《人民日报》2013 年 12 月 24 日第 1 版。

　　② 习近平:《在 2019 年春节团拜会上的讲话》,《人民日报》2019 年 2 月 4 日第 1 版。

　　③ 《教育部关于印发〈完善中华优秀传统文化教育指导纲要〉的通知》(教社科〔2014〕3 号),中华人民共和国教育部 2015 年 12 月 13 日。

提炼出来、展示出来"①。三是繁荣发展社会主义文艺,建设社会主义文化强国。习近平在文艺工作座谈会上提到,"实现中华民族伟大复兴,离不开中华文化繁荣兴盛,离不开文艺事业繁荣发展。举精神旗帜、立精神支柱、建精神家园,是当代中国文艺的崇高使命。弘扬中国精神、传播中国价值、凝聚中国力量,是文艺工作者的神圣职责"②。繁荣发展社会主义文艺,必须紧紧依靠广大文艺工作者"深入实践、深入生活、深入群众,推出更多无愧于民族、无愧于时代的文艺精品,不断满足人民精神文化需求,建设社会主义文化强国,为实现'两个一百年'奋斗目标、实现中华民族伟大复兴中国梦提供强大的价值引导力、文化凝聚力、精神推动力"③。在 2016 年中国文联十大、中国作协九大开幕式上,习近平指出,"广大文艺工作者要把创作生产优秀作品作为中心环节,不断推进文艺创新、提高文艺创作质量,努力为人民创造文化杰作、为人类贡献不朽作品"。"我们要坚持不忘本来、吸收外来、面向未来,在继承中转化,在学习中超越,创作更多体现中华文化精髓、反映中国人审美追求、传播当代中国价值观念、又符合世界进步潮流的优秀作品,让我国文艺以鲜明的中国特色、中国风格、中国气派屹立于世"④。

(三)中国特色社会主义共同理想

"不忘初心,方得始终。中国共产党人的初心和使命,就是为中国人民谋幸福,为中华民族谋复兴。"⑤人民普遍享有高质量的精神生活是每一个健康、

---

① 《习近平在全国宣传思想工作会议上强调 举旗帜聚民心育新人兴文化展形象 更好完成新形势下宣传思想工作使命任务》,《人民日报》2018 年 8 月 23 日第 1 版。

② 《中共中央政治局召开会议审议〈生态文明体制改革总体方案〉、〈关于繁荣发展社会主义文艺的意见〉》,《人民日报》,2015 年 9 月 12 日第 1 版。

③ 《中共中央政治局召开会议审议〈生态文明体制改革总体方案〉、〈关于繁荣发展社会主义文艺的意见〉》,《人民日报》2015 年 9 月 12 日第 1 版。

④ 《习近平谈治国理政》第二卷,外文出版社 2017 年版,第 352 页。

⑤ 习近平:《决胜全面建成小康社会 夺取新时代中国特色社会主义伟大胜利——在中国共产党第十九次全国代表大会上的报告》,《人民日报》2017 年 10 月 28 日。

和谐、高发展水平的社会的题中之义,而中共领导人带领中国人民一步步接近理想社会、创造美好生活的初心从未改变、步伐从未停止。党的十八大提出"两个一百年"的奋斗目标,指出到中国共产党成立 100 年时(2021 年)全面建成小康社会,到新中国成立 100 年时(2049 年)建成富强、民主、文明、和谐、美丽的社会主义现代化国家,体现了党和人民对美好社会的向往,对美好生活的憧憬。党的十九大更是明确了分两个阶段实现从全面建成小康社会到基本实现现代化,再到全面建成社会主义现代化强国的战略安排,对人们的美好生活蓝图进行了详细规划。"小康"的概念最早由邓小平提出,1979 年邓小平会见日本首相大平正芳时就中国的现代化蓝图说道,"我们要实现的四个现代化,是中国式的四个现代化。我们的四个现代化的概念,不是像你们那样的现代化的概念,而是'小康之家'"[1],并提出了在 20 世纪末中国达到"小康社会"的构想。邓小平提出的"小康之家",首先它是一连串有关就业、收入、消费、住宅、基础设施等紧密相关的指标与数字,因而必须以发展经济为基础,否则一切将是空谈。其次,它更是一种物质文明和精神文明达较高水平的生活状态,是一个充满温情、活力、精神力量和欢声笑语的社会形态。江泽民曾指出,"物质贫乏不是社会主义,精神空虚也不是社会主义。社会主义不仅要使人民物质生活丰富,而且要使人民精神生活充实"[2]。党的十六大报告提出了全面建设小康社会的奋斗目标,而中共十六届四中全会明确指出要把构建社会主义和谐社会作为全面建设小康社会新局面中的重要战略任务,着力构建民主法治、公平正义、诚信友爱、充满活力、安定有序、人与自然和谐相处的社会。

2012 年 11 月 29 日,习近平在国家博物馆参观"复兴之路"展览时提出了"中国梦"的概念。他说,"大家都在讨论中国梦。我认为,实现中华民族伟大

---

① 刘金田、张爱茹:《影响世界改变中国的邓小平　中共党史非常时期的重大历史事件》,台湾出版社 2014 年版,第 301 页。
② 《十四大以来重要文献选编》(下),人民出版社 1999 年版,第 2277—2278 页。

复兴,就是中华民族近代以来最伟大的梦想"①。而实现中华民族伟大复兴的"中国梦",就是要走中国道路,弘扬中国精神,凝聚中国力量,以最终实现国家富强、民族振兴和人民幸福。党的十九大以"不忘初心,牢记使命,高举中国特色社会主义伟大旗帜,决胜全面建成小康社会,夺取新时代中国特色社会主义伟大胜利,为实现中华民族伟大复兴的中国梦不懈奋斗"作为大会主题,提出了"全党全国各族人民要紧密团结在党中央周围,高举中国特色社会主义伟大旗帜,锐意进取,埋头苦干,为实现推进现代化建设、完成祖国统一、维护世界和平与促进共同发展三大历史任务,为决胜全面建成小康社会、夺取新时代中国特色社会主义伟大胜利、实现中华民族伟大复兴的中国梦、实现人民对美好生活的向往继续奋斗"的要求和愿望。而在全面建成小康社会,实现民族复兴中国梦的依赖力量上,广大青年毫无疑问是生力军和主力军。"广大青年既是追梦者,也是圆梦人。追梦需要激情和理想,圆梦需要奋斗和奉献。广大青年应该在奋斗中释放青春激情、追逐青春理想,以青春之我、奋斗之我,为民族复兴铺路架桥,为祖国建设添砖加瓦。"②

此外,历代中央领导集体,尤其是以习近平同志为核心的党中央从理想信念建设、注重家庭家教家风、反腐倡廉、人才培养等具体问题入手,探索了个体、群体,以及国家层面的精神生活建设与发展问题。比如,在谈及共产党人信仰迷茫、精神迷失的问题时,习近平提出,"对马克思主义的信仰,对社会主义和共产主义的信念,是共产党人的政治灵魂,是共产党人经受住任何考验的精神支柱。形象地说,理想信念就是共产党人精神上的'钙',没有理想信念,理想信念不坚定,精神上就会'缺钙',就会得'软骨病'"③。强调要加强理想信念建设,以明确人的精神追求,激发人的精神动力;在提及家庭家教家风时,习近平说道,"广大家庭都要重言传、重身教,教知识、育品德,身体力行、耳濡

---

① 《习近平谈治国理政》,外文出版社 2014 年版,第 36 页。
② 习近平:《在北京大学师生座谈会上的讲话》,《人民日报》2018 年 5 月 3 日第 2 版。
③ 《习近平谈治国理政》,外文出版社 2014 年版,第 15 页。

目染,帮助孩子扣好人生的第一粒扣子,迈好人生的第一个台阶。要在家庭中培育和践行社会主义核心价值观,引导家庭成员特别是下一代热爱党、热爱祖国、热爱人民、热爱中华民族。要积极传播中华民族传统美德,传递尊老爱幼、男女平等、夫妻和睦、勤俭持家、邻里团结的观念,倡导忠诚、责任、亲情、学习、公益的理念,推动人们在为家庭谋幸福、为他人送温暖、为社会作贡献的过程中提高精神境界、培育文明风尚"①。注重家庭家教家风,构建良好社会精神风貌,以促进形成爱国爱家、相亲相爱、向上向善、共建共享的社会主义家庭文明新风尚;在论及社会的腐败问题时,习近平指出,"腐败问题越演越烈,最终必然会亡党亡国"②,要坚持"老虎"、"苍蝇"一起打,把权力关进制度的笼子里,要求"反腐倡廉必须常抓不懈,拒腐防变必须警钟长鸣"③。强调要坚持反腐败斗争,以树立良好的社会风气,塑造良好的精神面貌;在提及优秀青年干部培养时,习近平强调,"广大干部特别是年轻干部要在常学常新中加强理论修养,在真学真信中坚定理想信念,在学思践悟中牢记初心使命,在细照笃行中不断修炼自我,在知行合一中主动担当作为,保持对党的忠诚心、对人民的感恩心、对事业的进取心、对法纪的敬畏心,做到信念坚、政治强、本领高、作风硬"④。突出青年干部的理想信念和实干担当,以提升优秀人才的精神素养,引领新青年的健康成长成才;等等。这些社会主义精神文化建设的举措,毫无疑问为当代中国人精神生活质量的提升提供了有力保障,创设了有益氛围。

二、中国古代对精神生活的探索与阐述

中国作为世界四大文明古国中唯一没有发生文化断层的国家,在绵绵历

---

① 习近平:《在会见第一届全国文明家庭代表时的讲话》,《人民日报》2016 年 12 月 16 日第 2 版。

② 《习近平谈治国理政》,外文出版社 2014 年版,第 16 页。

③ 《习近平谈治国理政》,外文出版社 2014 年版,第 386 页。

④ 《习近平在中央党校(国家行政学院)中青年干部培训班开班式上发表重要讲话强调在常学常新中加强理论修养 在知行合一中主动担当作为》,《人民日报》2019 年 3 月 2 日第 1 版。

史长河中形成了独特的文化传统,创造了辉煌的中华文明。有学者指出,中国哲学"所有的认知都是透过生活、实用、实践的方式来实现。无论是儒家的主流或诸子百家,都可以窥见这种发挥生活、实用与实践的'生命理性'的努力"①。中国古代思想文化中对人生、对生活、对生命的思考和探索,对现代人澄清自身的精神追求大有裨益。

(一)道德人格的理想追求

人是什么,以及人应当成为什么样的人,这是人类认识史上一个永恒的话题。不同于西方国家强调理性智慧的文化传统,作为一个有着浓厚的大陆文化、农业文化和儒家文化色彩的国家,中国有着独特的伦理文化底蕴。这一点在追求道德化理想人格上表现得尤为突出。

"内圣外王"可以说是中国传统文化对人生理想最高境界的集中表达。《庄子·天下篇》有言:"神何由降?明何由生?圣有所生,王有所成,皆原于一",此"一"即"内圣外王之道"。其中,"圣"表现为"以天为宗,以德为本,以道为门,兆于变化"之"圣人","以仁为恩,以义为理,以礼为行,以乐为和,熏然慈仁"之"君子"。"圣人"作为个人修身养德的人格理想,在不同思想流派或哲人看来有着不同的具体形象。"太上有立德,其次有立功,其次有立言,虽久不废,此之谓不朽。"②叔孙豹所谓道德、功业、学说"三不朽",成为当时理想人格的公认标准;"圣人,人伦之至也"③、"圣也者尽伦者也"④,儒家认为的圣贤形象,是最高道德人伦境界的体现者;"道者,万物之所由也"、"道之所在,圣人尊之"⑤、"圣人处无为之事,行不言之教"⑥,道家之所谓圣贤,即自然

---

① 成中英:《知识与价值》,中国广播电视出版社 1996 年版,第 310 页。
② 《左传·襄公二十四年》。
③ 《孟子·离娄上》。
④ 《荀子·解蔽》。
⑤ 《庄子·渔父篇》。
⑥ 《老子》第二十五章。

无为的人格化身;张载则把自身的人格理想描述为"为天地立心,为生民立命,为往圣继绝学,为万世开太平"①。然而"圣人"作为最高伦理标准,只有尧、舜、禹、汤、文、武、周公、孔、孟等少数人被公认,对于现实常人而言,只能退而求其次,努力成为"君子"。孔子曾提出性三品说,认为人是分等次的,"生而知之者,上也;学而知之者,次也;困而学之,又其次也;困而不学,民斯为下矣"②。而在这其中,"唯上智与下愚不移"③,最聪明的人和最愚笨的人是难以改变的,但也是极少数的,中等的人能够通过自我修身和教育的方式使自我德性得到不断提升。"舜何人也,予何人也,有为者亦若是"④,通过博施于民、存心养性、养浩然之气、化性起伪、诚心守仁、积善而全尽等,则"人皆可以为尧舜"、"涂之人皆可为禹"。

(二) 自教自律的修身方式

个体道德品性的后天习得,无外乎外在的社会教化与内在的修身养性,而社会教化的最终效果同样需要个体主动地接受影响,内化观念并外化行为。因此,个体的自主、自觉、自教自律是品性养成的关键所在。以儒家思想为代表的中国传统文化尤为重视个体自身的修身养性,这对现代人缓解精神焦虑、调适精神状态、积蓄精神力量提供了重要启示。

修身、齐家、治国、平天下是几千年来中国圣贤先哲、文人墨客穷尽一生、孜孜以求的人生理想。《礼记·大学》中有言:"古之欲明明德于天下者,先治其国;欲治其国者,先齐其家;欲齐其家者,先修其身。"其中,修身在于格物致知、正心诚意,是家齐、国治、天下平的根本。在中国古代思想史上,孔子可以说是第一个创立比较系统的自我修身方法的人。比如,"学而不思则罔,思而

---

① 《张子语录·语录中》。
② 《论语·季氏》。
③ 《论语·阳货》。
④ 《孟子·滕文公上》。

不学则殆"①、"敏而好学,不耻下问"②,强调学思并重,虚心请教;"吾日三省吾身,为人谋而不忠乎？与朋友交而不信乎？传不习乎？"③"见贤思齐焉,见不贤而内自省也"④,强调人要学会反省内求;"欲纳于言而敏于行"⑤、"耻其言而过其行"⑥,强调要在实践中修养,并做到言行一致;"戒慎乎其所不睹,恐惧乎其所不闻。莫见乎隐,莫显乎微"、"君子慎其独也"⑦,强调要慎独,提高道德自觉自律性;等等。这些在当时社会环境封闭、教育尚未普及的社会环境中,成为个人自觉追求道德人格理想的重要方法,也是社会教化培养适合统治需要的良民的重要依托。孔子晚年回顾了自己一生精神生活的过程,"吾十有五,而志于学。三十而立,四十而不惑,五十而知天命,六十而耳顺,七十而从心所欲,不逾矩"⑧。孔子用自己的人生经历,为后人树立了以学习和修身不断提升精神境界的榜样,也说明了个人道德修身是一个终其一生的事业。此后,孟子的养浩然之气,周敦颐的主静无欲以至诚,程颐的主静养心、格物致知,朱熹的守其本心,王阳明的知行工夫不可分离等,都是对自我修身要求和具体方法的论述。

(三)和天爱人的生存之道

人作为生命体存在于天地之间、社会之中,不得不面临与他人、与社会、与自然的相处互动。调节和消解人与人、人与社会、人与自然矛盾冲突的过程,也是人进行精神交往、传递精神能量、获得精神成长的过程。中国古代思想中有关和天爱人的处世哲学,对当今社会构建五位一体的和谐社会,营造良好的

---

① 《论语·为政》。
② 《论语·公冶长》。
③ 《论语·学而》。
④ 《论语·里仁》。
⑤ 《论语·里仁》。
⑥ 《论语·宪问》。
⑦ 《礼记·中庸》。
⑧ 《论语·为政》。

生存环境,具有重要的现实意义。

在处理个人与他人的关系上,中国传统思想重"仁",强调将心比心、推己及人。所谓"己所不欲,勿施于人"、"己欲立而立人,己欲达而达人",这种待人如己的伦理观是建立在和谐的家庭关系基础之上,由父慈子孝、兄友弟恭、夫义妇顺的亲缘、姻缘关系扩及到人与人之间的和谐相处。《孟子·梁惠王上》中的"老吾老以及人之老,幼吾幼以及人之幼",《墨子·兼爱中》中的"视人之国若视其国,视人之家若视其家,视人之身若视其身",都是在孝悌观念、仁爱思想基础上实现人际关系的和谐。在处理个人与社会的关系上,中国传统思想重"义",强调舍身取义、天下为公。"仁政爱民"是贤明的君主和哲人所共同倡导的,主张兼顾个人利益与国家利益,鼓励国家尽力满足人民的利益需求,增加人民的利益福祉。但当两者利益无法兼顾而需分出轻重缓急之时,传统思想推崇舍身取义、天下为公的做法。"士不可以不弘毅,任重而道远"[①]"生亦我所欲也,义亦我所欲也,二者不可得兼,舍生而取义者也"[②]。中国这种"位卑不敢忘忧国"、"天下兴亡,匹夫有责"的思想激励了无数仁人志士为国家、为民族的事业而前赴后继,谱写了无数爱国主义的英雄赞歌。"人生自古谁无死,留取丹心照汗青"、"以身许国,何事不敢为"、"先天下之忧而忧,后天下之乐而乐",留下了一首首为国家统一、兴盛而倾洒热血的雄伟诗篇。而在处理个人与自然的关系上,中国传统思想重"和",强调物我一体、天人合一。张岱年先生曾指出:"中国哲学有一根本观念,即'天人合一'。认为天人本来合一,而人生最高理想,是自觉地达到天人合一之境界。物我本属一体,内外原无判隔。但为私欲所昏蔽,妄分彼此。应该去此昏蔽,而得到天人一体之自觉。"[③]由于处在一个气候温和、陆地面积宽广、以农业耕作为基本生产方式的独特环境中,中华民族形成了依赖天时保其农作、祈求上天风调雨顺、坚

---

① 《论语·泰伯》。
② 《孟子·告子上》。
③ 张岱年:《中国哲学大纲》,江苏教育出版社2005年版,第8页。

持人与自然相生相容的观念传统,甚至在君子的为人处世之道上,也倡导人与天的合一。《周易》曰:"天行健,君子以自强不息;地势坤,君子以厚德载物",认为君子的为人处世,应像天宇一样刚毅强劲,生生不息;像大地一样宽厚仁爱,包容万物。

中国古代思想文化中存在着大量有关人生存、生活的智慧,也有着大量有关人的精神生活的真知灼见。这些对于现代社会主义市场经济条件下人们生存状态的改善和持续发展的实现,都有重大的现实意义。然而不可忽略的是,中国古代思想观念中所倡导的"君子谋道不谋食"、"君子忧道不忧贫"①等观念,虽然体现了物质生活的窘迫不影响个体精神生活发展的境界,但也是一种脱离物质基础的精神超越,容易陷入精神万能的泥潭。此外,在阶级社会中,培养的是遵循"忠恕之道"的人,人与人之间的和谐关系也是严格遵循等级秩序基础上的单方面依附关系,具有一定的阶级性。因此,在借鉴吸收传统文化的思想结晶之时要加强辨别,坚持辩证唯物主义的观点,取其精华去其糟粕,方能真正有利于当代人的精神生活发展。

三、西方社会对精神生活的研究与论说

关于人的精神生活的探索,西方多着眼于人的生存状态以及人应该怎样过更好的生活。就东西方的思想传统而言,西方思想带有明显的理性精神、宗教信仰、个人主义色彩,因而在人生观、幸福观等问题上也表现出不同于东方的特征。

(一)理性精神与人的精神生活

理性使人区别于动物,并反映了人的生存智慧。一方面,人以自身的理性认识客观世界,并使自然人化,创造一个属人的世界。另一方面,人以自

———————
① 《论语·卫灵公》。

身的理性优化社会生存结构,并寻求存在意义,建立一个文化的世界。人类的理性精神包括纯粹理性和实践理性两部分,"它们既为人类提供了理解、把握和解释世界的思维方式与工具,也为人类提供了怎样开展生存活动的生活态度"①。

苏格拉底提出人"认识你自己"的命题,"把人对自身的自然属性的认识转向了对人的内在精神的认识"②,并指出人的本质就是灵魂,就是能够自我认识的理性。"未经反思的生活是不值得过的",强调人要努力追求有德性的生活,认识真理,并审视和评估自我存在的价值。柏拉图继承了苏格拉底人的本质是灵魂的观点,并进一步将灵魂分为理性、情感(精神)和欲望三部分。理性是灵魂中最优秀、最高级的部分,掌控着人的思想活动,当理性统率和支配着人的情感和欲望时,灵魂就具有了"智慧"的德性。情感是驱动人的理性发挥作用的部分,当情感促进合乎理性的意志行为并恰当控制人的欲望时,灵魂就具有了"勇敢"的德性。欲望是灵魂中最低劣的,促使人追求肉体满足、趋乐避苦的部分,当欲望被理性和情感有效地保持在一定范围内,灵魂就具有了"节制"的德性。灵魂的三部分不仅有与之对应的德性,也有与之对应的三种快乐,即知识、荣誉和财富。而灵魂上的快乐要比肉体的快乐更加真实,肉体的快乐是短暂的,仅仅是快乐的影子。但柏拉图也指出,实现灵魂向善的幸福生活,不仅包括理性支配带来的心灵上的充实,也包括欲望满足带来的肉体上的快乐,是两者一定比例的调和。亚里士多德认为,人是理性的动物,人的灵魂中不仅有一切生物所具有的生长、繁殖、嗜欲等非理性部分,更有区别于动物并明显较之更为高级的抽象、沉思、选择等理性部分。对于理性的人而言,符合理性的生活就是最好、最愉快的,因而也是最幸福的。"对每一事物是本己的东西,自然就是最强大、最使其快乐的东西。对人来说这就是合于理

---

① 黄纬华:《人类精神趋向》,大象出版社 2013 年版,第 45 页。
② 赵敦华:《西方人学观念史》,北京出版社 2002 年版,第 37 页。

智的生命。如果人以理智为主宰,那么,理智的生命就是最高的幸福。"①追求幸福是生活的最高目的所在,在亚里士多德看来,人的幸福是道德追求与快乐生活的统一与平衡,它既不是天赋的,也不是抽象不可捉摸的。人通过教育和实践获得智慧,通过习惯培养德性,从而获得生活的幸福。在近代,笛卡尔、莱布尼茨、康德、黑格尔等人从不同视角探讨了理性与人的生存状态以及幸福生活的关系。而到了现当代,人类科技理性的发展在带来社会物资丰富、科技进步的同时,也实现了对人的僭越,人的价值和自我实现被抛掷一旁,人类开始反思自己的生存状态。尼采宣告上帝已死,认为需要对一切价值进行重估;海德格尔认为技术世界中的人无法掌控自己的命运,人应该诗意地栖居在大地上;马尔库塞批判了技术理性支配下人逐渐丧失自主性和批判性而成为单向度的人,认为人的解放是摆脱单面社会压抑的精神解放;哈贝马斯指出工具理性的膨胀导致人精神的萎缩和关系的淡漠,主张通过互动的交往行为恢复生活世界的对话性、个性化和丰富性。

可以看到,理性是改善人的生存境遇、获得生活幸福的重要力量,合理的理性促使人在满足物欲的基础上追求真善美的终极价值,获得肉体与灵魂的平衡与和谐。然而,随着西方市场经济和科学技术的发展与备受推崇,工具理性不断挤压价值理性,甚至成为主导社会生活的主要准则,物欲的无限膨胀使得精神和信仰旁落,理性成为西方社会进一步发展的掣肘。当前,中国的科学技术、社会主义市场经济发展迅速,物质的日益丰裕也让人们陷入价值虚无、信仰迷失的精神危机当中。我们应该以西方社会的发展困境为警示,重新审视人的生存状态与发展追求,正确看待科技与人文的关系,重构物质生活与精神生活的平衡态,实现物质生活与精神生活的良性互动与持续发展。

---

① 《亚里士多德全集》第八卷,苗力田译,中国人民大学出版社1997年版,第228页。

（二）宗教信仰与人的精神生活

伴随着科技理性的发展，西方通过对客观世界的把握与改造，为人类生存创造了丰富的物质财富，为人类发展提供了坚实的物质基础。然而这种从外部世界解决人类生存性矛盾的方式无法带来人内心世界的安宁与幸福，于是不得不诉诸艺术、道德、宗教等文化的力量。其中，宗教在为西方社会提供行为准则、道德规范、意义追求等方面产生了巨大作用，成为西方人精神生活的重要内容之一。

在中世纪，基督教的产生和发展对西方社会产生了深远影响。早期基督教的教义认为，上帝是有智慧的全能的神，它创造了宇宙万物，而人生来有罪，需要用俗世的功业来获得上帝的恩宠并得到拯救。当世界末日来临，上帝审判人间，决定俗世的人们入地狱或者上天堂。基督教神学的重要代表人物奥古斯丁认为，人生而有罪，人占有物质的欲望、追逐权力的欲望、性活动的欲望使人性不断堕落，人只有依靠上帝的恩典才能得到拯救。他在《上帝之城》中说："没有什么事物能以任何方式脱离至高的创造者和安排者上帝的法则，这位创造者是宇宙和平的引导者。""作为被赋予知识的存在，人从上帝那里领受了自然之光；作为服从行动必要的存在，人从上帝那里领受了道德良心。"在他看来，人只有相信上帝的安排，接受上帝的启示，才能拯救堕落的灵魂。他按照基督教伦理学的标准作出了天上之城与地上之城的区分，"天上的城与地上的城在世间始终交织在一起……两者享受同样的世间利益，或被世间邪恶所折磨，但伴随着不同的信、望、爱"①。实际上，圣城与俗城的差别代表的是实际生活中人们不同的精神生活状态与命运。中世纪最伟大的神学家托马斯·阿奎那认为，人具有自由意志，意志的对象是普遍的善，而上帝就是普遍的善本身。人要获得幸福，依靠自身的力量是无法实现的，必须依靠上帝的

---

① 奥古斯丁：《上帝之城》第十八卷五十四章，转引自赵敦华：《西方哲学简史》，北京大学出版社 2001 年版，第 134 页。

恩赐,必须通过对上帝的虔诚信仰。法国宗教改革家加尔文提出,基督徒应该使自己过一种像基督一样的圣洁生活,努力改造自己以获得"新生"。"若决心一生归附上帝,不仅需要向外的德行,也需要灵魂的培育,而灵魂只有摒弃过往的陋习,才能培育出丰厚的果实,达到至善之境。悔悟始于对上帝的畏惧,这种畏惧何等诚挚;悔悟不仅是抛弃肉欲,还有精神日趋活力。"①教徒把自身的"原罪"转化为改造现实世界与自我的精神动力,过一种不仅注重内心修养,同时也注重身体力行的生活。这在马克斯·韦伯看来,新教中所倡导的教义与伦理成为了推动资本主义发展的重要力量。"禁欲主义常常有条不紊、坚持不懈地将坚守一种职业这一宗教观念作为最高的手段,同时也以此证明人们重生与真诚这两项信念。而且这一宗旨对我们之前提到的体现资本主义精神的生活态度的提倡发挥过巨大的杠杆作用。"②新教的天职观念和禁欲主义,使人们把勤奋工作、节俭生活作为人生信条,并支撑和鼓励自己不断完善自身、获得救赎。

显然,宗教信仰,尤其是基督教信仰在西方人的社会生活和日常生活中打下了深深的烙印,是个体精神生活的重要内容,甚至在很大程度上就是西方意义上的精神生活。然而,"一切宗教都不过是支配着人们日常生活的外部力量在人们头脑中的幻想的反映,在这种反映中,人间的力量采取了超人间的力量的形式"③。我们既要看到宗教给人以坚定信念和信仰,给人以生活的精神支撑的现实功能,也要看到宗教是人的本质力量的异化,是神性对人性的压制和扭曲的实质所在。在辩证唯物主义的立场上,抽离掉宗教这一外化形式,我们看到的是信仰对个人的行为约束和价值引领,看到的是信仰对社会的整合和凝聚。因此,从社会治理、社会整合和精神文明建设的角度审视、思考并强

---

① 约翰·加尔文:《基督教原义》,转引自[英]汉默顿:《思想的盛宴——西方思想史中之哲学、历史、宗教、科学及其他》,吴琼等译,九州出版社 2005 年版,第 197 页。

② [德]马克斯·韦伯:《新教伦理与资本主义精神》,群言出版社 2007 年版,第 162 页。

③ 《马克思恩格斯选集》第 3 卷,人民出版社 2012 年版,第 703 页。

化当下中国社会的信仰重建和核心价值观培育,对提高民族凝聚力、改善社会精神面貌、充实个人心灵等都具有重大的现实意义。

(三)个人主义与人的精神生活

个人主义强调自我支配、自我独立,重视自由价值,主张人是一切价值的中心,个人本身就是目的,一切价值都由人体验等。个人主义在西方具有悠久的历史,可以说是根植于西方的思想文化当中。个人主义及自由价值体现在生活态度、精神追求上,主要表现为快乐主义、功利主义和实用主义的人生观、幸福观和道德观。

快乐主义人生观、幸福观的代表主要有昔兰尼学派和伊壁鸠鲁。昔兰尼学派的快乐论是西方享乐主义思想的源头,"没有什么事情应当限制人们追求愉悦,因为除了愉悦,任何事情都是不重要的"[1],主张人们极力追求感官上的快乐和肉体上的满足。伊壁鸠鲁同样推崇快乐主义,他认为快乐是幸福生活的开始和目的,是一切取舍的出发点。"如果抽掉了嗜好的快乐,抽掉了爱情的快乐以及视觉与听觉的快乐,我就不知道我还怎么能够想象善。"[2]然而,快乐并不等同于享乐,尤其是不等同于肉体上的享乐。人所追求的快乐,不仅是肉体上的快乐,更是精神上的快乐。此外,伊壁鸠鲁也认识到欲望对快乐的追求与满足是永无止境的,"你在需要快乐的时候,正是你因缺乏快乐而痛苦的时候"[3]。因此,他也主张人要懂得节制,通过身体力行、修身养性以实现身体健康和心灵宁静。功利主义主要以英国的边沁为代表,他认为功利原则就是"当我们对任何一种行为予以赞成或反对时,我们看取的是该行为增多还是减少当事人的幸福"[4]。边沁的功利主义建立在快乐主义原则之上,在他看

---

① 转引自于是:《幸福感》,江苏教育出版社 2013 年版,第 3 页。
② 周辅成:《西方伦理学名著选辑》上卷,商务印书馆 1964 年版,第 95 页。
③ 苗力田:《古希腊哲学》,中国人民大学出版社 1989 年版,第 648 页。
④ [英]杰瑞米·边沁:《道德与立法原理导论》,转引自唐凯麟:《西方伦理学名著提要》,江西人民出版社 2000 年版,第 226 页。

来,趋乐避苦是人的本性,人的所有行为的最终目的都是为了增进快乐,免除痛苦。当一种行为带来的快乐超过痛苦的额度高于另一种行为带来的快乐超过痛苦的额度时,那这种行为就具有更多的善。人与人的苦乐不存在质的不同,只有量的差异,苦乐价值的大小可以通过强度、持久性、确定性、远近性、继生性、纯粹性、范围等七个条件加以计算。每个人都会根据个人利益来决定自己行为的取舍,以获得自身最大的利益和最大的幸福,从而最终实现"最大多数人的最大幸福",这是个人和社会道德生活的根本。在此之后,密尔和穆勒都修正和发展了边沁的功利主义,认为人有区别于动物的高级精神享受,快乐不仅有量的差异,也存在质的不同,人应该欲求高质、多量的快乐生活而尽可能地避免痛苦。实用主义人生观是 20 世纪上半叶流行于美国并具有较大影响力的一种人生哲学思潮,认为人生的价值在于"有用"和"方便","有用"就是道德,"方便"就是标准。生活不关乎抽象原则,也不在意客观规律,生活的意义在于寻求成功的生活方式,在于按照个人欲望和意志产生的行为所能带来的好处。实用主义人生观的基本思想由威廉·詹姆斯奠定,后来由杜威等实用主义者加以发展完善。它反映了西方资产阶级将道德工具化,以个人为本位,以实利为原则的生活价值观。

可以看到,西方推崇个人存在的价值和意义,重视个体的精神感受、物质满足和身心愉悦,这对我国传统的人生价值观、幸福观形成了有益补充。然而值得注意的是,这种对个人、对实用的极度推崇,导致了资本主义社会享乐主义、纵欲主义、物质主义的广泛流行,也是造成社会穷奢极欲、及时行乐、享受当下的主要原因。当前,我国社会主义市场经济迅猛发展,个体的地位和价值得到不断彰显,加上国际文化交流的日益全面和频繁,西方资本主义文化和生活方式的渗透不断加剧,这要求我们必须加强对个人主义过度膨胀的防范,警惕个人主义对个体,尤其是对青少年精神生活的消解。

第二章　当代大学生精神生活的现状研究

聚焦于当代在校大学生这一群体,在以概念界定、结构划分、指导理论等内容为理论框架和分析工具的基础上,开展定量、定性相结合的实证研究,了解当代大学生精神生活的整体状况,这是对优化精神生活之必要的前提论证,是明确优化精神生活之问题的基本举措,是精神生活及其优化研究的现实基点。

第一节　当代大学生精神生活
现状研究设计与实施

本书对当代大学生精神生活现状的研究以对在校当代大学生的问卷调查和半结构式访谈为基础,是一次定量(问卷调查)与定性(个人访谈)相结合的实证研究。

一、研究的目的与内容

本研究旨在通过实证研究解决当代大学生精神生活现实状况如何及其主要影响因素为何的问题。研究内容据此分为两大板块,一是针对当代大学生精神生活不同构成内容的具体状况进行调研,二是针对可能影响当代大学生精神生活现实状况的主要因素进行调研(由于影响因素的内容过多且重要,故不在本章的调查结果中呈现,而是单独用第三章的篇幅对此展开分析和讨论)。

二、研究方法

本次实证调查研究综合采用了个人访谈和问卷调查的方法,以获得对当代大学生精神生活状况的一手资料,建立起对当代大学生全面、立体、多维的认识。

"当你们用'存在着'这个词的时候,显然你们早就很熟悉这究竟是什么意思,不过,虽然我们也曾相信领会了它,现在却茫然失措了。"①海德格尔曾引用柏拉图的这一段话来说明存在问题的重要性和未明了性。同样,精神生活也是这样一个"熟悉"而非"熟知"、"熟知"而非"真知"的问题,是现实生活中被认为"显而易见"、"理所当然",但实际难以用语言加以描述的对象。大学生精神生活问题自20世纪90年代开始逐渐受到学界重视,已有研究成果多从经验判断和问卷调查的角度论述当代大学生精神缺失、精神生活异化以及精神生活失衡、失序等问题。在这些研究中,大学生始终处于"被认识"、"被表达"和"被评价"的地位。个人访谈可以理解为被调查者对自我经历的主观建构,这一方法较好地契合了"精神生活"主观而抽象的特点。因此,访谈法成为本研究的重要方法。

此外,问卷调查是一种直接、系统地从一个取自总体的样本中收集量化资料,并通过对资料的统计分析来认识社会现象及其规律的研究方法。在人文社会科学的研究中,问卷调查方法因其可以大规模获取可量化信息、数据直观呈现结果等优点而备受青睐。目前很多关于精神生活状况的实证研究大多以问卷调查为基础,但其中不少研究或借用他人调查的二手资料,或基于自己并

---

① [德]海德格尔:《存在与时间》,生活·读书·新知三联书店1987年版,第1页。

不规范的调查获得数据,因受到调查结果时效性、抽样方法科学性、调查样本代表性等方面的限制,研究结果缺乏信度而难以真实反映人们的精神生活面貌。因此,本研究主要运用量化研究方法,通过科学设计问卷、严格抽样规则和规范统计分析,来获得对当代大学生精神生活的整体性、直观性、数量化把握。

三、基本概念及研究维度

在前文已经说到,精神生活是现实的个体为满足自身精神需要而进行的精神活动及其精神上的生活状态与生活方式。精神生活是精神活动与精神状态的统一,是个体的本质存在方式,体现着人生存的意义和价值。它既包括道德、理想、情感、信念、思想等精神文化要素,又包括科学知识、社会交往、娱乐活动、传统习俗等精神文化形式。在结构上,精神生活包括内在的精神发展水平和外在的精神生活方式。在内容上,意识发展的不同水平带来精神生活的发展层次差异,意识对事物镜像的不同方式反映某一精神生活形式的所属层次差异。依据个体意识的不同发展状况,当代大学生的精神生活可以分为感性的层次、理性的层次和超越的层次,并与个体的心理生活、伦理生活和信仰生活相对应。而在形式上,精神生活方式是个体在一定的社会历史条件和物质生活条件制约下,在一定的社会价值观念指导、个体价值观念范导下所形成的满足自身精神需要的活动形式与行为特征的总和。依据个体精神生产实践中精神产品生产、交换和消费的不同环节,精神生活方式可以分为精神生产方式、精神交换方式和精神消费方式。对当代大学生而言,由于人生阶段和主要任务的特殊性,大学生的精神生产主要体现在学习生活、求知生活上;而精神交换作为主体之间精神价值的传递和情感的交流,主要通过当代大学生的情感生活、交往生活得以反映;精神消费作为一种获得精神享受的方式,通过当代大学生的闲暇生活、娱乐消遣生活体现出来。在此意义上,当代大学生的精神生活可以划分为心理生活、伦理生活、信仰生活、学习求知生活、精神交往生活、休闲娱乐生活等六个二级维度。

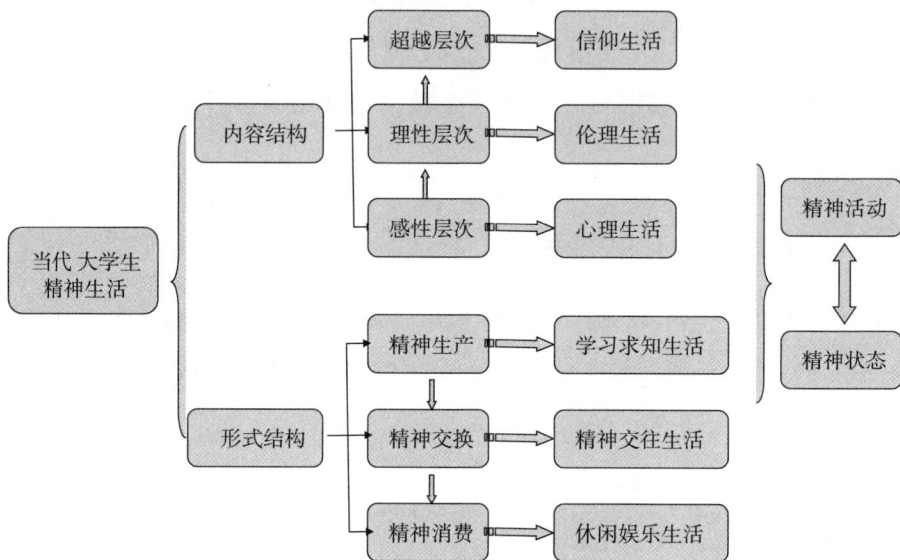

图 2-1：当代大学生精神生活结构示意

然而,个体的内在精神发展水平与外在精神生活方式并不是截然独立的,精神生活的实质内容与表现形式之间相互渗透、相互影响,共同构成个体的精神生活系统。个体内在的精神发展水平在一定程度上决定着个体外在精神生活方式的选择和状况,而外在精神生活方式的发展变化也影响着个体精神发展中的主观体验与建构水平。按照理想化模型,当代大学生的学习生活(精神生产)、交往生活(精神交换)和闲暇生活(精神消费)都有心理状态、价值观念、理想信念三个层面的实质内容,反过来,个体心理层面、价值层面、信仰层面的现实状况也在个体精神生产、精神交换、精神消费等生活方式中有所体现。如此,对当代大学生精神生活的衡量则应该划分为九个维度,比如,学习求知中的心理体验、精神交往中的价值取向、休闲娱乐中的理想追求,等等。

但是,这样的机械划分在具体研究过程中会带来一些现实难题,比如:不同精神生活方式的考察会根据实际情况有各自不同的侧重,学习生活在心理

形式上 内容上	精神生产方式 （学习求知生活）	精神交换方式 （精神交往生活）	精神消费方式 （休闲娱乐生活）
感性层次 （心理生活）			
理性层次 （伦理生活）			
超越层次 （信仰生活）			

图 2-2：当代大学生精神生活维度划分的理想模型

层面反映比较多，侧重个体的心理感受，闲暇生活则主要从个体的具体行为选择上加以体现；在生活方式中，仍然有下一级的划分，比如精神交往中根据交往对象类型划分为与自然、与自我、与他人，或者根据具体交往对象划分为父母、朋友、老师、恋人等，如果对此一一具体分析，容易导致对精神生活考察的最终维度太多而失却重点。

因此，本研究采取适当的简化处理，舍弃内在结构与外在结构立体呈现的方式，而选择在对精神生活进行内外结构划分、构成要素解析的基础上，以要素并列、各有侧重的形式衡量当代大学生精神生活的现实状况。即把精神生活这一核心概念操作化为包括心理生活、伦理生活、信仰生活、学习求知生活、精神交往生活、休闲娱乐生活等六个二级维度。

四、研究假设

随着社会发展程度的不断提升，个体精神生活获得了较为坚实的发展基础和广阔的发展空间。但与此同时，日益膨胀的物质欲望逐渐遮蔽了个体的

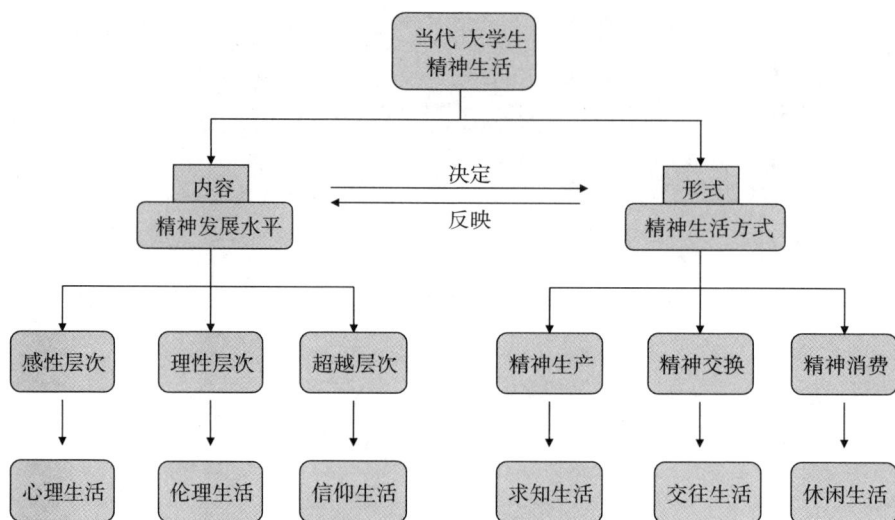

图 2-3：当代大学生精神生活的维度及其相互关系

精神欲求,个体精神生活发展状况陷入现代困境。这种困境,既表现在个体精神生活的整体水平上,也表现在精神生活各构成部分的发展状况上。

假设1:当代大学生能够意识到精神生活的重要性,但对精神生活缺乏一种整体的认知;他们期待提升自身的精神生活水平,但通过自我修养提升精神境界的意识薄弱。

假设2:当代大学生的精神生活在个体心理状态、价值取向和人生信仰等方面存在一定的缺失或失衡现象,精神生活状况亟待优化,精神生活质量有待提升。

假设3:当代大学生精神生活的物质化倾向较为明显,主要体现为衡量标准的物质化和表征形式的物质化。

假设4:当代大学生精神生活状况在不同个体、不同群体之间均存在差异,并且这种差异具有统计学意义。

此外,任何事物都不是孤立的存在,而是处于一定的时空结构中。对个体精神生活的现实考虑,从历时态角度来看,当前精神生活的发展演变受到原有精神生活结构与水平的影响,并且当下精神生活的发展指向一个以理想生活状态为符号和标志的可能世界,通过个体预设目的的指引而不断发展;从共时态角度来看,一是个体精神生活状况受到精神生活系统内部各构成要素的状况及要素之间关系的影响,并且,个体的精神生活与个体的另一生存方式——物质生活是相互作用、辩证发展的。二是在空间范围内,个体精神生活是在与群体精神生活的互动中不断变化发展的,同时,随着社会信息化程度的不断提高,个体精神生活逐渐渗透到虚拟领域,形成现实精神生活与虚拟领域精神生活的互动互构。当代大学生及其生存境遇的特点,使其精神生活的发展、变化表现出一定的特殊性。

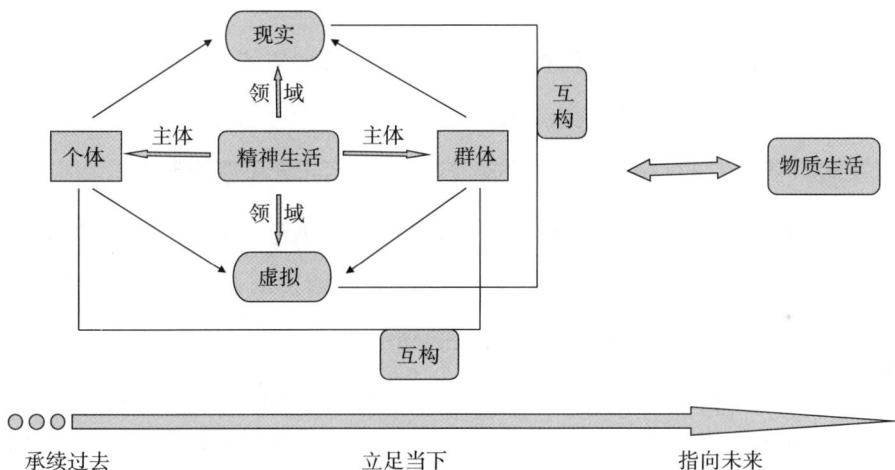

图 2-4:当代大学生精神生活的时空结构示意

假设 5:当代大学生的精神生活现状受到个体原有精神境界和精神生活状态的影响,具有一定的继承性和延续性。

假设 6:当代大学生的精神生活状况受个体物质生活水平的影响,并且这种影响呈现出正面建构与负面消解并存的特征。

假设 7:当代大学生的精神生活状况受到社会精神文化的影响,这种影响主要通过教育、同辈群体文化、个体社会支持网络以及青年流行文化等方式体现出来。

假设 8：当代大学生的精神生活逐渐向网络虚拟领域拓展，在精神生活内容不断得到丰富的同时，其异化程度也日益加深。

五、研究方案及实施

在本次实证调查中，访谈法与问卷法交叉进行，其中，访谈既是对理论的构建与证实，也是对问卷的有益补充。

（一）个人访谈

1. 访谈提纲的确定

"如果研究者涉入的是一个新的研究领域，自己对研究的现象不够了解，可以在研究正式开始之前组织一次焦点团体访谈……提的问题可以宽泛一些，在倾听参与者的对话中逐步形成自己的研究问题和理论假设。"[1]本研究在文献研读的基础上确定了访谈的理论框架和基本预设，并通过焦点团体访谈的形式，形成了对当代大学生精神生活内涵与结构的基本认识。通过对核心概念的操作化，逐步确定了本次访谈的提纲。

在正式调查之前，通过对 5 名在职辅导员和 7 名实习辅导员以网络即时通信和电子邮件形式的访谈，了解教育一线工作者如何看待"大学生的精神生活主要包括哪些内容"、"从哪些方面判断一个学生的精神生活状态"、"如何引导大学生构建健康的精神生活"等问题，形成了对当代大学生精神生活状况及其优化路径的一些感性判断。

以学习小组的形式组织部分博士生和研究生进行开放式座谈，通过头脑风暴法，就"精神生活是_____"、"精神生活包括_____"、"健康的精神生活是_____"等问题进行语词补充，初步建构有关大学生精神生活的研究框架。"个体的知识是从一个复杂的、个体与他人互动的人际网络中涌现出来的；在

---

[1]　陈向明：《质的研究方法与社会科学研究》，教育科学出版社 2000 年版，第 214 页。

这种网络互动中,参与者的视角会通过集体的努力而得到扩展,进而接触到更加具体的知识内容,深入到更加深刻的认知模式、人际情感和价值评价,并引发出个人以往经验和现有意义之间的联系。"①经过几次焦点团体访谈,进一步验证了精神生活包括内在精神发展水平和外在精神生活方式的想法,并最终确定了包括心理状态、价值观念、信仰状况、人际交往、休闲方式、精神生活认知与评价、精神生活影响因素等内容的访谈提纲。

2. 访谈实施及样本情况

在湖北省某大学以目标抽样的方式选取了 39 位在校大学生,以访谈提纲为基础逐一进行半结构式的深入访谈。所有访谈事先征得受访者的同意,对访谈的内容进行全程录音。访谈过程坚持问题及时回应、顺序及时调整、细节及时追问。访谈时间多集中在 40—60 分钟,访谈结束后及时将录音逐字转录成文本资料,最终依据录音整理了 27 万余字的文本。访谈对象基本情况如下:

表 2-1:样本基本情况(N=39)

类别特征		类别特征	
性别	男:14 女:25	年级	大一:8;大二:17 大三:9;大四:5
专业	文史类:24 理工类:12 艺体类:3	生源地	城市:8 城镇:10 农村:21

3. 文本编码

按照访谈内容的顺序、以问题聚焦的形式对访谈资料进行编码(具体编码方式和过程如下表),即对访谈资料依其实质内容分别赋予不同的数字标识。数字是一级编码、二级编码与资料序列号的组合,第一、第二位数字为一级编码,第三位数字为二级编码,第四、第五位数字为资料序列号。如编号 12501 的资料,是指一

---

① 陈向明:《质的研究方法与社会科学研究》,教育科学出版社 2000 年版,第 216 页。

级编码为12(入党动机)、二级编码为5(个人信仰)、序列号为01的访谈资料。由于口头文字和书面文字具有不同的功能,如果将口头文字直接照搬到写作文本中,可能会改变文字的表达基础,从而改变文字意欲表达的意义的内容和结构,同时也可能造成理解的困难。[1] 因此,本研究对引用的访谈资料进行了"标准化"处理,包括删掉无实质意义的停顿、重复、口头语,以及适当调整文字顺序。

表2-2:当代大学生精神生活研究质性资料编码

文本表达示例	一级编码 (初始编码)	二级编码 (聚焦编码)	三级编码 (核心编码)
压力主要来自学习、工作问题和同学或者父母打电话聊天	1:压力来源 2:压力排解方式	1:心理生活	当代大学生的精神生活
对自己来说家人是排在第一位的学习上、生活上的事情都会聊	3:满意的交往关系 4:交往频率及内容	2:交往生活	
和同学一起去图书馆看看书 我喜欢看动漫 参与的活动少,休闲方式比较单一	5:休闲方式 6:阅读偏好与动机 7:休闲方式自评	3:文化休闲	
肯定有,因为少才会被报道会扶,反正没钱,要讹就讹吧	8:对"扶不扶"的看法 9:老人跌倒扶不扶	4:道德观念	
一种希望,或者寄托 做一个正直且善良的人 看了习大大和彭麻麻,想入党了	10:信仰是什么 11:自身信仰情况 12:入党动机	5:个人信仰	
内心很充实的感觉 乐观、积极、向上的心态 有钱人的精神生活不一定充实	13:精神生活是什么 14:精神生活的内容 15:精神生活与物质生活	6:对精神生活的理解	
一般吧,可以打个70分 改善自己的时间安排 自己的幸福感指数	16:精神生活满意度 17:期待改善的方面 18:精神生活评判标准	7:对精神生活的评价	
自己心态比较好,很乐观 跟好朋友一起吐槽完就没事了 新闻报道多了,自己也就有了警惕	19:自我方面的因素 20:社会支持状况 21:社会环境因素	8:影响精神	

---

[1] 陈向明:《质的研究方法与社会科学研究》,教育科学出版社2000年版,第348页。

（二）问卷调查

1. 问卷编制

基于文献研究及个人访谈文本的分析,初步制定问卷,包括单选、多选、表格三种题型共计 23 道题,由基本信息和主体问卷两部分构成。在某大学以方便抽样方式选取部分大学生进行试调查的基础上,广泛征求专业老师及部分博士生的意见,对问卷进行反复修改、完善。最终问卷由单选、多选、表格三种题型构成,共计 21 道题,与试调查问卷相比,个别表述有所调整,个别量表条目有删减。基本信息包括性别、年级、专业类别、政治面貌、家庭所在地、家庭教养方式、父母文化程度、家庭经济状况等大学生个人和家庭情况问题,主体问卷包括精神发展内容、精神生活方式,以及其他相关因素。在具体指标的选择上,坚持和体现整体性把握、选择性突出和创新性切入的原则。其中精神发展内容由心理生活、伦理生活、信仰生活构成,心理生活从日常心态和困境心态角度进行考察,伦理生活侧重于价值观念和道德行为,信仰生活主要考察个体的信仰对象和信仰程度。精神生活方式主要通过学习求知生活、精神交往生活、休闲娱乐生活得以反映,求知生活侧重于专业学习中的行为方式和心理感受,交往生活划分为自我交往和人我交往,休闲生活则包括个体休闲和集体休闲两种基本方式。另外,问卷还从整体上就当代大学生精神生活的相关情况进行了考察,包括对个体物质生活与精神生活重要性的认识、生活满意度、最有幸福感的事、最迫切改善的生活方面等。

个体的精神生活是一个立体、多维、开放的系统,个人精神的成长、发展无时无刻不受到外在环境的影响。对当代大学生而言,家庭因素对其精神生活的生成、发展起着原生性影响,学校因素在其可塑性最强的阶段发挥着重要的、不可替代的建构与优化作用,而社会因素作为个体成长、发展的现实场域,通过或隐蔽或外显、或直接或间接的方式广泛影响着当代大学生精神生活的方方面面。在本研究中,家庭、学校、社会因素的影响通过人口学因素差异,以

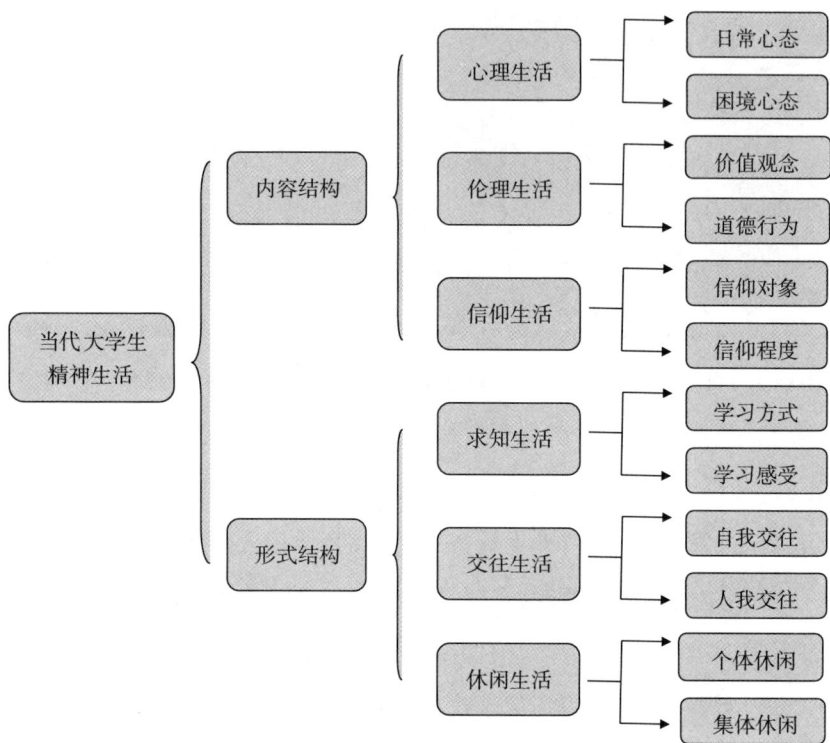

图2-5：当代大学生精神生活的考察指标与内容侧重

及具体情景设置、价值选择等问题的分析得以体现。在此基础上，拓展到更大视野范围内更根源性因素进行分析和阐述。

2. 抽样及调查实施

本次问卷调查采取网络问卷的形式。把最终问卷录入调查网站，形成了问卷的链接网址。在全国范围内，按照从北到南沿京广线抽取北京、河南信阳、湖北武汉和广东广州四个省市，此外，抽取西部地区的重庆，东南地区的福建福州，西北地区的新疆喀什，形成了本次调查分布全国主要区域的布局。按照目标抽样和方便抽样的原则，分别在这七个地区选取1—3个学校。在此基础上，在特定院系以整群抽样的形式，由专职辅导员把问卷链接发给每一个同学，学生点开链接填写提交即可，不再需要经过辅导员的环节。在整个抽样调

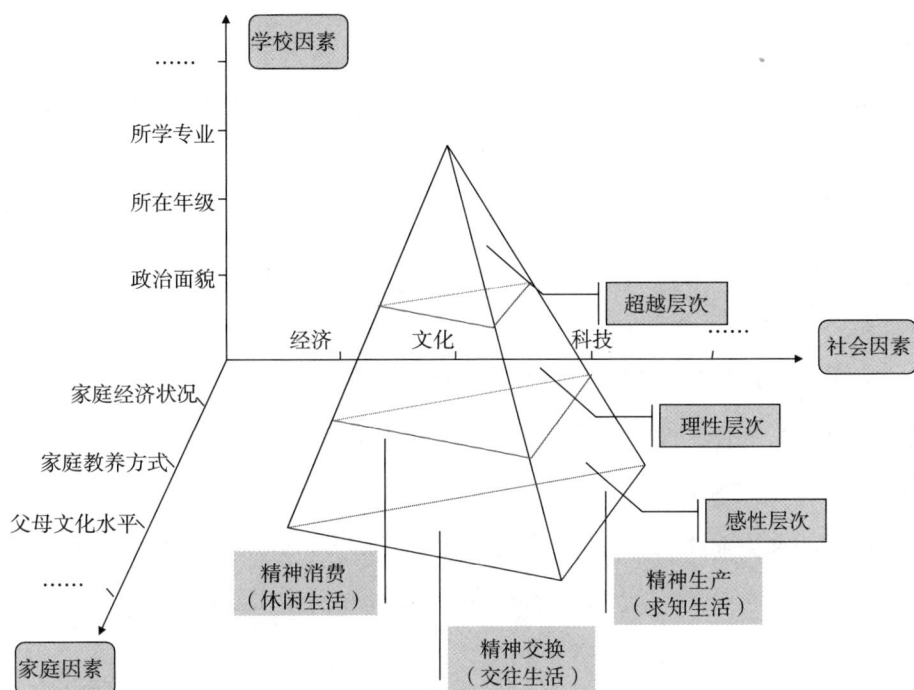

图2-6：当代大学生精神生活的影响因素

查过程中,网络问卷不对外开放,所有抽样对象都是抽样框中的目标对象,在一定程度上保证了问卷的可信度。

在本次网络调查当中,对象为具有自主性、具有独立价值判断能力,并且手机和电脑运用成为重要生活内容的群体,因此具备了技术上的可能性和便利性。此外,由于直接避开了问卷回收过程中经过老师的环节,加上网络中真实主体的不在场,"使现实社会中存在的控制主体的各种活动机制的功能在网络空间中出现弱化,使主体敢于抛开现实社会中形成的各种面具,主体也不再需要掩饰自己,而以一种本能性的存在方式展开活动,展示一个真实的自我"①。但是,网络调查在一定程度上促使被调查者真实表达的同时,也带

① 贾英健:《虚拟生存论》,人民出版社2011年版,第5页。

来一个回收量难以保证的问题。调查者的不在场,让被调查者的行为具有了更多的自主性和自由性,是否填写、何时填写、多大程度上真实填写,甚至是否记得填写等,调查者都难以监测,这就需要作为"守门员"的辅导员多次提醒和督促。在调查过程中发现,问卷回收比率大小以及学生认真对待问卷填写的程度,与"守门人"辅导员的个人魅力,即老师的非权力影响因素紧密相关。

3. 问卷回收及处理

网站共计回收问卷 1027 份。由于网络问卷在提交、回收时已经确保问卷的完整性,因此,所有回收问卷无法在内容上进行筛选。但是,根据网络后台对答题时长的统计,答题时长在 74 秒以上不等。根据问卷的题量大小,以及对正常答题时间的反复统计、推算,本研究对答题时间在 180 秒以下的样本进行删除,最终保留有效问卷 994 份。将问卷直接下载到 SPSS,运用软件 SPSS 17.0 进行统计分析。样本的基本情况如下:

表 2-3:样本基本情况 (单位为:%)

类别特征			类别特征		
性别 (N=994)	男 女	32.1 67.9	年级 (N=994)	大一 大二 大三 大四	48.0 27.0 17.4 7.6
专业类别 (N=994)	文史类 理工类 艺体类 其他	32.7 55.4 3.0 8.9	政治面貌 (N=994)	党员(含预备) 递交了入党申请的团员 共青团员 其他	10.5 30.4 56.7 2.4
家庭所在地 (N=994)	城市 县镇 农村	24.5 25.5 50.0	家庭经济状况 (N=994)	很好 较好 一般 较差 很差	1.0 7.1 68.5 21.0 2.4

第二节 当代大学生精神生活的整体状况

基于对问卷数据和访谈资料的分析,本研究主要从精神生活整体认知和具体表现对当代大学生精神生活状况进行整体描述。

一、当代大学生对精神生活的总体认知

对精神生活这一客观对象的理解、认识以及对自身精神生活状况的主观感受和评价,在很大程度上反映了大学生精神生活发展的自我意识状况。而个体能否意识到精神生活的重要性,对自身精神生活水平作出理性评判,并有目的、有计划地自我提升,是衡量大学生精神生活现实发展状况的重要内容。

(一)当代大学生对精神生活的理解

当代大学生对"精神生活"这一概念的理解,是其描述和表达自身精神生活状况并作出满意度评价的前提和基础。

1. 对精神生活的认识模糊化、理解多元化

当问及是否听说过"精神生活"一词时,有学生表示是"刚刚才听(访谈者)说的"(13620),还有 3 名受访大学生明确表示没有听说过,虽然听后"感觉大概可以意会"(13637)。绝大部分受访的大学生表示在电视节目(民生类新闻、电视剧等)、高中老师那里听说过"精神生活",或者从政治课本里看到过。而对于"精神生活是什么"这个问题,当代大学生的认识比较模糊。有学生表示,"精神生活是一种自己内心很充实的感觉"(13629),是"有点虚,类似道德、品质的东西"(13601),是"心里面认定的东西在精神上给自己的强大支撑"(13608)。有人则表示对精神生活的说法"经常提,但可能解释不出来"(13630)。在另一些同学看来,精神生活是在现实逼迫之外的,能够带来内心平静、精神愉悦的一种生活方式。"除了那种为了生活被迫干一种不喜欢的

工作之外,其他那些我喜欢的,让我开心的,能让我从中得到享受的,都算是精神生活,哪怕它本身对我来说可能没有其他意义"(13630),"就是按照自己的兴趣来享受的一种生活方式"(13604)。

2. 精神生活的内容既包括内在意识性内容,又包括外在生活性内容

当问及"说到精神生活你会想到些什么"或"哪些方面可以被称为精神生活"时,受访者的迟疑和简单说辞反映出当代大学生对精神生活内容的认识还比较浅显和片面。提到精神生活,他们会想到"静坐冥想,练瑜伽,打太极,让自己超脱的感觉"(14633),会想到"宗教和知识"(14637),"想到乐观、积极、向上的心态"(14602)。还有人指出,"思考,自己想一些东西,用脑的东西都是精神生活……精神生活更多的是一种与自己内在的对话,形成自己的信仰"(14615)。有人认为,"一个人的心理活动,他内心的一些标准、信仰、信念都可以作为他的精神生活。另外,静走、散心也算是精神生活支配下的活动"(14638)。可见,在当代大学生看来,精神生活既包括心态、思想、价值、原则、信念、信仰等个体内在意识性、精神性内容,又包括阅读、卧谈交流、娱乐消遣、兴趣爱好等外在现实性、实践性生活内容。

3. 精神生活与物质生活同样重要

物质生活与精神生活并不是非此即彼、截然对立的,两者的区分只是服务于研究的需要。"在现实性上,由于精神生活是人的精神生活,而人,由于其物质性并不能脱离物质生活;因此,人的生活便必然是双重的,既是物质的又是精神的,而且,人的生活的这两个方面作为统一的人的生活,还不能不相互关联。"①在当代大学生看来,一是精神生活的追求与发展必须以物质生活的保障为现实前提。"物质生活可能就是满足基本的需要,但精神生活是为了满足精神需要,都需要物质的支撑"(15603),"物质生活是最基本的,只有满足了物质生活才会去追求精神生活"(15616)。二是精神生活高于物质生活,

---

① 王南湜:《简论人类精神生活》,《求是学刊》1992年第4期。

理应成为人生追求的重要目标。"人每天生活注重的就是精神生活,物质生活上吃饱喝足就可以了,精神生活比物质生活重要得多"(15606)。三是物质生活与精神生活的水平并不呈正相关。"一个很有钱的人的精神生活不一定充实,而一个物质生活比较一般的人,他的精神生活也可能很充足、丰富"(15631),"精神生活并不是说你非得在物质生活完全满足之后。一个人相对贫穷并不意味着他就没有什么其他的精神生活追求"(15623)。此外,还有学生认为"精神生活跟物质生活是相辅相融的,物质生活会渗透到精神生活中,在享受物质生活时也有精神生活在引导"(15607)。

在问卷中,当问及"物质生活与精神生活哪个更为重要"时,69.2%的学生认为两者"同样重要",20.2%的学生认为"精神生活更重要",6.6%指出物质生活比精神生活更为重要,4.0%表示"说不清楚"两者究竟哪个更为重要。总体来说,大学生物质生活需求尚未完全满足,精神生活需求日益增多,物质上的满足、充裕与精神上的追求、丰富对他们而言同等重要。

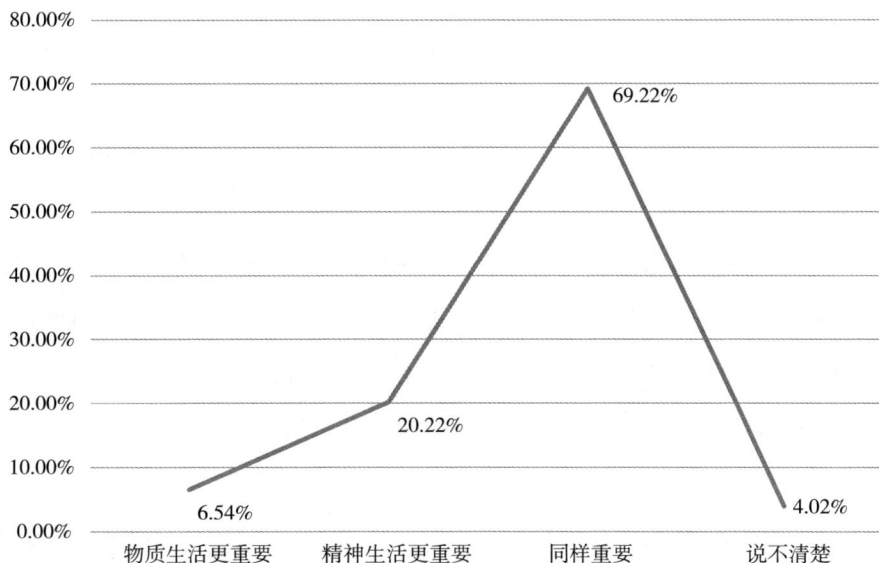

图 2-7:当代大学生对"物质生活与精神生活哪个更为重要"的选择

（二）当代大学生对自身精神生活的评价

当代大学生对自身精神生活的评价,是其对精神生活现状的主观感受,也反映了他们对理想精神生活的追求与向往。

1. 对精神生活质量的衡量坚持主观感受与客观水平的统一

在部分大学生看来,很难以统一的标准衡量个体精神生活的质量,因为"很多人的起跑线不一样,对自己精神生活的要求也不一样,所以不能用一个统一的标准"(18733)。但也有部分大学生认为自身的主观感受是首要的因素,高质量的精神生活首先就在于自己"每天活得开心,有自己追求的目标"(18727),在于做的事情"是自己喜欢、享受的,让自己觉得幸福,觉得自己现在的生活很有意义,很有劲"(18730)。多数大学生认为,高质量的精神生活应该是良好的自我感受与较高的客观水平的统一。因而,衡量个体精神生活的质量,需要结合个体主观感受和客观实际效果进行综合考察。有人认为,"别人的评价、自己的幸福感指数、具体的生活安排和生活方式"(18738)是衡量精神生活质量的主要标准;有人则指出,"精神生活的高度取决于他对别人影响的深度和广度,另外就是自己的愉悦感和满足感"(18731);也有人把衡量标准概括为"精神生活的丰富度、自己感觉的舒适度和幸福感"(18716)。

2. 对精神生活的满意程度中等偏上

访谈结果显示,当代大学生对自身精神生活的评分从4分到9.3分(以满分10分计算)不等,精神生活整体满意程度居于中等偏上的水平。但值得注意的是,当代大学生精神生活满意度的个体差异比较大。多数受访大学生的精神生活自评分在8分以上,甚至有个别学生认为可以到9分以上,并表示这与个人心态紧密相关。同时也有部分学生对自身的精神生活并不满意,表示自我评价不及格,甚至自评分在5分以下。在他们看来,影响精神生活满意度的原因主要有以下几个方面:一是目标、方向的迷失。"我现在的精神生活有点痛苦,就看着时间一点点在走,也不知道自己能干点什么,对自己未来的发展没有明确方向","主要是不知道自己喜欢干什么,没有方向这个事情让我不满意"(16730)。二是缺乏计划性,执行力较差。"感觉自己的时间很乱,没有什么计划"(16729),"计划性不强,基本上是根据自己的感觉在走。如果既考虑规划又考虑执行的话,打分就不及格"(16733)。三是理想远离现实。"没法按照自己理想的生活方式生活。我想干的不能去干,只能违背自己的内心去完成那些必须要做的事情,每天都在受这样的煎熬"(16701)。

当代大学生精神生活的满意程度在问卷调查中同样得到了验证。51.0%的学生表示自己目前的精神生活状况"一般",28.8%的学生表示"较好",5.0%的学生表示"很好"。相比对自身物质生活状况的评价,除了"一般"的选项之外,在"较好"、"很好"以及"较差"、"很差"等选项上,当代大学生对自身精神生活状况评价的比率都高于对自身物质生活状况评价的比率。对比分布图可以发现,大学生在对物质生活状况评价上的选择更为集中(分布图更高、更尖),而在对精神生活状况评价上的选择更为分散(分布图更矮、更扁),这在一定程度上说明了当前大学生对自我精神生活状况的评价更加多元,也反映了大学生精神生活自我体认的群体差异比物质生活更大。

3. 在改善精神生活问题上最期待综合技能的提升与时间管理的优化

大学生处于人生发展的关键阶段,其精神生活状况在很大程度上影响着他们的未来,因此,他们对改善自己的精神生活状况充满期待。在期待改善的方面,提及最多的是个人的能力提升、时间规划以及学习态度和学习方法等问题。"想多方面去锻炼一下,早日知道自己擅长什么,然后想干什么"(17730);"时间很乱,不会规划,每天浑浑噩噩地过了,不知道学了什么东西,所以最想改善自己的时间安排"(17729);"想放弃一些东西,比如说自己的一些职务、学生工作等,把更多地心思投入到专业学习上,希望专业上有所进展"(17707)。此外,多数学生希望自己在娱乐休闲生活、人际交往、兴趣爱好等方面有所改善。"我喜欢阅读,希望通过看书好好提升一下自己。但是阅读是需要选择的,其实我也看了很多书,但是很多书没什么意义,因为自己不

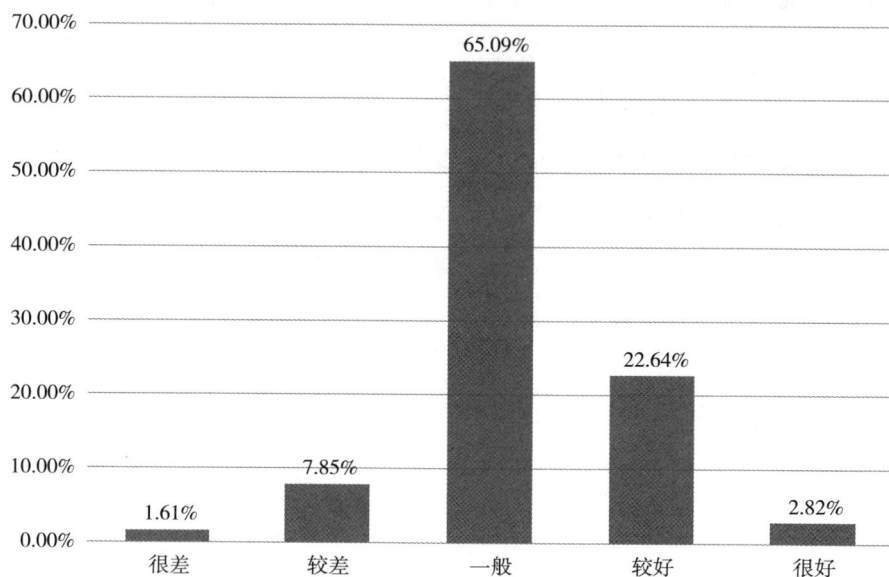

图 2-8:对物质生活状况的整体评价

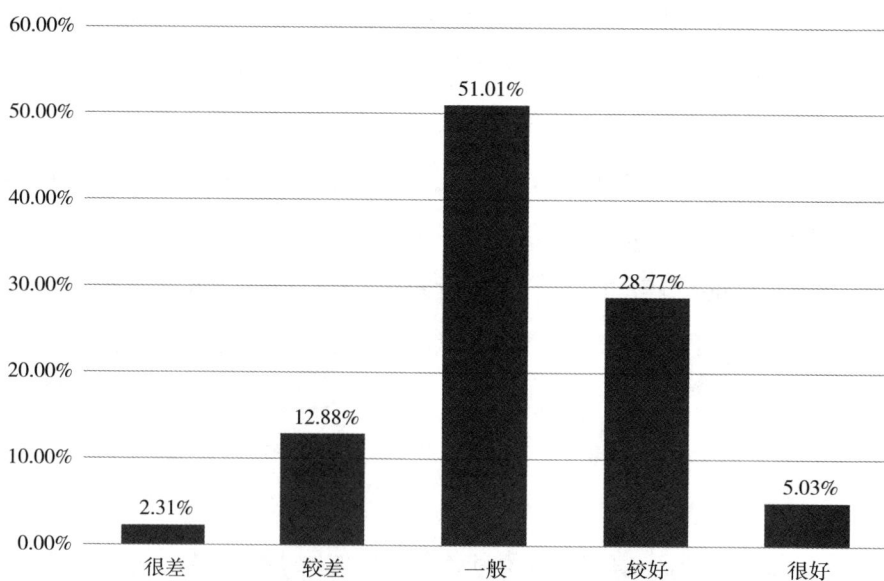

图 2-9:对精神生活状况的整体评价

会选"(17731);"我的课余生活太单调了,基本都宅在宿舍了。如果要改善的话,想丰富一下自己的业余文化生活"(17723)。

问卷统计结果表明,"提高个人技能"是当代大学生最迫切需要改善的方面,选择比率高达72.4%。其次,"优化时间规划"(42.5%)、"明确生活目标"(33.7%)、"改善人际关系"(31.0%)等也是他们迫切期待改善的方面。在能力本位时代,个体之间生存竞争压力巨大,对大学生而言,提升个人核心竞争力,实现个体在社会中的良好生存和持续发展是当下的重要任务。另外,随着现代社会风险系数的不断攀升,个体生存、发展的不确定性也与日俱增。因此,确立理想信念,提高自身应对未知未来的能力,增强自身的安全感、获得感与幸福感,也是当代大学生的人生课题和奋斗方向。

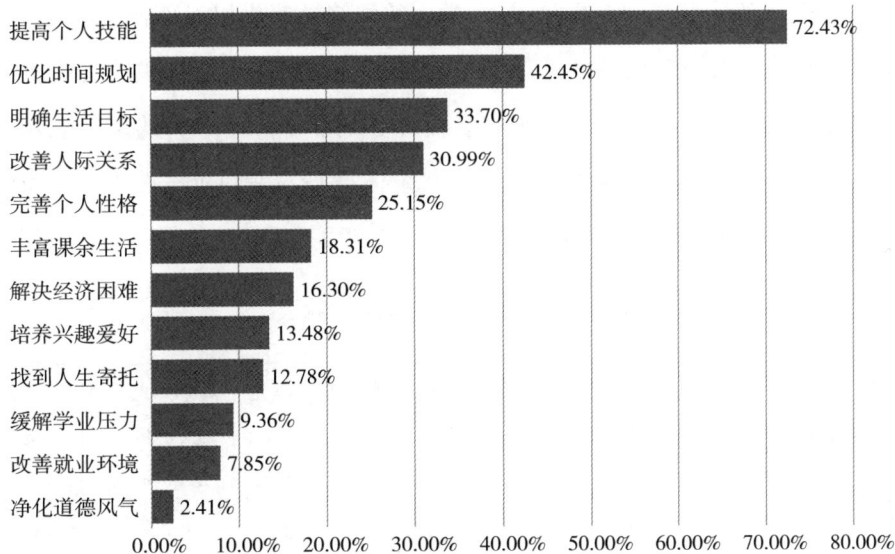

图2-10:当代大学生最迫切期待改善生活的方面

二、当代大学生精神生活的现实图景

当代大学生的精神生活现状既表现在具体内容的心理生活、伦理生活和信仰生活上,也表现在外在形式的学习求知生活、精神交往生活和休闲娱乐生活上。这六个方面的现实状况、主要特点和突出问题,共同勾勒了当代大学生精神生活的现实图景。

(一)当代大学生的心理生活状况

1. 心态积极乐观,幸福感受能力较强,同时情绪情感波动性大,精神焦虑较为突出

调查结果显示,当代大学生生活态度积极、心态乐观。在问卷统计中,67.1%的学生表示自己"很容易满足,微笑面对生活",仅7.0%的学生对此表示否定,可见,绝大多数大学生有着积极乐观的生活态度。此外,有63.2%的学生认为自己"时常能体验到幸福",幸福感受能力较强。然而,青春期是充满复杂情感、认同危机的人生阶段,大学生的情绪情感犹如疾风怒雨般难以预测、波动性大。47.9%的学生表示自己在日常生活中"很容易纠结、烦躁",48.6%的学生表示"自己的情绪很容易受外界的影响",69.6%的学生表示自己在"受挫后会低落一段时间"。一方面,个体身心发展的阶段性决定了大学生在价值观尚未稳定成形时容易受到外界影响而摇摆不定,而明确自身社会

表2-4:当代大学生的心理状态(部分)①

	完全不是	基本不是	说不清楚	基本如此	完全如此
很容易满足,微笑面对生活	1.1%	5.9%	25.9%	53.6%	13.5%
时常能体验到幸福	0.9%	7.1%	28.8%	51.6%	11.6%
自己的情绪很容易受外界的影响	2.2%	19.8%	29.4%	43.1%	5.5%
很容易纠结、烦躁	3.3%	22.4%	26.3%	40.7%	7.2%
受挫后会低落一段时间	0.9%	10.2%	19.4%	59.3%	10.3%

① 注:在数据统计时对保留小数位的处理可能导致某些条目百分比的总和与100%存在0.1%的差距,下同。

角色和社会地位以减少边缘感、疏离感、不成熟感的迫切需要往往又加剧了他们情绪情感的波动;另一方面,当今社会激烈的竞争、快速的更替、未知的剧增也进一步激化了大学生的精神焦虑。

2. 精神压力多元化,且存在较强的相对剥夺感

访谈结果显示,当代大学生的心态总体上是积极阳光、乐观向上的。但不可忽视的是,在竞争激烈的现实环境中,当代大学生的精神压力呈现出明显的多元化特征。对他们而言,"压力主要是学习方面的,因为所学的专业比较难"(01121);"就业压力非常大,尤其是现在就业形势一年比一年差"(01112);在大学里,"与同学、舍友、周围人的相处,跟高中的模式是不一样的,因此人际交往问题也会给自己带来很大的压力"(01125);"上了大学就不想靠家里的经济支持,想着自己要独立一点,会做一些家教,这样会有一些生活上的压力"(01125)。而这些多元化的压力在相对剥夺感的作用下愈益突出。统计结果显示,总计34.3%的学生对"经常觉得别人比自己幸运"表示认可("基本如此"和"完全如此"),32.9%的学生对此表示"说不清楚"。而在访谈中也有学生表示,"跟别人相比差距很大的时候,就会给自己压力。一想到别人都已经科研立项了,自己专业课都还没学好,就觉得自己很 low(差劲)"(01109);"学生之间的竞争很大,我不是学霸,成绩很平凡,所以我压力也很大"(01134);"看到有些家里有钱的同学奢侈浪费,而我却要自己兼职赚生活费,有时候会觉得很不公平,有些失落,也有些无奈"(01123)。可见,当存在参照群体时,大学生的精神压力可能在看到其他人处于相同境地而得到舒缓的同时,也可能由于相互比较而产生的落差加剧这种压力。

3. 排解心理压力的方式以积极地自我调适为主,同辈群体成为最重要的社会支持

积极地自我调节是多数大学生面对精神焦虑与心理压力时的主要态度。"看看书或者听听音乐,自己想通就好了"(02102);"心情比较 down(低落)的

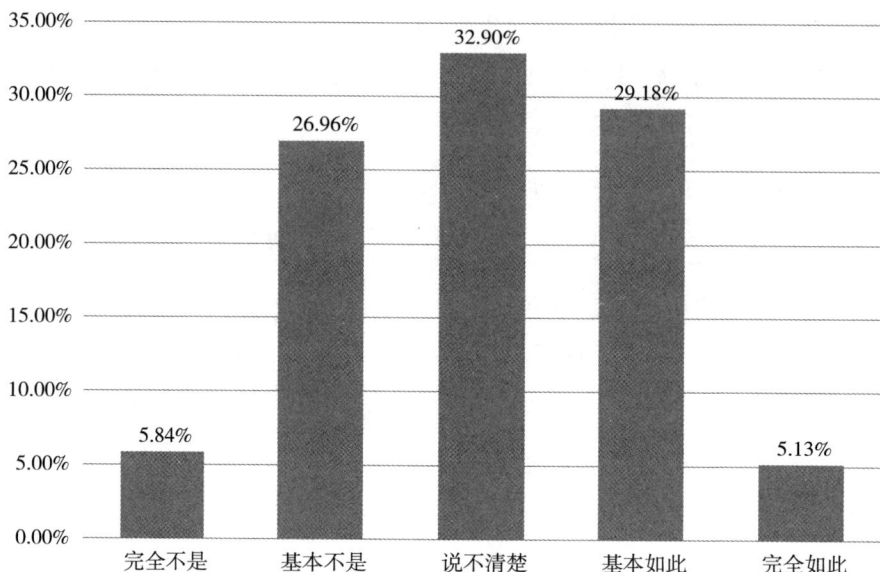

图 2-11：当代大学生在"经常觉得别人比自己幸运"问题上的选择

时候,会在一个本子上写一些话……最后都是一些正能量,给自己一些勇气和力量"(02107);"自己去操场打打球、跑跑步,大汗淋漓之后就会好很多"(02139)。此外,同辈群体与良好的亲子关系也为当代大学生提供了有力的社会支持。"因为朋友都在不同的学校,大家可能会遇到相同的难题,所以抱怨起来比较有安慰感……在交流的时候发现都存在这个问题,就说明这世界上不止我一个人有这种问题"(20806);"我跟我父母的关系特别亲近,什么事都跟他们说,所以一般压力都能得到排解"(20824)。这一点在问卷调查中同样得到了有力论证。问卷调查结果显示,当代大学生的压力应对方式以积极调适、自主调适为主,同时社会支持系统在大学生缓解个人压力过程中扮演着重要角色。当个人心理压力很大时,68.7%的大学生会选择"向朋友、同学倾诉"的应对方式,其次,56.5%的学生选择"通过看书、运动等转移",40.2%的学生选择"通过写日志、发微博、微信来抒发情绪",应对方式整体上以自我调适为主、外求支持为辅,并且多为正面、积极的方式。而"通过吸烟、喝酒或者吃东西、逛街等发泄"(14.2%),以及"直接无视"(9.5%)的消极方式只是少数学生的选择。另外,同学或朋友等同辈群体和父母是当代大学生重要的社会支持系统,是大学生遭遇人生困境首先求助的对象。而"向老师、辅导员寻求帮助"(2.5%)、"向学校心理咨询中心或其他专业心理机构求助"(1.4%)是大学生最不倾向的选择。同时值得注意的是,个体社会支持系统的强弱在不同个体之间存在一定差异。对于部分大学生而言,"跟父母只是很平常的交流,没法把自己内心的真实想法跟他们说"(20807);"和家长有交流,但就是不谈心,只说你最近在干吗、生活得好不好、有没有钱花"(20832);"学生太多了,辅导员看到我是绝对不会认识的,我从来没有和他谈过话"(20820)。因此,在群体差异之外,特殊个体的情况同样需要特殊分析和特别对待。

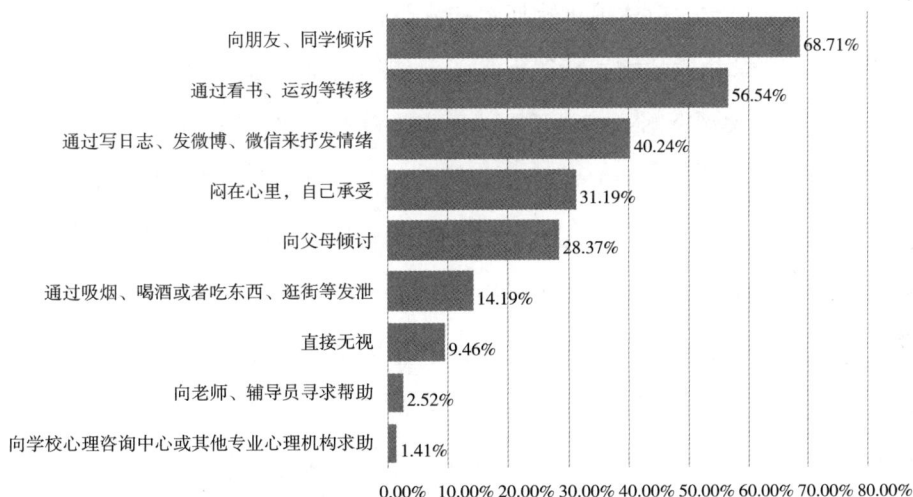

图2-12:当代大学生的心理压力应对方式

(二)当代大学生的伦理生活状况

1. 具有正确的人生价值导向,价值目标表现出一定的多元化、现实性倾向

当代大学生有着积极的人生态度,认为活得有意义是人生价值的重要体现。他们懂得珍视生命,有着正确的生命价值观,并且认为家庭幸福是人生的重要追求。问卷调查结果显示,总计87.4%的学生对"有意义的人生才是更有价值的人生"这一说法表示认可,83.3%的学生认为"不管遭遇什么,生命都是最重要的",57.1%的学生同意"家庭幸福是学习、工作的唯一目标"。而在婚恋价值观上,虽然职业、收入、家庭背景等因素被具体化为车子、票子、房子等硬性指标,"白富美"、"高富帅"、"富二代"、"官二代"、"有房有车有钻戒"等成为大学生讨论择偶标准时的重要条件或戏谑内容。但个性突出的大学生对美好的感情也充满了期待,在基本物质条件得到保证的同时希冀存在精神上的对话与共鸣。调查结果显示,59.8%的学生对"干得好不如嫁(娶)得好"这一说法表示"不太同意"或"很不同意",77.5%的学生不认可"宁愿坐在宝马里哭,也不愿意在自行车上笑"的婚恋观念。可见,生活在物质相对充裕年代的当代大学生虽然追求物质上的满足,但仍旧不提倡、不认同完全舍弃精神而盲目追求物质的极端物欲主义。但值得注意的是,也有22.4%的学生对"干得好不如嫁(娶)得好"这一说法表示"说不清楚",人数仅次于"不太同意"一项,这种价值选择的迟疑或者暧昧不清,恰恰反映了部分大学生价值观念尚未明晰,抑或是在实用主义、功利主义影响下,在激烈竞争生态、尴尬生存环境下个人选择的急功近利或者无奈和妥协。而这种功利化价值倾向也同样体现在职业价值观当中。接近一半(48.0%)的大学生表示自身"大学学习就是为了找到一份好工作",42.4%的学生认为"薪资水平是就业时考虑的最重要因素"。可见,大学生在考虑重大人生问题时,现实、功用等标准是价值选择中的重要考量。

2. 道德观念明确,但日益受到多元复杂社会环境的浸染

问卷调查结果显示,当代大学生有着较为清晰的道德认知和较为明确的道德观念。他们诚信意识强烈,有72.8%的学生对"讲诚信会吃亏"的说法表示不认可。在2012年全国4315份问卷的调查中①,88.7%的学生对自身"诚

---

① 参见万美容、曾兰、胡咚:《多元 矛盾 务实 自我——"90后"大学生思想行为突出特点的实证研究》,《德育研究》(第二辑),中山大学出版社2014年版,第208页。

表 2-5:当代大学生的人生价值观念(部分)

	很不同意	不太同意	说不清楚	比较同意	非常同意
有意义的人生才是更有价值的人生	0.3%	2.3%	10.0%	52.6%	34.8%
不管遭遇什么,生命都是最重要的	0.9%	4.1%	11.7%	38.7%	44.6%
家庭幸福是学习、工作的唯一目标	2.1%	21.1%	19.6%	41.2%	15.9%
大学学习就是为了找到一份好工作	5.7%	29.2%	17.1%	44.3%	3.7%
薪资水平是就业时考虑的最重要因素	4.7%	29.1%	23.7%	36.7%	5.7%
干得好不如嫁(娶)得好	20.7%	39.1%	22.4%	13.8%	3.9%
宁愿坐在宝马里哭,也不愿意在自行车上笑	38.7%	38.8%	15.1%	5.2%	2.1%

实守信"的评价为"较好"或"很好",92.2%的学生对"诚实守信是做人的基本要求"这一说法表示认可,仅 4.6%的对此表示"说不清楚"。即使部分的不诚信行为在市场经济迅猛发展过程中侥幸地获得了暴利,但他们内心依然保持着对诚信的坚守。对于"即使没有旁证,看到老人摔倒也会上前搀扶"这一假定情景,49.5%的学生表示自己态度肯定。对于"网络上的言行不像现实生活中顾忌那么多"一说法,43.0%的学生表示这并不符合对自身状况的描述(比率最高的一项),他们在匿名的情境下依然能保持一定的自律性。然而,在看到当代大学生道德认知和行为的正面积极占据主流的同时,我们也要看到他们在道德知行发展上的不良倾向。36.9%的学生对"网络上的言行不像现实生活中顾忌那么多"表示同意("比较同意"和"非常同意"),另外还有 20.1%的学生对此表示"说不清楚",总计半数以上的学生对在网络中降低自我规范性、约束性和自律性要求持模糊不清甚至未尝不可的态度。46.2%的学生认可"在公共领域中,每个人管好自己就行"的说法,23.9%的对此表示"说不清楚"。可见,当代大学生具有较为明确的道德价值观念,但观念和行为并不时

刻保持一致,而是表现出一定的情境变通性。

表 2-6:当代大学生的道德观念与道德行为选择

	不同意	说不清楚	同意
讲诚信会吃亏	72.8%	19.7%	7.5%
网络上的言行不像现实生活中顾忌那么多	43.0%	20.1%	36.9%
即使没有旁证,看到老人摔倒也会上前搀扶	11.2%	39.3%	49.5%
在公共领域中,每个人管好自己就行	29.8%	23.9%	46.2%

另外,我们在访谈中预设了"老人跌倒扶不扶"、"先拍照后救人"等情境问题,以便进一步了解当代大学生的道德认知和行为选择。"我会去扶的,他要讹就讹吧,反正我也没什么钱……我不相信恶有恶报,但相信善有善报"(09423);"如果旁边只有我一个人的话我一定会去扶的,也不会去想他会不会讹上我,运气也没那么差,毕竟那种人是少数"(09430)。而对于老人摔倒不扶或者先拍照后救人的现象,一方面,他们认为,"这种现象有,但肯定很少,就是因为少才会被报道"(08403);"至少这不是所有人碰到这种事情的第一反应,只是个别人的行为被放大成社会现象……有一点刻意宣传"(08412)。另一方面,他们认为"不能就此评判一个人的道德,因为他敢扶老人,证明他本身的道德并没有问题,只是被那些宣传报道吓住了"(08403);"不是不帮不扶的那个人没有道德,毕竟这种欺骗太多了,别人也是为了以防万一"(08432)。而在部分大学生看来,虽然提供帮助是自己更加倾向作出的选择,但见义智为比见义勇为更重要。"我会扶起来,但我还是会考虑一下周围是不是有人可以帮自己作证。这不是应不应该,是必须,你必须保证自己的安全"(09434);"我家没钱,赔不起……如果不保护自己的话,那连学雷锋、做雷锋的基本条件都没有了"(09408)。但也有学生明确指出,在这种风险情境下,自己不会提供任何帮助,"我们从小受的教育就是要传承中华美德,尊老爱幼。但是慢慢长大以后,父母或是其他人都会教育你说,遇到这种情况要当

一个旁观者,因为多一事不如少一事"(09407);"这个社会是很乱的,我还是那种明哲保身,但求无过的观点。我不会主动去参与那种事情,我惹不起还躲不起吗"(09406)。上述不同陈述,真切地道出了大学生们面对社会现实和具体道德情境时行为标准的模糊以及由此带来的知行矛盾与德性挣扎。

(三)当代大学生的信仰生活状况

1. 对信仰的认识以及个人的信仰状况呈多元化特征,信仰缺失、信仰迷失现象较为普遍

当代大学生对信仰的认识表现出明显的多元化特点。在他们看来,信仰"就是一个人做事要有良心、有道德,它引领一个人一辈子在大方面不出问题,引领人走一条比较正确的道路"(10531);"是让人有所畏惧……内心指引自己的一个杆子"(10539);"一种给自己的心理安慰,给自己的一种很美好的感觉"(10509)。但部分大学生对信仰的认识也存在一些偏差或误区。有人认为,"大家一般都有信仰……可以把信仰分个三六九等"(10510);"朝着目标去奋斗就可以了,没有必要纠结对或错、存不存在的问题"(10517);还有人认为,"人不一定要有什么信仰,因为有信仰的人是这样生活,没有信仰的人也是这样生活"(10532)。对信仰认识的多元化导致当代大学生自身信仰的多元化。"我的信仰是早点出去工作,然后好好孝敬我爸妈"(11508);"我的信仰就是踏实地做好每一件事"(10523);"我的信仰就是吃喝玩乐,支撑自己的就是活得快乐"(11524);"我是回民,我信仰伊斯兰教,因为我祖辈都是信仰伊斯兰教"(11534)。此外,也有部分同学明确表示自身没有信仰。"我没有信仰。我觉得做好自己该做的事情就行了,凭着良心做好自己的事情,不用加什么标题"(11527);"我没什么信仰……总觉得自己好像一直有所追求,但是我也不清楚我到底在追求什么"(11506);"总感觉自己在飘,想法也容易动荡。对于共产主义信仰或者马克思主义信仰什么的,也感觉离我们很遥远"(11509)。而问卷调查的统计结果也明确、直观地证明了当代大学生信仰缺

失、信仰迷失的状况。数据显示,41.6%的大学生表示自身"没有"信仰,30.5%的学生表示对自身的信仰状况"说不清楚",仅27.9%的明确表示自己"有"信仰。可见,总计72.1%的大学生没有明确的精神信仰追求。一方面,当代大学生精神迷失、信仰缺失的状况比较普遍,信仰未能普遍成为激励他们克服困难、勇敢追求的精神动力,也未能成为他们安抚和安放心灵的精神家园。另一方面,对自身是否具有明确信仰的评价和描述,与当代大学生对信仰的认识,以及个人的信仰追求、人生价值定位紧密相关,但两者也存在现实差异,需要区别对待。

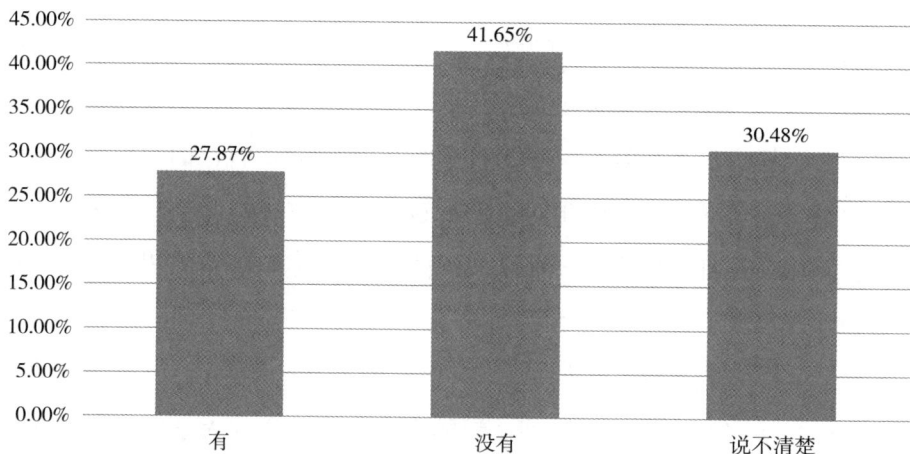

图2-13:当代大学生的信仰状况

2. 政治信仰和道德信仰较为清晰,宗教信仰和神灵信仰有一定市场

当代大学生政治态度的主流是好的,有着较为明确、坚定的政治立场和政治信仰。调查结果显示,71.5%的学生同意"实现复兴梦是每一个中国人的责任和使命",57.5%的学生赞同"国家利益高于一切"的说法。而对于"共产主义一定会实现"的观点,43.8%的学生表示认可,但同时也有43.8%的对此表示"说不清楚"。可见,当代大学生在政治信仰问题上也存在一些观念模糊不清、态度摇摆不定的情况。在访谈中,有学生表示自己是因为父母和老师的要求而入党,有的表示入党是为了在校获得某些资格以及毕业以后好找工作,甚至有学生表示自己是因为好朋友入了党所以想入党。由此可见,部分大学生即使组织上入了党,但思想上并不一定真正入了党,在政治态度和政治信仰上有一定的随意性、功利性和现实性。对于"人在做,天在看,所以善有善报恶有恶报"这一说法,有半数以上(56.0%)的学生表示同意。在访谈中,也有大学生表示自己的信仰是做一个好人。可见,即使在复杂的社会生态中,仍有不少大学生坚持自身对道德理想的追求,秉持自己的道德信仰。此外,值得注意的是,在大学生人生信仰多样化的变化趋势中,政治信仰(国家信仰、政党信仰、马克思主义信仰等)在一定程度上占据主导地位,但其他信仰(生命信仰、宗教信仰、神灵信仰等)在近几年也逐渐被部分大学生所认同。在本次调查中,16.6%的学生对"信教是人人都应该有的一种需要"这一说法表示赞同,另外27.4%的学生对此表示"说不清楚"。而对于"有一种神圣的力量在主宰人类的命运"这一说法,24.1%的学生对此表示同意,还有30.9%的对此表示"说不清楚"。针对此问题,有学者2011年的调查结果显示,35.1%的大学生赞成"信教是人人都应该有的一种需要",24.1%的大学生对"我相信有一种神

表 2-7:当代大学生的具体信仰状况(部分)

	很不同意	不太同意	说不清楚	比较同意	非常同意
实现复兴梦是每一个中国人的责任和使命	1.4%	4.9%	22.1%	46.8%	24.7%
国家利益高于一切	2.9%	7.5%	32.0%	35.7%	21.8%
共产主义一定会实现	3.9%	8.5%	43.8%	24.2%	19.6%
有一种神圣的力量在主宰人类的命运	15.8%	29.2%	30.9%	17.9%	6.2%
信教是人人都应该有的一种需要	21.7%	34.3%	27.4%	12.8%	3.8%
人在做,天在看,所以善有善报恶有恶报	4.2%	12.1%	27.8%	42.0%	14.0%

圣的力量在主宰人类的命运"表示认同①。对比之下,宗教信仰的比率有较大出入,而神灵信仰的比率基本相同,但这都需要引起足够的关注和重视。

(四)当代大学生的学习求知生活状况

1. 学习上精神压力较大,就业问题是加剧学习精神压力的重要因素

立身以立学为先,立学以读书为本。学习求知是当代大学生在校期间的重要任务,也是个体实现社会化的重要方式。目前,当代大学生比较普遍地存在学习上的精神压力,精神感受相对消极。在调查中,40.9%的学生"觉得自己的课业压力很大",31.1%对此表示"说不清楚"。而在访谈中,有学生表示,"专业课比较难,让我感觉到难以学习,学习压力比较大,觉得有些茫然"(01118);"我觉得生活还是很美好的,只是这一阶段不如意罢了……目前学校方面是影响自己精神生活质量好坏的重要因素,主要是考试,课业学习的事情,本来就对这个专业不是太感兴趣,是调剂过来的,本来就不想学,可是还非得学,好烦"(21801)。而部分学生在与同学的竞争中自觉不自觉地加剧了自我学习上的压力感。"想学、学好,主要是这方面的压力……但有时候感觉就是学不好,学不好就总是感觉落在别人后面,压力更大"(01121);"现在才上大一,就已经感觉压力很大了……上的学校越好,压力越大,竞争很激烈。越到后面,越是那种优秀的人才聚集到一起,相互之间就会有攀比"(01106)。"在高中里面就天天学习,可是到了大学里面需要学习的更多,比如乐器、表演、体育。课余活动很丰富,但在这些方面有些弱势"(01106)。可见,当代大学生的学习压力不仅局限在专业学习上,还表现在能力培养与提升,以及学习与综合素质的均衡发展上。此外,有学生表示,当把学习与就业联系起来,学习给个人带来的精神压力更大。"目前感觉时间比较紧,课业压力比较大。因为我们专业学的东西比较杂,每个方面都需要掌握,像钢琴、美术、音乐,这

---

① 梅萍:《"90后"大学生人生信仰的总体态势与因素分析》,《学校党建与思想教育》,2011年第10期。

些都要花比较多的时间,所以时间挺紧的。然后老师又要求你各方面都要比较好,你会觉得心里很恐慌,要花很多时间去学。但是以后的工作状态、工作待遇又不太好,我就觉得挺无语的"(01104)。"大三的专业学习很紧张,最重要的是,现在就业太难了……我觉得我有一种大一开始就要考虑我大四怎么找工作的感觉,找工作已经成为一个倒逼,大学四年的目的就是找个好工作。那怎么找到好工作呢? 首先要有一个好一点的成绩"(01116)。

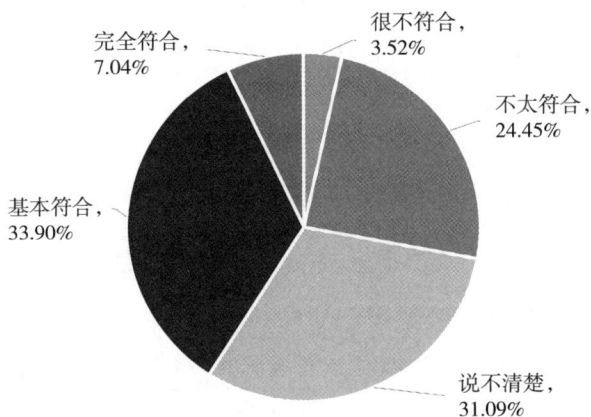

图2-14:当代大学生对"课业压力很大"问题的选择

2. 学习生活的满意度并不高,求知获得的精神愉悦感有待提高

相关调查结果显示,大学生对自身专业学习的满意度并不高。有高达83.2%的学生认为自己缺少专业的实践技能,甚至有27.1%的学生明确表示自己非常不满意所读的专业,30.4%的学生对所读专业持无所谓的态度,只有不到一半(42.5%)的学生满意自己所读的专业①。这种"不太满意"、"无所谓"的态度显然难以让大学生自愿、自主、自觉地沉浸于专业学习之中,也就难以带来精神上的充实和愉悦。在本次调查中,60.5%的学生不赞同"我喜欢课堂上发言"这一说法,73.9%的学生表示自己"考试没考好的话会有挫败

———————

① 杨晓鹏、许艳平、高晓妹:《大学生对学习生活基本问题的心理认知分析》,《教育学术月刊》2011年第11期。

感"。三分之一多(38.5%)的学生认为自己"目前的学习生活很枯燥",近三分之一(31.4%)的学生对此表示"说不清楚"。虽然有高达88.9%的学生认为自身能从学习求知上获得精神上的满足,在"学习上出成果时很有成就感",然而在实际生活中,不到一半(42.2%)的学生认为自己"在学习上的努力或成绩得到了肯定",有36.9%的学生对这种精神上的肯定和鼓励持"说不清楚"的态度,不到三分之一(32.6%)的学生认为自己的"才智和能力在学习上得到了发挥",39.8%的对此表示"说不清楚"。整体而言,学习求知并没有给予当代大学生较多的精神动力和精神满足,学习求知生活还远未成为提升大学生精神生活质量的正向因素。

表2-8:当代大学生的学习行为和感受

	很不符合	不太符合	说不清楚	基本符合	完全符合
我喜欢课堂上发言	17.8%	42.7%	20.4%	15.8%	3.3%
考试没考好的话会有挫败感	1.8%	10.0%	14.3%	52.7%	21.2%
学习上出成果时很有成就感	0.7%	2.3%	8.0%	55.1%	33.8%
我目前的学习生活很枯燥	4.6%	25.6%	31.4%	29.9%	8.6%
我在学习上的努力或成绩得到了肯定	3.2%	17.6%	36.9%	36.6%	5.6%
我的才智和能力在学习上得到了发挥	4.4%	23.1%	39.8%	29.2%	3.4%

(五)当代大学生的精神交往生活状况

1. 对人我精神交往较为满意,首属群体给予较多的情感支撑

调查结果显示,81.2%的学生表示自己"有可以分享心事的知心朋友",52.7%的学生不赞成"同学之间竞争多于关爱"的说法。在访谈中,有学生表示,自己有什么心事都会跟好朋友说,好朋友的聆听和建议总是能给自己以精神力量和感情支撑。可见,同辈群体在当代大学生的精神交往中占据重要地位。健康的亲子关系同样给予部分大学生极大的情感支撑,在他们看来,父母是其最重要的精神港湾。有学生表示,自己什么话都能跟父母说,基本上每天都会打电话,很多时候父母给予的意见对自身排解压力和解决问题起着重要作用。但也有64.0%的学生表示自己"对父母报喜不报忧",他们希望自己能够独当一面地在社会中闯荡,尽量少让父母忧心。另有70.6%的学生认为自己"能从除父母外的亲人那里获得感情支持"。而对于老师,接近一半(49.8%)的学生赞同"自己的事情不想让老师知道"这一说法,72.4%的学生不同意"我经常与老师讨论我遇到的难题",老师在学生心目中的角色和地位随复杂社会环境的变化也在发生改变。此外,48.7%的学生表示"打开网络主页时习惯性地看一下访问量"这一说法与自身的实际情况不相符合。虽然部分大学生存在"期待注意"的心理,但是相比于与校友、网友、陌生人等相对疏远群体的精神交往,他们更在乎并希望获得父母、朋友、亲人等首属群体的关心和关注。

表2-9:当代大学生的人际情感交往状况

	很不符合	不太符合	说不清楚	基本符合	完全符合
我有可以分享心事的知心朋友	2.1%	5.4%	11.3%	43.9%	37.3%
同学之间竞争多于关爱	10.0%	42.7%	27.3%	16.7%	3.4%
我经常与老师讨论我遇到的难题	30.0%	42.4%	14.7%	11.2%	1.8%
自己的事情不想让老师知道	4.0%	17.8%	28.4%	37.1%	12.7%
我对父母报喜不报忧	4.0%	16.2%	15.8%	47.5%	16.5%
能从除父母外的亲人那里获得感情支持	3.1%	10.1%	16.2%	46.1%	24.5%
打开网络主页时习惯性地看一下访问量	15.9%	32.8%	15.9%	27.3%	8.1%

2. 多数人具有自我精神交往的自觉意识,写日记省思的形式只是少数人的选择

克己、内讼、自省、自悟等是个体自我精神交往的重要方式,也是个体精神成长的必要途径。调查结果显示,60.8%的大学生表示"我经常思考自己生活的意义",56.9%的学生同意"我经常回顾或规划自己的生活"这一说法。在访谈中,有学生表示自己会定期回顾、反思和总结近期的表现,并对未来的生活进行适当规划,并指出这种回顾与展望能让自己走得更为坚定和自信。可见,当代大学生对自己的未来有所设想,对自己的理想生活、对自身的生命意义有所思考和设定。但值得注意的是,在快节奏的现代生活中,个体生存压力巨大,为了在竞争中谋得立足之地,多少人在忙忙碌碌中努力前行,忘了停下脚步思考自己想要什么样的生活,忘了思考什么样的人生才是自己梦想的有意义的人生。尤其是新媒体的迅猛发展,大学生的物质消费"快餐化",阅读等精神消费也"快餐化",数字艺术、电子图书等充斥双眼。而微博、微信的普

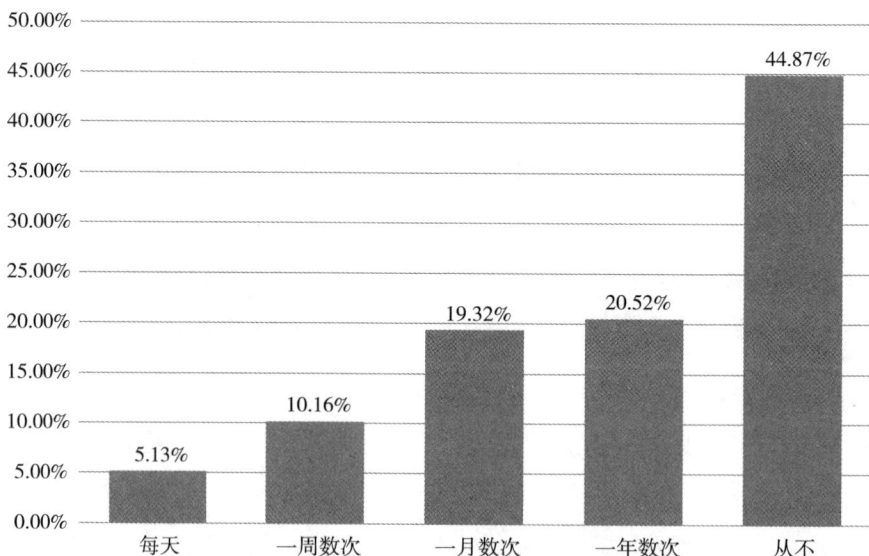

图 2-15:当代大学生写日记的频率

及和便捷化,让大学生在"敲击"(键盘)和"触摸"(屏幕)之间记录下自己内心的浅浅痕迹,很少有人停下来静静地与自己对话,进行精神上的自我交流。调查结果显示,仅5.1%的学生基本上坚持"每天"写日记,而20.5%的学生"一年数次",44.9%的学生表示自己"从不""写日记"。虽然是否"写日记"并不能成为衡量一个人是否反思自我的指标,但也从某个侧面反映了个体自我精神交往的意识和能力。

(六)当代大学生的娱乐休闲生活状况

1. 多数学生休闲生活较为单调,休闲方式单一且频率低

在本次访谈中,有半数以上的受访者表示自己的休闲生活方式比较单一。"我们的专业有点难,看书和做作业要花费很多时间,没有太多时间去做其他的"(05303);"自己给了自己挺多任务,也没有想那么多,就是什么时候都在忙,也没有想着真的要休息,累了看一看电影就可以了"(05307);"加入了一些学生社团,但没组织什么活动,想去去不了"(05321);等等,学习任务繁重以及集体文化活动欠缺成为大学生文化休闲生活单一的主要原因。而对那些认为自身休闲文化生活丰富的学生而言,晨读、郊游、骑行、绘画、刺绣、运动等符合自己兴趣爱好的活动最能给他们带来精神上的满足与愉悦。在问卷调查中,将大学生从事休闲活动的频率从"每天"到"从不"分为五个等级,分别赋分5—1分①,平均分越高,代表活动频率越高。统计结果显示,"做自己有兴趣、爱好的事"(3.85)、"体育锻炼"(3.67)和"参加集体活动"(3.13)是大学生活动频率比较高的项目。其次,"安静地待着,什么也不干"(3.10)也是选择比例较高的一项。而"朋友聚会"、"(近距离)外出游玩"、"看电

---

① 注:对"从不"选项赋值1分而不是0分,一是考虑到根据平均分多少可以更加方便地对应到该项活动的频率区间,比如3.2分,则表示频率居于"一周数次"(3分)到"一月数次"(4分)之间;二是将"从不"选项的比率情况单独统计,可以更加清晰地反映当代大学生精神休闲的丰富程度。

影"等项目的活动频率相对较低。具体来看,分别47.7%和43.6%的学生表示会"一周数次"的"做自己有兴趣、爱好的事"和参加"体育锻炼",分别46.2%和46.0%的学生会"一月数次"的"参加集体活动"和"朋友聚会",而"看电影"(44.9%)和"(近距离)外出游玩"(45.1%)比较多的集中在"一年数次"的选择频率上。整体而言,当代大学生的休闲活动主要集中在小范围组织,甚至个人参与的项目上,或者有特定组织、强制参与的群体活动上。这些项目相对来说较为常规,且不需要付出太多的时间、金钱和精力。而那些对金钱、人员、时间要求相对较多的项目,参与频率并不高。一方面,物质的获得(职业、工资、职称、福利等)相比精神的满足具有一定的优先性,当代大学生必须为了积累就业竞争资本而忙碌。另一方面,当需求还不够迫切,满足需求的欲望还不够强烈时,当代大学生的精神需要往往容易受到群体环境、个人物质基础等众多因素的影响,甚至在这些影响下逐渐消退、最终消失。

表 2-10:当代大学生的休闲方式及频率

	每天	一周数次	一月数次	一年数次	从不	均值
做自己有兴趣、爱好的事	21.3%	47.7%	26.4%	3.8%	0.8%	3.8491
安静地待着,什么也不干	10.4%	31.8%	30.9%	11.9%	15.1%	3.1046
参加集体活动	5.6%	25.8%	46.2%	21.0%	1.4%	3.1318
体育锻炼	17.4%	43.6%	29.2%	8.0%	1.8%	3.6670
朋友聚会	0.9%	11.9%	46.0%	38.8%	2.4%	2.7002
看电影	1.2%	10.4%	31.6%	44.9%	12.0%	2.4396
(近距离)外出游玩	0.5%	8.2%	43.2%	45.1%	3.0%	2.5815

2. 网络是重要的娱乐休闲工具，阅读尚未成为真正的休闲方式

在新媒体时代，互联网络、手机网络成为当代大学生的另一生存空间，同时也是大学生难以替代的娱乐休闲工具。调查结果显示，30.8%的学生平均每天上网"2—3 小时"，22.9%的学生每天上网"1—2 小时"，接近 20.0%的学生每天上网"3—4 小时"（18.3%）和"4 小时以上"（19.6%），仅 8.4%的学生每天上网时间在"1 小时以内"。在网络的具体运用上，有高达 84.3%的学生认为网络对自己来说主要是一种"休闲娱乐工具"。此外，阅读作为获取精神养分、构建精神家园的重要途径，也是部分学生休闲娱乐的重要内容。"我比较喜欢看书，一般看一些原著，这可能与自己的爱好有关，不是说要达到什么样的目的"（06333）；"我喜欢看一些古文、古诗词，觉得特别舒服"（06329）；"空闲时间看书还挺多的，一方面是多了解一些知识，另一方面就是感觉进入大学以后浮躁了很多，看书能够把自己的心静下来"

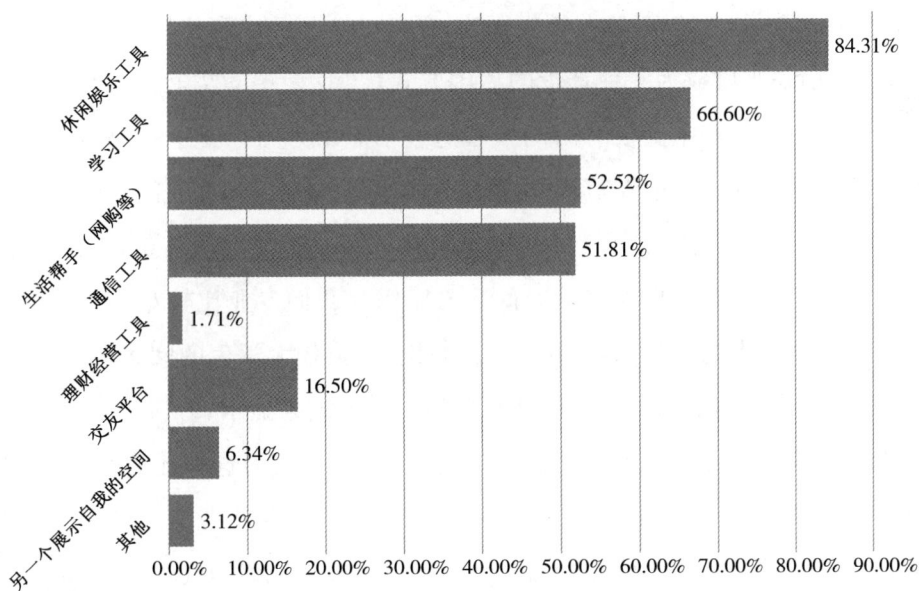

图 2-16：当代大学生对网络用途的定位

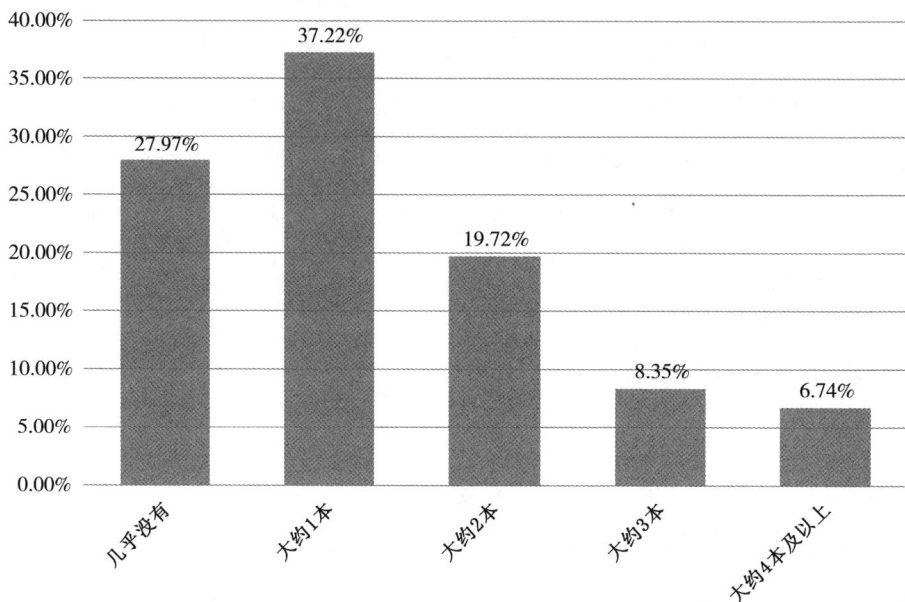

图 2-17：当代大学生平均每个月的图书阅读量

（06323）。然而，对于部分大学生而言，阅读也是一种"高贵"而"奢侈"的追求，目前还难以成为一种真正的休闲方式。"我喜欢读文学类书籍，但是进入这个专业后基本上没有时间来看这些书。因为当你看这些书时，你会想着你周围的同学可能在写作业，也可能在看专业书，他们的任务已经完成了，可是你还在看，那就会受干扰"（06301）；"我一直都特别喜欢看书，但是进入大学后我没有抽出太多的时间来看。因为我们专业比较难，专业的书需要花费多一点的时间"（06302）。总的说来，当代大学生的阅读量和阅读时间偏少，这在实证调查中也得到了证明。数据结果显示，37.2%的学生表示自己平均每个月阅读课外书的数量约为"1 本"，成为选择比率最高的选项。另外，28.0%的学生表示自己"几乎没有"阅读课外书籍。可见，在学业压力较大、社会风气浮躁的生态下，阅读还未真正成为当代大学生娱乐消遣、精神休闲的主要方式。

第三节　当代大学生精神生活的群体差异①

当代大学生有着普遍性的群体特征,因而在精神生活问题上也有着群体的共同特性或问题。同时,在当代大学生群体内部,存在着以某些特殊因素为依据而区分的小群体,因为自身的某些特殊性,他们的精神生活状况表现出不同于其他大学生群体的特点。而这种群体的差异,同样是当代大学生精神生活现状的重要组成部分。

一、不同性别当代大学生的精神生活状况

男生、女生作为两个不同的性别群体,因为某些源于生物学和社会学意义上的"不同",他们在众多方面都存在一些无法消解的性别差异,在精神生活方面也同样如此。

（一）"家庭关系和谐"是让男女大学生最有幸福感的事情,女生更迫切需要提高综合素质和生存技能

调查结果显示,"家庭关系和谐"（78.7%;77.3%）是最让男、女大学生

---

①　注:吴鲁平教授等在研究消费主义的影响因素时曾提到性别、年龄、教育水平等人口学变量的特点,一是它们都指向个体本身的特点,在变量设计上是对群体的分类,因此通过这些影响因素获得的研究结果只能描述不同群体在消费主义表现上的差异。二是这些变量缺乏可控性,研究者很难控制性别或是受教育水平等来使个体的消费主义向有益的方向发展,因此也难以通过干预这些变量来使个体形成消费观。（参见吴鲁平等:《后现代化理论视野下的青年价值观研究》,社会科学文献出版社 2013 年版,第 205 页。）在此需要说明的是,一方面,人口学变量在本研究中既是研究者把握样本整体分布情况的基本凭借,更是把握不同分类群体精神生活现状与特征的重要中介,而不是作为影响因素以探究当代大学生精神生活何以如此的现实成因。另一方面,思想政治工作从根本上说是做人的工作,以人口学变量作为分类标准把握大学生精神生活的群体差异,比如,哪些群体存在显著性差异、群体差异体现在哪些方面、群体差异大小如何等,这是准确把握特殊对象群体、不同群体工作侧重,以明确思想政治工作重点、找准高等教育针对性举措的重要前提。

"有幸福感的事情",其次,"身体健康"(48.6%;47.0%)、"有知心朋友"(43.6%;43.1%)以及"能力得到认可"(38.6%;38.7%)等选项也有着较高的选择比率。相比较而言,"良好的生存环境"、"家人取得成功"、"满足自身的物质要求"等是让男女大学生幸福感相对较低的事情,但女大学生的选择比率都高于男生。依据分析结果,在"最让你有幸福感的事情"上,男女大学生的选择并没有统计学上的显著性差异。当问及"你目前最迫切期待改善生活的哪些方面"(限选)时,男女大学生的差异具有显著性($X^2 = 31.563$,P<

表2-11:当代大学生最迫切期待改善的生活内容的性别差异

		性别		X^2
		男	女	
你目前最迫切期待改善生活的哪些方面	提高个人技能	70.8%	73.2%	31.563[**]
	优化时间规划	40.1%	43.6%	
	明确生活目标	30.1%	35.4%	
	改善人际关系	27.9%	32.4%	
	完善个人性格	23.5%	25.9%	
	解决经济困难	20.1%	14.5%	
	找到人生寄托	19.1%	9.8%	
	丰富课余生活	16.9%	19.0%	
	培养兴趣爱好	12.2%	14.1%	
	缓解学业压力	10.7%	8.7%	
	改善就业环境	7.5%	8.0%	
	净化道德风气	2.8%	2.2%	

注:[**] P<0.01。

0.01）。虽然"提高个人技能"（70.8%；73.2%）、"优化时间规划"（40.1%；43.6%）、"明确生活目标"（30.1%；35.4%）是男女大学生都最为迫切期待改善的方面，其次是"改善人际关系"和"完善个人性格"，但女生在具体比例上均高于男生。可见，男女大学生在最迫切期待改善的具体方面上，居前的序列具有同一性，但女生选择比率更高，表现出更迫切的需求。而在"解决经济困难"（20.1%；14.5%）和"找到人生寄托"（19.1%；9.8%）两个选项上，男生的比率要高于女生。总的说来，在女性社会地位越来越高，男女机会相对更为平等的现代社会环境下，女大学生的独立意识、自主意识、竞争意识也日益增强。她们迫切想要提高自我的核心素养，打造合理的生活格局，构建良好的人际圈层，期待以自己的实力和实干证明自身存在的价值和意义。而男生由于传统的观念和社会的期待，在经济能力和事业成就上比女生面临更大的压力。

（二）男生对生活有更多思考和规划，女生的压力排解方式更倾向于积极倾诉和自我调节

调查结果显示，总计65.5%的男生和60.8%的女生表示会"经常思考自己生活的意义"（"基本符合"和"完全符合"），25.1%的男生和27.2%的女生对此表示"说不清楚"，两者的差异具有显著性（$X^2 = 14.386$，$P<0.01$）。而在"经常回顾或规划自己的生活"这一问题上，60.8%的男生和56.9%的女生表示"基本符合"或"完全符合"自己的实际情况。另外，25.7%的男生和25.5%的女生对此表示"说不清楚"，两者的差异同样具有统计学意义（$X^2 = 11.332$，$P<0.05$）。相比较而言，男大学生比女生更喜欢思考和规划，这样能让他们更好地从宏观上对自己的人生进行把控。但同时，半数以上的女大学生会思考人生的意义、规划未来的发展，这表明，随着时代的发展进步，更多的女性意识到自己才是人生的谋划者和行动者，因而被动性、依赖性、服从性越来越少，自主性、独立性、发展性越来越强。在生存竞争压力日益加剧的社会环境下，不

确定因素日益增多,人们作出任何选择和行为都意味着一定的风险,精神压力也随之而来。"当感觉到心理压力很大时"(限选),男女大学生在应对方式上的差异具有统计学意义(X^2=99.788,P<0.001)。调查结果显示,"通过看书、运动等转移"(64.3%)、"向朋友、同学倾诉"(55.5%)、"闷在心里,自己承受"(35.4%)是当代男大学生排解压力的主要方式,女生则主要以"向朋友、同学倾诉"(75.0%)、"通过看书、运动等转移"(52.9%)、"通过写日志,发微博、微信来抒发情绪"(43.4%)等方式应对自身心理压力。而"向学校心理咨询中心或其他专业心理机构求助"(1.3%;1.5%)和"向老师、辅导员寻求帮助"(3.4%;2.1%)是男、女大学生最不愿意选择的方式。对比来看,女大学生在"向朋友、同学倾诉"、"向父母倾诉"、"通过写日志,发微博、微信来抒发情绪"等积极缓解压力的方式选择的比率均高于男生,而男生在"闷在心里,自己承受"、"通过吸烟、喝酒或者吃东西、逛街等发泄"、"直接无视"等消极内隐的方式的比率高于女生。总的说来,在遭遇心理压力时,男生更倾向于自我调

表 2-12:不同性别当代大学生的心理压力应对方式比较

		性别		X^2
		男	女	
当感觉到心理压力很大时,你的应对方式是	通过看书、运动等转移	64.3%	52.9%	99.788***
	向朋友、同学倾诉	55.5%	75.0%	
	闷在心里,自己承受	35.4%	29.2%	
	通过写日志、发微博、微信来抒发情绪	33.5%	43.4%	
	向父母倾诉	19.4%	32.6%	
	直接无视	15.0%	6.8%	
	通过吸烟、喝酒或者吃东西、逛街等发泄	14.7%	13.9%	
	向老师、辅导员寻求帮助	3.4%	2.1%	
	向学校心理咨询中心或其他专业心理机构求助	1.3%	1.5%	

注:*** P<0.001。

节、自我消化,女生则更倾向于向他人倾诉、发泄排解。这种在如何行动、如何表达上呈现出的一定的模式化倾向,与性别化的社会文化对男性和女性的不同角色规范和角色期待紧密相关。

(三)女生更倾向于认可精神生活与物质生活"同等重要",男女大学生精神生活的自评水平中等偏上

调查结果显示,当代男女大学生在"你觉得物质生活与精神生活哪个更为重要"问题上的差异有显著性($X^2 = 9.008$,$P < 0.05$)。64.0%和男生和71.7%的女生赞同物质生活与精神生活"同样重要"的说法,21.6%的男生和19.6%的女生认为"精神生活更重要",9.1%的男生和5.3%的女生认为"物质生活更重要"。与男生相比,女生更希望能在物质生活与精神生活之间实现均衡、同步发展,而男生在"物质生活更重要"和"精神生活更重要"选项上的比率均高于女生,目标取向比女生更为单一,也更为实际。在分别对自身目前的物质生活和精神生活状况进行整体评价时,"一般"是男女大学生选择比率最高的选项。具体到物质生活上,62.7%的男生和66.2%的女生认为"一般",总计26.7%的男生和24.9%的女生认为自身物质生活状况"较好"或"很好"。在精神生活上,49.5%的男生和51.7%的女生认为"一般",总计35.1%的男生和33.2%的女生认为自身精神生活状况"较好"或"很好"。可见,男女大学生对精神生活的自我感受和自我评价比物质生活好。对从"很差"到"很好"五等分的评价层次分别赋值1—5分,分别对男女大学生的物质生活自评和精神生活自评进行独立样本 T 检验。结果表明,男女大学生对自身物质生活评价的均值均为3.17,对精神生活评价的均值分别为3.22和3.21。从区间划分来看,物质生活和精神生活的评价均高于3分,处于"一般"到"较好"之间,即中等偏上水平,但男女大学生生活水平自评差异不具有统计学意义。

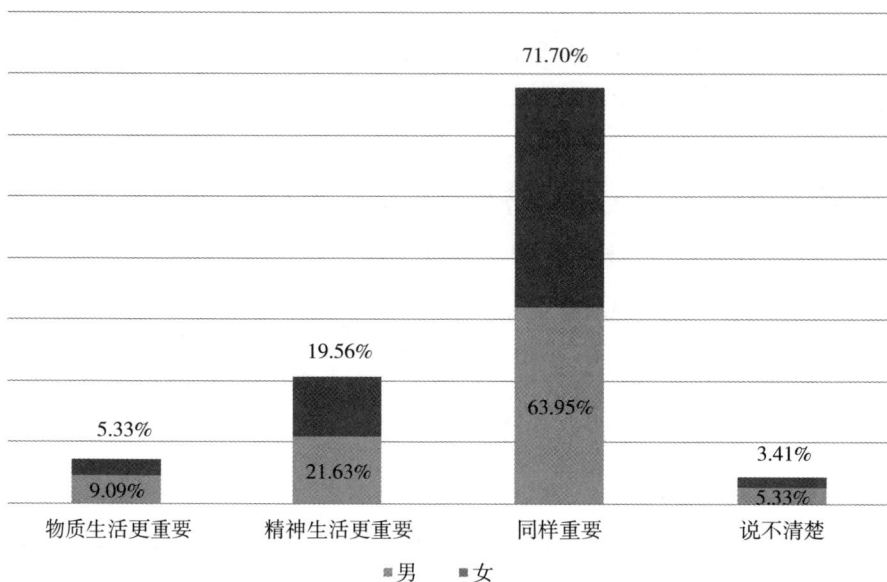

图2-18：当代男女大学生对"物质生活与精神生活哪个更为重要"问题的选择比较

表2-13：当代大学生生活状况整体评价的性别差异

		很差	较差	一般	较好	很好
请对你目前的物质生活状况进行整体评价	男	2.8%	7.8%	62.7%	22.9%	3.8%
	女	1.0%	7.9%	66.2%	22.5%	2.4%
请对你目前的精神生活状况进行整体评价	男	3.1%	12.2%	49.5%	29.8%	5.3%
	女	1.9%	13.2%	51.7%	28.3%	4.9%

二、不同年级当代大学生的精神生活状况

当代大学生内部的年级差异并不意味着年龄，甚至成长阶段和成长经历的明显不同，但它表征大学生在不同学习阶段面临不同的学习环境和生活课题，这有可能带来当代大学生群体精神生活状况的不同。

（一）不同年级大学生的精神信仰存在一定差异，"大三"是信仰变化的重要转折点

当问及"你是否有信仰"，大一、大二、大三学生的选择都以"没有"居多，选择比率均在40.0%以上，仅大四学生以"有"信仰（40.8%）居多，但仍不及总体人数的一半。在大一、大二的学生中，回答"有"信仰的人数最少，且将近三分之一的学生对自己的信仰状况表示"说不清楚"。总体说来，从大一到大四，表示"有"信仰的学生比率逐渐升高，表示"没有"信仰的学生以"大三"为转折点呈倒"U"形分布，而表示"说不清楚"自身信仰状况的学生同样以"大三"为转折点呈"U"形分布。可见，在整个大学阶段，大学生存在一个不断摸索、逐步确立信仰的过程，且在学校教育和社会环境的综合影响下，"大三"可能是大学生逐渐明确自身信仰的重要时间节点。

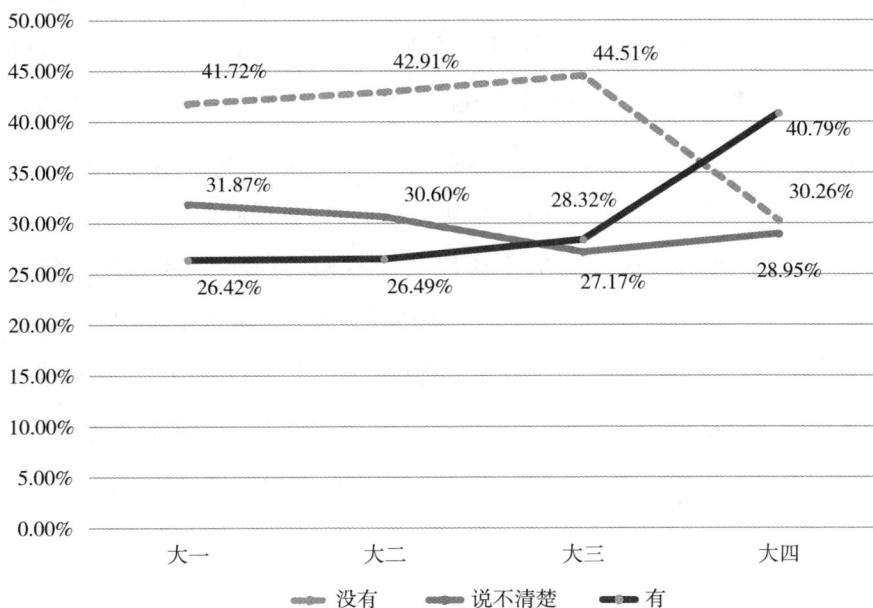

图 2-19：当代大学生个人信仰状况的年级差异

　　具体到政治信仰上,不同年级学生之间存在一定差异。在对数据的统计处理中,把"很不同意"与"不太同意"合并为"不同意",表示个人对此说法的否定态度;把"比较同意"和"非常同意"合并为"同意",表示个人对此说法的肯定态度。结果显示,对于"实现复兴梦是每一个中国人的责任和使命"这一说法,不同年级的绝大多数大学生都对此表示认同。其中,大四学生的认同度最高,有高达84.3%的大四学生表示认可;其次,74.4%的大一学生表示赞同。而对此表示"说不清楚"的学生比率以大三学生为最高(29.5%),并以"大三"为折拐点呈倒"U"形分布。在复兴梦问题上,不同年级学生信仰状况的差异具有统计学意义($X^2 = 36.125$, P<0.001);而当问及对"国家利益高于一切"这一说法的看法时,不同年级学生之间的差异同样具有显著性($X^2 = 35.325$, P<0.001)。各年级学生均以"同意"该说法为主,但相比较而言,大四学生的认可度依然最高(72.4%),大三学生认可度最低,人数不及总数的一半(46.9%)。值得注意的是,当代大学生对"国家利益高于一切"这一说法持"说不清楚"态度的比率较高(很多高于30.0%),大三学生甚至高达41.0%;而对于"共产主义一定会实现"这一说法,当代大学生的认同度相对略低,除大四学生(60.6%)外,其他三个年级表示"同意"的比率均不及50.0%;而表示对此"说不清楚"的比率也高达40.0%多,甚至高出"同意"一项的比率。总的说来,当代大学生有一定的精神追求,尤其在政治信仰上,多数学生观念明确,立场坚定。同时,在不同年级学生当中,大三学生的政治信仰认同度最低,大四学生最高,政治信仰认同度基本上均以"大三"为拐点呈"U"形分布。此外,不少学生对部分政治观念、政治观点表示"不确定",持"说不清楚"的暧昧态度,这说明当前部分大学生的政治观尚不成熟,缺乏正确的政治认知和坚定的政治态度。

表 2-14：当代大学生政治信仰的年级差异

		不同意	说不清楚	同意	X^2
实现复兴梦是每一个中国人的责任和使命	大一	4.2%	21.4%	74.4%	36.125***
	大二	8.2%	22.0%	69.8%	
	大三	9.8%	29.5%	60.7%	
	大四	5.2%	10.5%	84.3%	
国家利益高于一切	大一	9.3%	31.4%	59.3%	35.325***
	大二	12.3%	30.6%	57.1%	
	大三	12.1%	41.0%	46.9%	
	大四	7.9%	19.7%	72.4%	
共产主义一定会实现	大一	10.7%	45.3%	44.0%	27.143**
	大二	14.2%	41.8%	44.0%	
	大三	16.7%	47.4%	35.9%	
	大四	6.5%	32.9%	60.6%	

注：** $P<0.01$，*** $P<0.001$。

（二）大二、大三学生的课业压力较大，大四学生感觉才能发挥程度最高，但学习成就感最低

不同年级学生的专业学习要求不同，个体的学习任务和心理感受必然也会存在差异。在数据处理过程中，把"很不符合"与"不太符合"合并为"不符合"，表示此说法与现实生活状况相背离；把"基本符合"和"完全符合"合并为"符合"，表示此说法与现实生活状况相吻合。统计结果显示，不同年级大学生在课业压力感、成就感、无聊感等方面存在差异，并且这种差异具有统计学意义。在"我觉得自己的课业压力很大"这一问题上，大四学生的选择比率最小，其他年级学生的课业压力逐年上升，不同年级学生之间的差异具有统计学意义（$X^2=29.682$，$P<0.01$）。这可能与不同年级的学习任务及课程安排相

关,大四学生面临毕业和就业的问题,课程相对较少,课业压力也就相对较小。而大一处于专业学习的熟悉和适应期,大二、大三是提升专业素养、培养科研能力的关键期,课业压力自然有所增加。不同年级大学生的学习生活枯燥感也逐年上升,这可能与年级越高,专业学习带来的新奇感越少有关。此外,不同年级大学生在"学习上出成果时很有成就感"这一问题上的"符合"比率逐年下降,这说明随着专业素养的提升,他们越能客观、理性的评价自身的学术水平和成就。而在"我的才智和能力在学习上得到了发挥"这一说法上,表示

表 2-15:当代大学生学习求知生活的年级差异

		不符合	说不清楚	符合	X^2
我觉得自己的课业压力很大	大一	30.2%	30.4%	39.4%	29.682**
	大二	22.4%	35.4%	42.2%	
	大三	26.6%	25.4%	48.0%	
	大四	36.8%	32.9%	30.3%	
学习上出成果时很有成就感	大一	1.7%	8.2%	90.1%	23.766*
	大二	3.8%	6.0%	90.2%	
	大三	4.1%	10.4%	85.5%	
	大四	6.5%	9.2%	84.3%	
我目前的学习生活很枯燥	大一	32.2%	33.1%	34.7%	21.442*
	大二	28.7%	32.1%	39.2%	
	大三	27.0%	32.9%	40.1%	
	大四	31.6%	14.5%	53.9%	
我的才智和能力在学习上得到了发挥	大一	29.1%	38.2%	32.7%	31.577**
	大二	24.2%	46.3%	29.5%	
	大三	28.3%	37.6%	34.1%	
	大四	27.7%	32.9%	39.4%	

注: * P<0.05, ** P<0.01。

"符合"自己生活实际的学生比率在大二中最低,在大四中最高,且差异具有统计学意义(X^2=31.577,P<0.01)。这说明在专业成长过程中,大学生需要经历一定的迷茫探索期,才能逐渐加深对自己的认识,并找到自己在学术发展中的恰当位置。值得注意的是,不同年级学生在课业压力、学习生活枯燥、才能发挥等问题上表示"没不清楚"的比率都较高(多数在30%以上,甚至高达46.3%),可见,整体而言,不同年级大学生对自身学习生活尚缺乏清晰的判断和必要的自我审视,自我认识相对较为模糊。

三、不同专业当代大学生的精神生活状况

由于专业训练、专业素养、专业环境等因素的差异,不同专业当代大学生的精神生活也表现出一定的差异性。

(一)理工类和艺体类学生有着更为明确的信仰追求,文史类学生个人信仰的不确定性较为明显

调查结果显示,在个人信仰问题上,不同专业类别当代大学生之间的差异具有统计学意义(X^2=14.368,P<0.05)。当问及个人"是否有信仰",分别有46.7%、29.0%和24.9%的艺体类、理工类和文史类学生表示"有"信仰,而在这三类学生当中,也分别有50.0%、40.7%和43.1%的学生对此表示"没有"。相比较而言,明确表示有信仰的艺体类学生高于理工类和文史类学生,文史类学生中表示有信仰的比率最低。同时,艺体类学生中表示没有信仰的比率也是最高的,可见,艺体类学生对自身的信仰有着更为清晰和明确的判断。而在"说不清楚"信仰一项上,文史类学生的选择比率高于理工类和艺体类,文史类学生在个人信仰问题上表现出更多的不确定性。不同专业类别学生之间的信仰差异在政治信仰方面同样得到了反映。虽然不同专业类别学生在政治信仰问题上的态度均以认同为主,但在"实现复兴梦是每一个中国人的责任和使命"(X^2=26.726,P<0.01)、"国家利益高于一切"(X^2=31.431,P<0.01)、

"共产主义一定会实现"($X^2 = 24.549$,P<0.05)等问题上的差异依然具有显著性。具体来看,艺体类学生在这些问题上的认同度均高于理工类和文史类学生,而文史类学生表示认可的比率均为最低。在"说不清楚"这一选项上,文史类学生的比率均高于理工类和艺体类学生。由此可见,人文社会科学知识最为丰富的文史类学生在有关价值观念的问题上有着更多的思考,当他们无

表 2-16:当代大学生信仰状况的专业差异

		专业类别			X^2
		理工类	文史类	艺体类	
是否有信仰	有	29.0%	24.9%	46.7%	14.368*
	没有	40.7%	43.1%	50.0%	
	说不清楚	30.3%	32.0%	3.3%	

注:* P<0.05。

表 2-17:不同专业类别当代大学生在政治信仰上的差异

		专业类别			X^2
		理工类	文史类	艺体类	
实现复兴梦是每一个中国人的责任和使命	同意	75.5%	65.8%	76.7%	26.726**
	说不清楚	20.1%	25.5%	23.3%	
	不同意	4.4%	8.7%	0%	
国家利益高于一切	同意	63.4%	49.9%	63.4%	31.431**
	说不清楚	29.2%	36.0%	30.0%	
	不同意	7.4%	14.1%	6.6%	
共产主义一定会实现	同意	49.0%	36.0%	56.7%	24.549*
	说不清楚	41.0%	48.3%	33.3%	
	不同意	10.0%	15.7%	10.0%	

注:* P<0.05,** P<0.01。

法通过学习、思辨、经历等方式明确内心判断、坚定个人信念时,就会在具体问题上产生更多的质疑和困惑,因而表现出较多的"说不清楚"和"不确定性"。

（二）艺体类学生更倾向于网络娱乐消遣,文史类学生的课外阅读量高于其他专业学生

调查结果显示,不同专业类别学生在休闲时间和休闲方式上存在一定差异。在上网时间上,每天"2—3 小时"是理工类（28.9%）、文史类（35.1%）和艺体类（33.3%）学生选择比率最高的时间段,其次分别是 24.0%的理工类学生每天上网"1—2 小时",20.9%的文史类学生"大约 4 小时以上",26.7%的艺体类学生"3—4 小时",不同专业类别学生在每天上网时间上的差异具有统计学意义（$X^2 = 21.722$，$P < 0.05$）。把五个选项按照时间长短分别赋值 1—5 分并计算不同专业学生上网时间的平均分,艺体类学生的均值（3.37）高于文史类（3.28）和理工类学生（3.08）,可见,艺体类学生的网络消遣时间更长。而在网络的具体运用上,不同专业学生之间仍然存在统计学差异（$X^2 = 60.604$，$P < 0.001$）。理工类学生的网络运用主要集中在休闲娱乐、学习和通信上,文史类学生则主要把网络当成娱乐休闲、学习的工具和生活帮手,艺体类学生在娱乐休闲、生活、学习和通信上运用较多。相比较而言,理工类学生在通信、交友和展现自我上的选择比例高于其他专业类别学生,而在生活上的运用相对最少。文史类学生则更多地把网络用在学习上,而在理财经营上相对较少。艺体类学生则主要运用网络服务个人的娱乐休闲、生活和交友等,在展现自我上并不以网络为主要平台。此外,不同专业类别学生在课外阅读量上的差异具有显著性（$X^2 = 24.216$，$P < 0.05$）。调查结果显示,在"几乎没有"课外阅读量一项上,理工类学生比率最高（32.8%）,近三分之一的理工科学生平时没有阅读课外书籍,而文史类学生在该选项上也高达 20.9%,整体而言,阅读尚未成为大学生日常休闲、消遣的自觉选择。相比较而言,文史类学

生在阅读量上高于艺体类和理工类学生,艺体类学生的阅读量也高于理工类学生,显然,这与学科差异有一定关系。

表 2-18:不同专业类别当代大学生的上网时间差异

		专业类别			X^2
		理工类	文史类	艺体类	
每天的上网时间是	1 小时以内	11.3%	5.5%	0%	21.722*
	1—2 小时	24.0%	20.6%	23.3%	
	2—3 小时	28.9%	35.1%	33.3%	
	3—4 小时	17.6%	17.8%	26.7%	
	4 小时以上	18.3%	20.9%	16.7%	

注:* P<0.05。

表 2-19:当代大学生对网络作用定位的专业差异

		专业类别			X^2
		理工类	文史类	艺体类	
网络主要意味着	休闲娱乐工具	84.2%	82.5%	86.7%	60.604***
	学习工具	64.4%	74.2%	53.3%	
	生活帮手(网购等)	46.1%	61.2%	63.3%	
	通信工具	54.6%	47.4%	53.3%	
	理财经营工具	2.2%	.9%	3.3%	
	交友平台	18.1%	12.9%	23.3%	
	另一个展现自我的空间	7.3%	4.9%	.0%	

注:*** P<0.001。

表 2-20：当代大学生阅读量的专业差异

		专业类别			X^2
		理工类	文史类	艺体类	
平均每个月阅读课外书的数量是	几乎没有	32.8%	20.9%	30.0%	24.216[*]
	大约 1 本	36.8%	36.9%	36.7%	
	大约 2 本	18.0%	22.5%	26.7%	
	大约 3 本	6.9%	11.1%	3.3%	
	大约 4 本及以上	5.4%	8.6%	3.3%	

注：[*] $P<0.05$。

四、不同家庭状况当代大学生的精神生活状况

个体在社会化过程中，"没有人会像一张纯净的白纸一样，去接触城市生活。在他的青春期晚期，他会表现和反映出他生活于其中的家庭的性质，以及他成长起来的那个地区所具有的社会和文化特征"①。同样，个体家庭教养方式、家庭经济状况、父母文化程度等因素的差异，使当代大学生的精神生活在一定程度上表现出不同特征。

（一）权威型教养方式下成长的学生更能感受到积极有力的社会支持

数据结果显示，不同家庭教养方式下成长的当代大学生（以下简称为"放任型学生"等）在精神交往、社会支持方面的差异具有统计学意义。

在本次调查中，42.8% 的专制型学生认为自己"有可以分享心事的知心朋友"，放任型学生在此问题上的选择比率为 78.5%，权威型学生则高达 84.4%，几乎是专制型学生的两倍，不同家庭教养方式学生之间的差异有统计

---

① ［美］英格尔斯：《人的现代化》，殷陆君译，四川人民出版社 1985 年版，第 151 页。

学意义($X^2=34.025$,P<0.01),在民主的家庭氛围中成长的孩子更容易交到知心朋友;在被调查的专制型学生当中,有78.6%的表示自己不会"经常与老师讨论我遇到的难题",其余21.4%的学生对此均表示"说不清楚",即无一人在该说法上表示肯定,而放任型和权威性学生分别有13.0%和13.2%的表示自己经常与老师讨论自己遭遇的难题。相比较而言,在"要求严格,无条件服从"家庭环境下成长的学生,其精神自主性被长期打压,精神交往欲望被长期压抑,进入大学后,他们可能把在家庭中形成的心理特质迁移到新的情境中,从而对师生之间的互动方式产生影响。在是否想让老师知道自己的事情这一

表2-21:不同家庭教养方式下成长的当代大学生的社会支持差异

		不符合	说不清楚	符合	X^2
我有可以分享心事的知心朋友	放任型	9.8%	11.7%	78.5%	34.025**
	专制型	28.6%	28.6%	42.8%	
	权威型	5.8%	9.8%	84.4%	
我经常与老师讨论我遇到的难题	放任型	71.0%	16.0%	13.0%	23.365*
	专制型	78.6%	21.4%	0%	
	权威型	73.6%	13.2%	13.2%	
自己的事情不想让老师知道	放任型	22.0%	24.2%	53.8%	32.220**
	专制型	21.4%	28.6%	50.0%	
	权威型	23.0%	29.7%	47.3%	
我能从除父母外的亲人那里获得感情支持	放任型	15.7%	17.8%	66.5%	27.293**
	专制型	21.4%	7.1%	71.5%	
	权威型	12.2%	13.8%	74.0%	
打开网络主页时习惯性地看一下访问量	放任型	47.9%	13.3%	38.8%	31.774**
	专制型	35.7%	42.9%	21.4%	
	权威型	48.5%	15.6%	35.9%	

注: * P<0.05, ** P<0.01。

问题上,分别有53.8%的习惯了不被干涉和约束的放任型学生和50.0%的从小被严格要求的专制型学生表示不愿意,而权威型学生的态度相对更为随意,不同学生之间的差异同样具有统计学意义($X^2=32.220$,P<0.01)。在家庭、亲人的精神支撑上,相比专制型和放任型学生,权威型学生更容易从父母外的亲人那里获得感情支持,而放任型学生在较少获得父母关注、管制的同时,也可能变得难以感受身边其他人的情感倾注。在讨论精神交往的对象和场域时,人员相对集中而混杂的网络虚拟空间不容忽视。当问及个人是否会"打开网络主页时习惯性地看一下访问量"时,不同学生之间的差异有统计学意义($X^2=31.774$,P<0.01)。42.9%的专制型学生对此表示"说不清楚",选择比例高于放任型和权威型学生。另外,有高达38.8%的放任型学生表示自己肯定会查看访问量,可见,专制型学生相对难以确定自身对外界关注的明确态度,而放任型学生则具有更明显的"期待注意"心理。

（二）家庭经济状况越差的学生越认为精神生活更重要,但也较少地体验到生活幸福感

开创西方幸福伦理学先河的梭伦曾指出,"不少有钱的人并不幸福,而许多只有中等财产的人却是幸福的。因为前者时时都在想方设法地聚刮钱财,精神空虚,并常常在穷奢极欲中损害身体,易于招来灾祸。而中等财产的人不为生计所累,注重自己的品德和精神生活"[1]。在本次调查中,统计结果显示,不同家庭经济状况的当代大学生在"物质生活与精神生活哪个更为重要"问题上的差异具有显著性($X^2=26.638$,P<0.01)。90.0%家庭经济状况"很好"的学生认为物质生活与精神生活"同样重要",他们在充分享受物质带来满足和享受的同时渴望精神上的富足与愉悦,希求达到两者的均衡发展。随着家庭经济状况从好到差,认为"精神生活更重要"的学生比率呈上升趋势,可见,

---

[1]　转引自郑永廷、罗珊:《中国精神生活发展与规律研究》,中山大学出版社2012年版,第40页。

家庭越贫困的大学生,越认可精神生活的价值和重要意义。另外,对于家庭经济状况"很差"的学生而言,45.8%的认为物质生活与精神生活"同样重要",选择比率在不同群体中最低,而在"物质生活更重要"一项上,仅8.3%的学生表示认可。一方面,这可能是贫困大学生在物质不可得时给自身的一种无奈安慰,另一方面,也可能是贫困生不抱怨、积极生活的乐观态度的体现。而在生活的幸福感受上,家庭条件较差或很差的学生选择比率低于家庭经济状况较好的同学($X^2=36.108$,$P<0.01$),有76.0%的家庭经济"较好"和70.0%的家庭经济"很好"的学生表示自己时常能体验到幸福,而家庭经济"很差"的学生仅有45.8%的表示时常如此。相反,总计25.0%的家庭经济"很差"的学生表示在自己的实际生活中"基本不是"或者"完全不是""时常能体验到幸福",而家庭经济"很好"的学生无一人对此说法表示否定。可见,家庭经济状况对个体生活幸福感的体验有一定影响。

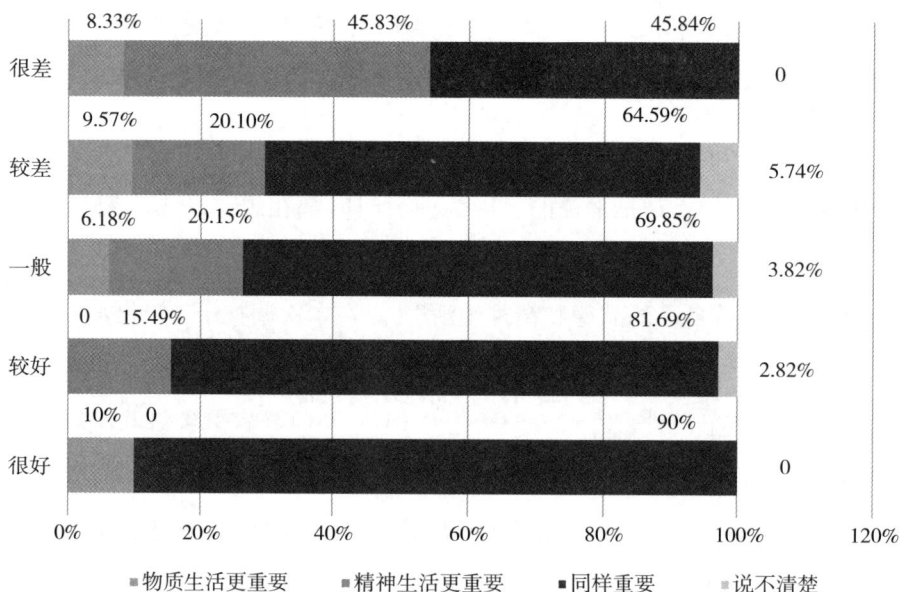

图2-20:不同家庭经济状况当代大学生对"物质生活与精神生活哪个更为重要"问题的差异

表 2-22：不同家庭经济状况当代大学生的幸福体验差异

		时常能体验到幸福			X^2
		不是	说不清楚	符合	
家庭经济状况	很好	0%	30.0%	70.0%	36.108**
	较好	4.3%	19.7%	76.0%	
	一般	6.4%	30.1%	63.5%	
	较差	12.9%	27.3%	59.8%	
	很差	25.0%	29.2%	45.8%	

注：** $P<0.01$。

此外，父母文化程度以及家庭所在地的差异也使当代大学生的精神生活表现出一定的差异性，比如在压力应对方式、最有幸福感的事情、学习的目的、做得好不如嫁得好等问题上，他们有着不同的精神感受和精神价值取向。但相对而言，这些方面的影响范围和强度较小。

当代大学生的精神生活是复杂外在环境与个人内在精神共同建构出来的，是个体精神发展变化并逐渐稳定、基本成形的动态过程与静态结果的统一。在当代大学生的成长发展中，家庭越来越少地直接作用于他们的生活圈，因而在其精神生活发展变化中的影响也日益减弱。但作为个体成长的原生性环境，家庭并未失去其作用，而是以"前影响"的方式在精神生活画板上划上了深深的刻痕，奠定了个体精神生活发展的大体方向。

第四节　研究小结

根据以上分析，研究假设1、假设2、假设3、假设4都在一定程度上得到了证实。研究表明，当代大学生的精神生活整体处于中等偏上水平，并呈现出精神活动内容不断丰富化、精神生活方式不断现代化、精神生活状态不断积极化的良性发展趋势。他们对优化自我精神生活状况、提升精神生活质量有着强烈的愿望，其精神生活的发展、提升也具有较大空间。但目前而言，当代大学生的精神压力多元化、精神价值物质化、精神追求虚无化,并且精神生产碎片化、精神交换功利化、精神消费单一化①,其精神生活的整体发展还存在一定的偏失。同时,他们自我构建精神世界、自我优化精神生活的自觉性还有待提升。值得注意的是,一方面,我们要看到,当代大学生精神生活发展当中表现出来的问题并不是孤立存在的。青年有着天然、敏感的嗅觉和好奇、探索的精神,作为社会潮流的先锋体验者和时代价值的率先践行者,他们是观察社会现实图谱的主窗口,是把脉社会发展态势的风向标。社会精神文明发展的相对滞后引发的系列问题折射到大学生身上,即体现为大学生精神生活的失衡、失序,这也反映出青年问题与社会问题的"同构"现象。另一方面,我们不得不承认,有越来越多的"90后",尤其是"95后"大学生,他们执着于自己个性化的精神追求,对金钱、对物质的观念日益淡薄。他们的休闲意识不断增强,马拉松、极限运动、骑行、穷游,甚至吃美食等,都是他们的切实爱好;他们在空闲时间积极参与公益事业,社区义工、志愿服务、自费支教,甚至跨境支教等,都有他们活跃的身影;他们热衷于利用假期长途旅行,遍布世界各地的足迹让他们视野更为开阔;他们越来越多的沉迷于艺术、哲学、科学等,勇敢追求自己真正喜欢的事物;他们推崇责任、服务、极简、环保、合作、共享,把物质享受放到精神满足之"后",践行着后物质主义价值观,成为新时代变革的领跑者②。然而,就目前的现实情况而言,这些大学生在整个大学生群体当中仍属于小众,所占的比率并不高,但却是代表未来发展方向并且正在不断壮大的群体。总的说来,当代大学生精神生活的发展态势较为良好,同时也有不断改善的空间。因而,探究影响当代大学生精神生活现状的主要因素,寻求优化当代大学生精神生活现状的有力对策,是当下的主要任务。

---

① 注:这里的精神消费单一化与前面的精神活动内容丰富化并不矛盾。精神活动内容丰富化的趋势是从整体精神生活的发展角度而言,整体精神生活需求多元,精神资源供应多样。而精神消费单一化的特征是从个体精神生活的选择角度来说,个体精神生活偏好突出,精神生活体验深化。

② 参见谢昌逵:《青春奥秘——青年的历史存在与社会角色》,中国发展出版社2017年版。

第三章　当代大学生精神生活的
主要影响因素分析

恩格斯曾针对社会历史发展的规律提出了著名的历史合力理论,他指出:"历史是这样创造的:最终的结果总是从许多单个的意志的相互冲突中产生出来的,而其中每一个意志,又是由于许多特殊的生活条件,才成为它所成为的那样。这样就有无数互相交错的力量,有无数个力的平行四边形,由此就产生出一个合力,即历史结果,而这个结果又可以看作一个作为整体的、不自觉地和不自主地起着作用的力量的产物。"①在恩格斯看来,各种因素相互作用的历史合力是社会发展变化的根源所在,历史是众多因素共同作用的结果。恩格斯的合力理论并不局限于解释历史的发展和变迁,它同样适用于解释大学生精神生活在内外因素协同作用下的发展变化。当代大学生的精神生活状况是内部张力与外部环境共同作用的结果,社会的经济、文化、科技环境与个体的社会支持系统、个性化的人生境遇等因素都在不同程度上影响着当代大学生精神生活的现实状况。

---

① 《马克思恩格斯选集》第 4 卷,人民出版社 2012 年版,第 605 页。

第一节 经济发展为当代大学生精神生活提供现实基础的同时带来个体追求的物质化

马克思主义认为,物质决定意识,经济基础决定上层建筑,物质因素、经济因素对社会发展起着基础性作用。就个体现实生活状况而言,物质生活为个体精神生活的发展变化提供了基础和前提。改革开放以来,社会生产力得到了空前发展,人们的物质生活得到了极大丰富,生活水平得到了显著提高。在本次调查的近1000名大学生当中,8.2%的学生认为自己家庭经济状况良好("很好"或"较好"),68.4%的学生表示家庭经济状况"一般",23.4%的学生表示家庭经济状况"较差"或"很差"。显然,当代大学生出生、成长于改革开放渐入佳境、中国经济发展持续增速的历史阶段,他们评价物质生活、经济水平的标准相比过去已然有了很大提高,即使评价自身家庭经济状况较差,多数也不再是物质上的绝对贫困,而是一种相比于参照人群,尤其是相比于同辈群体的相对贫困。当问及目前最迫切期待改善的生活方面时,16.3%的大学生选择了"解决经济困难"一项,在总计十二个选项当中排名第七,尚未进入当代大学生前50%的现实需要。把当代大学生家庭经济状况从"很差"到"很好"分别赋值1—5分,把精神生活整体评价从"很差"到"很好"分别赋值1—5分。对当代大学生的家庭经济状况与自身精神生活状况整体评价作进一步的相关分析与检验,Gamma系数为0.124,P值低于0.05,当代大学生家庭经济状况与精神生活状况呈正向弱相关。可见,现阶段的大学生家庭经济状况越好,越倾向于对自身目前精神生活做出正面、积极的评价,物质生活水平在一定程度上影响着当代大学生的精神生活状况。对当代大学生物质生活自评与精神生活自评的相关分析在一定程度上反映了物质生活与精神生活的关系。数据结果显示,当代大学生对自身物质生活状况整体评价与对自身精神生活状况整体评价的Gamma系数为0.494,P

值低于 0.001。当代大学生物质生活水平与精神生活水平的自我评价之间存在中等强度的正相关,物质生活自评水平越高,精神生活自评水平也越高。在当前阶段,对于部分大学生而言,物质需要的满足比精神需要的满足更为迫切,物质生活质量的提高相比于精神生活具有优先性,提高物质生活水平对他们精神生活质量的提升具有重要的前提性、基础性作用。或者说,对部分大学生而言,物质需要的满足在一定程度上能够带来精神上的满足感,提高生活的满意程度。

表 3-1:当代大学生家庭经济状况与精神生活状况整体评价的交叉表

		请对你目前的精神生活状况进行整体评价				
		很差	较差	一般	较好	很好
你的家庭经济状况	很差	12.5%	8.3%	37.5%	33.3%	8.3%
	较差	4.8%	15.8%	46.9%	26.8%	5.7%
	一般	1.3%	12.6%	54.0%	28.1%	4.0%
	较好	1.4%	9.9%	40.8%	38.0%	9.9%
	很好	0%	0%	40.0%	40.0%	20.0%

表 3-2:当代大学生物质生活状况整体评价与精神生活状况整体评价的交叉表

		目前精神生活状况的整体评价				
		很差	较差	一般	较好	很好
目前物质生活状况的整体评价	很差	37.5%	0%	43.8%	0%	18.8%
	较差	3.8%	25.6%	44.9%	17.9%	7.7%
	一般	1.5%	14.7%	59.5%	22.4%	1.9%
	较好	1.8%	5.8%	33.3%	52.0%	7.1%
	很好	0%	0%	17.9%	35.7%	46.4%

一、市场经济为当代大学生精神生活的发展提供了坚实的现实基础

人在饥饿时只有一个需要,在吃饱后就会有无数个需要,前者是生存的、物质满足的需要,后者是发展的、精神追求的需要。市场经济的发展,不仅丰富了社会的物质产品,确立了人民的利益主体地位、推动了个体主体精神的发展,而且为大学生精神生活的发展、优化提供了坚实的物质基础。市场经济是以市场调节资源配置的经济发展形式,它以追求和实现利益最大化为基本原则,但社会主义市场经济有其区别于一般的市场经济的特殊性,它在本质上是以服务社会主义建设为目标取向的。一方面,它推动了个体主体精神的发展。市场经济作为西方学者提出的概念,私有财产制度、契约自由、自我负责是公认的三项基本原则。其中,自我负责是最为根本的,否则,也就无所谓财产私有和契约自由的问题。社会主义市场经济条件下,个体在竞争中自主参与、自由发展,每个人既是行为的利益主体,也是行为责任的承担者。这种自我掌控、自我负责的行为表现了个体主体精神的彰显和发扬。主体精神是个体内在的具有独立人格以自主掌握自我命运,外在的具有主观能动性以积极改造客观世界的特性。具有主体精神的人目标明确、精神饱满、斗志昂扬,对己有要求,不懈怠,对事有主见、不盲从,在生活中能够勇排万难、坚持自我。当代大学生成长于市场经济发展的大环境中,面对竞争需要自己积极参与,经受挫败需要自己勇敢面对,机遇垂青需要自己认真准备,风险来临需要自己无畏前行。经过不断磨砺,当代大学生对自我精神生活的发展有了更多的想象和憧憬,其精神生活发展也具有了更大的动力与空间。另一方面,市场经济带来的物质繁荣为精神生活发展提供了物质基础。青年是一个一体两面的存在,既是社会现实的、处于成长阶段的、经济基础的"年轻人",也是理想形象的、实现社会目标的、上层建筑的"青年"。而在成为能够意识到自身历史使命的自觉存在之前,青年首先是作为自然存在的"年轻人",是处于社会边缘的、需要

帮助和照顾的弱势群体。而这种边缘、边际的特征体现在物质生活上,就是物质基础的相对薄弱,缺乏物质购买力和经济自主性。也正是这一点,决定了大学生满足物质需要的优先性。他们面临经济压力、学业压力、就业压力的焦虑情绪,对学分、评优评奖、入党保研的过分关注,在社会兼职、就业实习、社团活动问题上的选择困惑等,一定程度上是他们努力追求物质满足的表征或延伸,即使以精神失衡的方式体现出来,但根源在于物质安全感的缺乏。因此,只有以物质需求上的必要满足为基本前提和现实保障,个体才能更好地去追求精神上的满足和享受。社会主义市场经济的腾飞式发展解决了中国十几亿人口的温饱问题,并为国民生活品质的提高提供了大量的精神资源。在经济全球化背景下,国际交流带来的文化资源丰富、个人视野拓展、生活方式多元,也为个体精神生活的不断丰富和充实创造了条件。此外,以经济实力为主导的综合国力的稳步提升,中国在国际上话语权和影响力的与日俱增,中国人民的民族自信心和自豪感得到了极大提升,这本身既是对中华民族精神大厦的一种构建和型塑,同时也为人民(包括青年大学生)精神生活的发展提供了更广阔的舞台和空间。

二、市场经济下膨胀的物欲带来当代大学生个体追求的物质化

"生活中人们总是有各有各样的物质需要,总是追求更加富裕的物质生活,然而这种对物质生活的追求是否正当和有意义,需要精神生活为其诠释,并激发人们产生更高层次的物质需要,引导人的物质生活超脱狭隘的动物性本能,从而在更深远的意义上有益于人的发展。"① 人的生活总是会受到物质的纠缠和牵绊,这是由人的肉体的自然属性决定的。基本物质资料的满足对个体维持现实生存具有首要意义,但缺乏精神的范导,物欲的过度膨胀也容易带来大学生现实追求的物质化和功利化。市场经济的迅猛发展使人们的物质

---

① 廖小琴、廖小明:《重构人的精神生活》,中央编译出版社 2015 年版,第 78 页。

资料日益富足,物质生活水平稳步提升。然而,丰裕的物质生活并没有有效地转化为充实的精神生活,人们的心理日益浮躁,心灵不断贫乏,精神深陷于物欲的泥潭而不可自拔,甚至有些人发出了"穷得只剩下钱"的奇怪论调。"今天,在我们的周围,存在着一种由不断增长的物、服务和物质财富所构成的惊人的消费和丰盛现象。它构成了人类自然环境中的一种根本变化。恰当地说,富裕的人们不再像过去那样受到人的包围,而是受到物的包围。"①在物的包围下,金钱主义、消费主义、物质主义等思潮和价值观念日益渗透到人们生活的方方面面。而内蕴于物质当中的精神因素,如价值观念、审美取向、道德情操、生活信念等,逐渐被忽视,甚至被不断放逐,精神生活的超越性和批判性在时代性拜物教意识的挤压下日渐式微。而青年作为社会风潮中"嗅觉"最为灵敏、"吸纳"能力最为强大,而辨别能力相对薄弱的群体,往往也是最容易被卷入追逐物质、追逐实用洪流的群体。在访谈中,有32名大学生被问及对自身休闲生活的评价,其中,半数以上的学生(18人)明确表示自己的休闲生活方式单一,4人表示"还可以"或者"一般"。而当问及自己最想改善的生活方面时,优化时间规划、更多时间看书、旅游感受世界、培养兴趣爱好、调整学习状态等,是大部分大学生最迫切的选择。然而,内心的渴望并不一定能在现实生活中得到彻底释放。部分大学生已经感受到了快节奏、高竞争压力、追求实用的生活带来重重焦虑却又无法逃避、无处躲藏的无奈和无所适从,即使内心深处有着对美好精神生活的想象和向往,但回归现实,他们又备感无能为力。今天的社会正在以前所未有的速度运转,人们在物质需要不断得到满足的同时也对物质萌生了更高的期待。现实、实用、看得见的好处成为新的价值标准,功名加身是英雄,穷人逆袭是好汉,一夜致富是传奇。让人津津乐道的,不再是口口相传的德行,而是让人羡慕嫉妒恨、让人感叹"贫穷限制了想象"的财富。衡量个人成功的标准也不再是美德、幸福、价值,取而代之的是房子、

---

① [法]让·鲍德里亚:《消费社会》,刘成富、全志钢译,南京大学出版社2008年版,第1页。

车子、票子等冷冰冰的物质。然而,这些缺乏个性的成功标准使得个体的努力永远没有尽头。当代大学生在心怀梦想的同时却不得不屈服于现实的生存压力,眼盯课业分数、所修学分、获奖证书、职业资格,继续自己追求荣誉、追求机会、追求成就与功名的征途。正如某些学者所言,"在财货和欲望膨胀的物化处境中,人们沉湎和迷失于物质性的追求和享受之中,使其超越的精神性的存在趋于萎缩,结果把人变成了单纯物质性的存在和'单向度的人'",而"当人受制于肉体的直接性需要而成为单纯的物质性存在时,人的生存本性实质上也就被撕裂并处于物化之中"①。

第二节　文化发展丰富当代大学生精神资源的同时引起个体精神价值的多元混乱

个体精神生活的发生、发展都不是孤立的,而是依赖于一定的文化母体。一方面,社会主义文化的大发展大繁荣不仅丰富了个体精神生活的内容,拓展了个体精神生活的发展视野,提高了个体精神生活的内在品质,也为个体精神生活方式的科学化和现代化提供了现实基础。另一方面,文化的多元发展、交融交锋也必定带来价值观念的混乱、精神信仰的迷失,为个体精神生活的发展增加更多的不确定性因素。

一、文化的繁荣提供丰富精神资源的同时加剧了当代大学生的精神迷茫

截至 2020 年上半年,中国共有规模以上文化及相关企业 5.9 万家,较之2016 年约增长 9000 家。"十三五"期间规模以上文化企业营收连续保持 10%以上的年均增长幅度,实现了文化产业 GDP 贡献率的大幅提升——从 2015

---

① 石云霞:《中国特色社会主义改革开放的历史经验研究》,华中科技大学出版社 2008 年版,第 162 页。

年到 2018 年,文化及相关产业的增加值从 2.7 万亿元增长到 4.1 万亿元,增长近 50%①。新冠肺炎疫情期间,云演出、云直播、云录制、云展览、云综艺、云拉歌……大量文化活动搬上"云端"。这种看似无奈的应急之举,其实是文化与技术融合的结果,数字文化产业异军突起、逆势上扬,用丰富优质的线上内容供给,满足人民群众精神文化需求②。文化产业的发展为大学生提供了更多高品质的精神文化产品,极大地丰富了大学生的精神生活资源。但与此同时,文化的多样化也在一定程度上加剧了当代大学生的精神迷茫甚至恐慌。把个体对自身精神生活的整体评价从"很差"到"很好"五等分分别赋值 1—5 分,方差分析结果显示,不同阅读量当代大学生的精神生活评价平均值之间存在一定差异(F=6.694,P<0.001)。从多重检验结果来看,"几乎没有"阅读的大学生精神生活评价均值与其他不同阅读量的大学生均存在显著性差异,所有均值差均为负值。没有阅读习惯的大学生精神生活自我评价低于有阅读习惯的大学生,可见,阅读对大学生的精神感受和精神生活状态具有一定影响。《网民阅读偏好 2015 年度报告》显示,位列网民图书载体偏爱度排行榜首位的是"纸质书","手机阅读"和"电脑屏幕阅读"居于其后。在 29744 人的被调查者当中,有高达 76.7% 的人表示自己关注的图书元素为"内容"③。而字节跳动公共政策研究院发布的《城市光谱——2018 年上半年网民阅读偏好研究报告》通过分析全国 366 个城市移动互联网用户 2018 年上半年在今日头条客户端上的阅读数据,对这些城市的"指尖上的文化"逐一画像。中国人民大学新闻学院执行院长胡百精指出,"基于大数据的平台公司,应该更多提供公共产品,将专业性介入到公共性,将数据产品变成思想产品。以阅读数据切入去关注城市、关注城市中人的生活状态和生命状态,反映社会发展的脉动"④。

---

① 《"十三五"时期 文化产业拉开变革式发展帷幕》,人民网,2020 年 11 月 3 日。
② 《数字文化产业将迎来新一轮大发展——解读〈关于推动数字文化产业高质量发展的意见〉》,中国政府网,2020 年 11 月 3 日。
③ 《网民偏爱纸质书 微信公众号荐书影响力大》,《人民日报》2015 年 11 月 30 日。
④ 《今日头条发布网民阅读偏好数据报告》,新华网,2018 年 11 月 23 日。

可见,文化品质的好坏在一定程度上体现或者影响着阅读者的生活状态。然而,当前的文化市场存在一些投机取巧的现象,某些无良商家奉行所谓的"拿来主义",抄袭拼凑、内容雷同、低水平重复,制造了大量的文化垃圾。经典作品、良心作品稀缺,而没有营养的书籍鱼目混珠,充斥市场。一方面,以经典书籍直接滋养个体的精神生命变得日益困难。另一方面,个体面对多样文化的无从选择也加剧了大学生的精神焦虑。

德裔美国心理学家库尔特·勒温在其著名的场域理论中提出,行为是一个关于个人和环境的函数,其中,个人与环境是相互影响、相互依存的变量,在互动中所涉及的个人和环境因素的总和被称为生活空间。对青少年而言,个体生活空间的快速变动是青春期的重要特征,而正是这种生活空间变动带来活动空间界限的模糊化、不确定性,使青少年遭遇种种精神上的危机,其行为也就具有了不可预见性。在文化多元多样且变动不居的社会生态中,当代大学生的求学、择业、消费、娱乐等都不再只有单一的选择。而在这种自由而多元的选择中,"自我不再如同传统社会的人们那样稳固而单一。真与假、对与错、善与恶这些在传统社会条件下清晰明确的事情,在现代人面前却变得日渐模糊"①,当代大学生也就难免遭受精神迷茫与困惑的痛苦。此外,相比于成人,当代大学生更加追求自身的个性,求新求异的需求更为突出。他们梦想着自我规划、自我设计和自我实现,当他们决定要以自己的方式来追求独特的生活时,自我衡量人生意义、自我承担个性风险也就变得不可避免。他们不得不自己明确追求的目标、选择实现的手段、承受挫败的苦楚,而他人无可分担、无与其间。"于是我们看到了共享的、关系性的概念在精神生活中的逐步淡化,与此相关的是现代精神生活范式中个人内在的孤独感受。"②

---

① 吴玉军:《非确定性与现代人的生存》,人民出版社 2011 年版,第 47 页。
② 陈赟:《现时代的精神生活》,新星出版社 2008 年版,第 16 页。

表3-3:不同阅读量当代大学生精神生活状况整体评价的平均值

	当代大学生精神生活状况的整体评价				F
	N	均值	标准差	标准误	
几乎没有	278	3.01	0.832	0.050	
大约1本	370	3.24	0.778	0.040	
大约2本	196	3.35	0.747	0.053	6.694 ***
大约3本	83	3.35	0.756	0.083	
大约4本及以上	67	3.33	1.050	0.128	

注:*** P<0.001。

表3-4:不同阅读量当代大学生精神生活状况整体评价的多重比较

(I)平均每个月阅读数量	(J)平均每个月阅读数量	均值差(I-J)	标准误	显著性
几乎没有	大约1本	-0.223 *	0.064	0.001
	大约2本	-0.338 *	0.075	0.000
	大约3本	-0.335 *	0.101	0.001
	大约4本及以上	-0.314 *	0.110	0.004
大约1本	几乎没有	0.223 *	0.064	0.001
	大约2本	-0.114	0.071	0.109
	大约3本	-0.112	0.098	0.255
	大约4本及以上	-0.091	0.107	0.398
大约2本	几乎没有	0.338 *	0.075	0.000
	大约1本	0.114	0.071	0.109
	大约3本	0.003	0.106	0.980
	大约4本及以上	0.024	0.114	0.836

（I）平均每个月 阅读数量	（J）平均每个月 阅读数量	均值差（I-J）	标准误	显著性
大约3本	几乎没有	0.335*	0.101	0.001
	大约1本	0.112	0.098	0.255
	大约2本	−0.003	0.106	0.980
	大约4本及以上	0.021	0.132	0.874
大约4本及以上	几乎没有	0.314*	0.110	0.004
	大约1本	0.091	0.107	0.398
	大约2本	−0.024	0.114	0.836
	大约3本	−0.021	0.132	0.874

注：* $P<0.05$。

二、多元文化并存导致当代大学生精神价值的混乱与精神信仰的迷失

在当今中国，前现代、现代、后现代文化的交汇共存，社会主义文化、中国古代传统文化、西方社会传入文化的交锋博弈，主流文化与大众文化、草根文化与精英文化的交融互动，构成了多元格局并存的文化生态。这些不同背景、不同来源，甚至不同立场的文化观念在中国这一时空境遇下相遇，必然带来文化差异性与文化同一性的矛盾和冲突，引起人们价值观念的碰撞。"文化的最深层次是价值观，这是文化的核心"，可以说，文化就是"一个社会中的价值观，是人们对于理想、信念、取向、态度所普遍持有的见解"[1]。在当下多元化的文化生态中，不仅忠君爱国、讲信修睦等中国传统的道德观念与"主观为自己，客观为他人"、"前途、前途，有钱就图"等涌现的"新"观念在紧张较量，而且全心全意为人民服务、"八荣八耻"等社会主义的道德观念与人本主义、自

---

[1]　《袁贵仁自选集》，学习出版社2007年版，第353页。

由主义、相对主义等西方社会思潮也在激烈碰撞。大学生作为社会文化的积极体验者,也势必受到辐射和影响,引起其内心价值观念的冲突和博弈。

目前,中国正处于社会加速转型、全面深化改革的关键期,这既是发展的黄金期,也是矛盾的凸显期。国际思想文化领域斗争深刻复杂,西方国家把我国的发展壮大视为对其价值观念和制度模式的挑战,因而以文化交流的形式对中国青少年进行"再教育","通过跨国界的接触和交往,改变人的道德观念,灌输新的、具有世界性的价值观念和意识形态,使人们用新的'国际性的头脑'代替'民族主义头脑'处理问题时,不会感到惭愧"①,加紧对我国进行思想文化渗透;国内一些错误观点时有出现,有的以"反思改革"为名否定改革开放,有的否定四项基本原则,有的宣扬西方价值观;在一些党员干部中,有的精神空虚,认为共产主义是虚无缥缈的幻想,"不问苍生问鬼神"。有的信念动摇,把配偶子女移民到国外、钱款转存到国外,给自己"留后路"。有的心为物役,信奉金钱至上、名利至上、享乐至上,心里没有敬畏和底线,等等。当社会现实问题以多元文化并存、社会观念混乱、个人观点庞杂的形式体现出来,这毫无疑问会加剧身在其中的大学生的价值混乱,引起个体精神信仰的迷失。方差分析结果显示,不同信仰状态的大学生在对自身精神生活状况的整体评价问题上的差异具有统计学意义($X^2 = 24.004, P < 0.01$)。具体来看,在表示自身有明确信仰的大学生当中,44.1%的人对自我精神生活状况整体评价良好("较好"和"很好"),选择比例高于"说不清楚"自己信仰的同学(33.3%)以及表示"没有"信仰的同学(27.3%)。而在对自身精神生活状态作出消极评价的学生当中,表示有信仰,"说不清楚"信仰和"没有"信仰的大学生在精神生活整体评价差("很差"和"较差")一项上的选择比率递增。可见,有明确信仰支撑的大学生对自身精神生活状况有更高的评价,对自身信仰状况比较模糊的大学生评价次之,而表示自身没有坚定信仰的大学生则更倾

---

① 方立:《美国"文化外交"的主要目标》,《党校科研信息》1991年第4期。

向于对自身精神生活状况作出相对消极的评价。

表 3-5：是否有信仰与目前精神生活状况整体评价的列联表

| | | 请对你目前的精神生活状况进行整体评价 | | | X^2 |
		差	一般	好	
你是否有信仰	有	12.2%	43.7%	44.1%	24.004**
	说不清楚	16.2%	50.5%	33.3%	
	没有	16.4%	56.3%	27.3%	

注：** P<0.01。

三、教育建构精神生活，但其功利化趋向导致当代大学生精神追求物质化

教育是文化的基本范畴，是建构个体精神生活的重要方式。关于教育的起源，学界存在着不同的观点和流派。生物起源论者认为，教育发源于动物界中各类动物的生存本能活动，心理起源论者则认为教育起源于儿童对成人无意识的模仿。这两种观点从不同角度揭示了教育的起源，具有一定的合理性，但都忽视了教育的社会属性。马克思主义认为，教育起源于劳动，起源于劳动过程中社会生产需要和人的发展需要的辩证统一[①]。进行物质资料的生产是人类存在的首要前提，只有通过劳动创造人类维系基本生存的物质资料，人类才能得以延续。最初，劳动工具的制造、劳动技能的掌握、生存经验的传递等，都依靠长辈的口头传授和现场示范，这是教育的最早体现形式。随着社会的发展进步，物质资料越来越丰富，社会分工越来越细，成长中的青少年不再要求过早地参与社会生产、承担社会责任。同时，通过口头传授、现场学习、反复实践以掌握生产技能的方式也不再适应现代工业的发展需要。加上人类知

---

① 柳海民：《教育原理》，东北师范大学出版社 2000 年版，第 40—43 页。

识、经验、技能、文化等精神文明的积累和传递,个体了解社会规范、学习社会
礼仪、掌握生产知识、习得人际技能等以适应社会生活,这些方面的变化和要
求推动社会组织专门的机构对即将步入社会的青少年进行整体的、系统的传
习,现代教育正式产生。从教育的缘起和发展历程不难看出,教育是对人的积
极引导和有力促进。人的一切活动都是在意识支配下产生的有目的的行为,
不同于环境对人的复杂多维、性质双重的影响,教育是有目的、有计划地构建
人的精神生活、促进人的精神成长、优化人的精神存在的社会实践活动。涂尔
干认为,"教育在于使年轻一代系统地社会化","塑造社会我,这就是教育的
目的"①。通过系统的知识传授、丰富的社会实践、隐性的文化熏染、教师的身
教示范等方式,个体逐渐树立主流的价值观念和信仰体系、掌握基本的道德规
则与法律规范、培养健康的社会心态和生活方式,并不断拓展自身视野、提高
生活旨趣、适应社会需要。教育水平的差异带来个人见识和体验的差异,因而
也会导致个体精神生活方式和精神生活内容有所区别。在访谈中,当问及哪
些因素导致个体精神生活存在差异时,有学生提到教育的因素,他表示,"一
个是上过大学,受过高等教育的人,一个是初中毕业就去打工的中学生,他们
的精神生活肯定不一样。因为教育水平的差异,他们所了解的东西不一样,对
自己生活的定义也不同。受教育更多,你的精神生活方式会更加多元,个人的
精神生活状态也不一样"(19822)。

　　一般意义上,教育对个体的精神生活起着积极、正面的构建作用,但教育
的日益实用化、功利化,也在一定程度上导致当代大学生精神生活的贫乏和物
质化倾向。朱光潜先生曾指出,"教育必以发展全人为宗旨,德育、智育、美
育、群育、体育五项应同时注重",并针对当下教育状况批判到,"德育在一般
学校等于具文,师生的精力都集中于上课,专图授受知识,对于做人的道理全

---

　　① [法]埃米尔·涂尔干:《教育及其性质与作用》,转引自张人杰主编:《国外教育社会学
基本文选》,华东师范大学出版社1989年版,第9页。

不讲究。优秀青年感觉到这方面的缺乏而彷徨,顽劣青年则放纵恣肆,毫无拘束"①。目前,部分高校的教育直接窄化为知识教育,强调知识点的掌握、考试技能的习得和足够学分的获得,教育在教学中的抽离,使学校教育培养了一些"有学位无品位"、"有知识无道德"、"有文化无良知"的所谓"人才"。他们有足够的知识,但是冷漠旁观、欺骗他人、危害社会,甚至夺取他人性命,精神贫乏甚至出现病理症状。此外,在市场经济的大浪潮中,实用、功利的思想渗透到教育理念当中,间接加剧了学生价值观念的物化及精神贫乏。个体的生命形态应该是个性化、千差万别的,然而社会及学生家长对"成才观"的痴狂,使孩子从一出生就迈上了"优秀"、"成才"的竞争起跑线。他们的成长成才,被定点为清华、北大,被定向为官员、老板。家长在乎的是孩子的考试成绩、学习排名、特长热门、就业前景,而忽略孩子的道德养成、德性培养、人格健全、个性发展,孩子在全家期待的重压下精神扭曲地疯长。而学校模式化、实用化的教育,致使"养成学问家之人格"的殿堂异化成了"养成就职者之资格"的场所,多少具有生命冲动的青春少年被训练成了目光短浅的功利主义者。在这样的现实环境与教育影响下,大学生过多地为现实所牵绊,终日为了生存竞争而忙忙碌碌,被困于名缰,被缚于利索。渗透在教育之中的物化的价值观念,日复一日地冲刷着大学生精神世界的理想主义色彩,使他们冷落了对生命存在价值与意义的探寻,淡漠了对精神愉悦与幸福的追求,从而加剧了精神生活的失衡、失序。

第三节 现代科技助力人的现代生存与发展的同时导致当代大学生精神生活的异化

在人类历史进程中,似乎没有其他力量比科学技术在社会的重大变革、社

① 朱光潜:《谈修养》,中国青年出版社 2013 年版,第 31 页。

会生活的巨大变化中扮演更为重要的角色了。科学技术是第一生产力,是推动经济增长的决定性力量,也是推动社会生活(包括精神生活)变革的主要力量。

一、现代科技的发展优化人的生存方式,但当代大学生的主体性逐渐丧失

人的未完成性以及发展的有限性带来的不安全感促使人通过自身的理性以寻求后天的弥补,人类通过致力于科学技术的发展,通过发明、创造、改进各种工具来"延长"手臂、"增强"体力,以弥补自身的先天不足,提高在大自然中的生存能力。在给人的日常生活增加现代工具的同时,科学技术的发展还有效延伸了人的生存空间,重组了人的关系网络与联结方式,改变了人的生存方式和思维方式。可以说,它为人类的生存发展打造了一片全新的天地。人们尽情地消费着高科技产品,感受着人以技术掌控世界的自信和自豪感,并且在消费过程中表达着自我喜好,张扬着自我个性,展示着自我认同。然而,正如马克思所言,"技术的胜利,似乎是以道德的败坏为代价换来的。随着人类愈益控制自然,个人却似乎愈益成为别人的奴隶或自身的卑劣行为的奴隶。甚至科学的纯洁光辉仿佛也只能在愚昧无知的黑暗背景上闪耀。我们的一切发明和进步,似乎结果是使物质力量成为有智慧的生命,而人的生命则化为愚钝的物质力量"①。人们对科技的无限推崇,不可避免的带来了工具理性、科技理性对价值理性和人文精神的僭越,科技似乎具有了上帝的力量,成为无所不能、无所不知的"科技神",并把人异化为技术的附庸。"原本由人类替代上帝的中心位置,现在由科技理性占据了,而人类却沦为科技力量奴役下的仆人。原本作为人类的手段和工具的科技理性,转眼之间把人类变成了科技的手段和工具。原本是科技理性所服务的最高目的的人类,现在却把科技理性当成

---

① 《马克思恩格斯选集》第1卷,人民出版社2012年版,第776页。

了自己所要追求的目的。"①当代大学生热衷于个性、时尚和科技,是追逐和享用高科技产品的主体人群。他们有些将自我归类为科技爱好者和技术发烧友,痴迷其中而忘乎其他,有些愿意为了获得自己倾心的物品而节衣缩食,甚至不惜伤害自己的身体、与反对自己行为的父母反目。近几年网络上出现的大学生为了更换最新科技产品而频陷校园贷甚至"裸贷"的报道就是证明。一方面,当代大学生对某些产品的盲目崇拜与追求实质上是个人价值观念物质化的体现。科技是人类理性思维的产物,是人类创造物质财富的工具,它追求的是物质需要的优先性甚至是唯一性,因而不可能为人的生存发展提供终极依托。大学生所钟情和消费的科学技术并不能持续性的丰富个体精神生活,相反,它可能反过来成为支配个体的力量,使人变得同商品、机器一般,丧失了目的而成为工具。另一方面,当代大学生在追逐科技以彰显自身主体性和个性的过程中却丧失了自己的主体性和个性。当前的社会处于一个技术至上的时代、一个批量生产的工业时代、一个工程师的时代,个体自认为的自主、个性、时尚的消费,不过是他人有目的地规划和制造的结果,甚至通过"看什么、听什么、用什么,就成为什么样的人"的方式,个体的主体性和个性早已被剥夺和泯灭殆尽。

二、互联网络在拓展当代大学生精神生活场域的同时导致其精神生活异化

科学技术为现代生活带来的变化可谓翻天覆地,而现代科技中互联网对个体生活的冲击更是有目共睹。第 46 次《中国互联网络发展状况统计报告》显示,截至 2020 年 6 月,我国网民规模达 9.40 亿,互联网普及率达 67.0%,手机网民规模达 9.32 亿,网民使用手机上网的比例达 99.2%②。尤其是手机应

---

① 黄纬华:《人类精神趋向》,大象出版社 2013 年版,第 68 页。
② 《CNNIC 发布第 46 次〈中国互联网络发展状况统计报告〉》,中华人民共和国中央人民政府网,2020 年 11 月 1 日。

用软件(App)的爆发式增长,网络空间成为网民购物、娱乐、社交、学习的重要场域。然而,互联网带来的远远不止是虚拟化网络世界对物理空间的替代,更多的是对人的生存和发展方式的重组。对此,郑永廷教授指出,"互联网的最大成功不在于技术层面,而在于对人的发展的影响。它重组了人的思维方式和行为方式,丰富了人的精神生活和情感生活,无论我们是抱着抗争还是接受的态度,它引起人的生存与发展场域的分化与融合是一个不争的客观存在"[①]。在本次调查中,有84.3%的大学生认为网络对自己而言主要是"休闲娱乐工具",66.6%的学生认为网络是"学习工具",另外,分别有52.5%和51.8%的学生认为网络对于自己是"生活帮手"(网购等)和"通信工具"。在994名被调查者当中,仅8.4%的大学生每天上网时间在1小时以内,其余22.9%和30.8%的分别每天上网1—2小时和2—3小时,37.9%的每天上网时间在3小时以上(3—4小时或4小时以上)。社会信息化程度的提高、移动通信与互联网的结合、智能手机的普及等使手机成为当代大学生的"标配","一机在手,天长地久;机不在手,魂都没有"甚至成为他们对人机关系与状态的勾画。有调查显示,69.9%(总计4315个有效样本)的大学生表示自己"每天都会用手机上网",学生在访谈中多次提到"老师上课的质量决定我每个月的手机流量",越来越多的大学生感受到身边的"手机控"、"低头族"无处不在,他们在食堂打饭、等公交、坐地铁、蹲厕所时都会玩手机,似乎"少了手机,就感觉生活缺点什么"[②]。他们以微信、qq来维系关系、传达信息,在朋友圈、微博、空间中倾泻情绪、记录生活,通过游戏、直播、短视频来消遣时间、寻求归属,网络已经贯穿当代大学生娱乐、学习、消费、通信等生活的方方面面,成为当代大学生塑造自我、获得认同,并建构精神生活的重要方式。一方面,网络为丰富当代大学生精神生活的内容提供了大量资源。在网络上下载国内外最新研究资料拓展专业视野,

---

① 郑永廷:《郑永廷文集》,中山大学出版社2013年版,第180页。
② 万美容、曾兰、胡咚:《多元 矛盾 务实 自我——"90后"大学生思想行为突出特点的实证研究》,《德育研究》(第二辑),中山大学出版社2014年版,第208页。

通过网络公开课聆听世界名校不同名师的精品课程增长见识,观看各类影视作品了解不同阶层人的生活方式并增加自我生活情趣,网络通过资源的现成供应与获取途径的便利链接,极大地拓展了大学生的精神成长空间。另一方面,网络优化了当代大学生的精神生活方式。有大学生在访谈中提到,网络是自己日常生活中不可或缺的,听音乐以调节心情、舒缓压力,逛论坛以拓展视野、增长见闻,看美剧以学习口语、了解时尚,等等。当问及心理压力很大时的应对方式,40.2%的大学生选择"通过写日志,发微博、微信来抒发情绪",成为众多选项中仅次于向亲密他人倾诉和自我积极转移的重要方式。正是依托于网络,当代大学生的学习求知和精神创作变得更为前沿和便利,精神交往即时化和全球化、精神消费移动化和国际化的空间也得以大大拓展。

然而,网络在建构当代大学生精神生活,丰富其生活内容、优化其生活方式的同时,也带来了个体精神生活的异化。"异化"作为哲学理论中的重要概念,指的是由主体产生的客体总是作为主体的对立面,成为一种外在的力量而反对主体本身,或者说是被创造者对创造者的排斥和危害。或者说,人类自觉的、有用的活动的结果总是超出人的预料和控制,成为凌驾于人类社会生活之上的敌对力量[1]。网络作为人的创造物,正与人相分离,甚至变成人的对立面,成为异己的力量反过来支配和奴役人及其精神生活。网络对当代大学生日常生活的全面渗透,使其作为人的本质力量在一定程度上被压抑、被扭曲,甚至被否定,"异化"成为信息化时代大学生精神生活的现实困境。前面提到,上网已经成为当代大学生日常生活中不可或缺的部分,手机上网更是成为九成以上学生每天的"必修课"。那么,钟情于网络的他们,是否就能获得心理上的真正安宁和精神上的持久愉悦呢?显然不是。方差分析结果显示,上网时间在1小时以内的大学生相比更长上网时间的大学生而言,其精神生活整体评价的均值最高,而上网在4小时以上的学生的精神生活整体评价均值

① 钟明华、李萍等:《马克思主义人学视域中的现代人生问题》,人民出版社2006年版,第22页。

最低。上网时间越长,个体精神生活整体评价的均分呈递减趋势。进一步的多重比较分析(LSD 检验)发现,上网 1 小时以内的学生精神生活整体评价高于其他学生,均值差异具有统计学意义,并且延长上网时间并不能带来精神生活质量的正向、同比提升。当大学生深陷网络不可自拔,个体的主体性、能动性和批判性丧失。曾有人画了一组对比漫画,其中一幅是描绘人与手机的关系在想象中和在现实中的强烈反差。在想象中,人命令手机接收短信、播放新闻、交通导航、发布照片,手机唯唯诺诺唯命是从。而在现实中,却是手机颐指气使地命令人充电、找 Wi-Fi、看消息、摇红包,而人在手机面前跪地从命。看此漫画,大学生纷纷表示全部躺枪,感叹自己不知不觉已成为真正的"屏奴"。正是与手机捆绑、被手机奴役,当代大学生逐步陷入精神生活物质化、依赖化和虚空化的境况。首先,网络的全面覆盖、手机 App 的日益普及,加上"互联网+"的强势来袭,终端加网络的组合让当代大学生足不出户的轻松搞定一切。大学生目睹并体验了信息化带来的生活便利,感受到了物质(科技、信息等)所蕴含的巨大能量。而这种可视化的能量,难免会激发大学生对物质的崇拜和追逐。其次,网络信息的即时性以及对物理空间的超越,使大学生能轻而易举地与千里之外的人以"人—机—人"的形式实现对接。但这种网络的联结给原子化社会下孤独的个体一种虚拟的主体感和归属感,使大学生在心理需要的有效满足中加深对网络载体的依赖。有学生调侃道,手机已经成为出门必带物品之首,出门先摸口袋,忘带手机坐立不安,停下脚步先找 Wi-Fi,电量不足焦虑不已。害怕错过通知,害怕错过电话,害怕错过新闻,害怕失去联结使自我成为孤独的精神流浪者。最后,网络把整体性的人"简化为符号的存在,而作为有血有肉有感情的活生生的个体及其主体文化特征"却被忽略了。"人被抽象为一系列数字、符号,具有'生成性'、'发展性'、'矛盾性'特点的活生生的人,成为毫无生气和没有价值的包含数字与符号的替代物"①。在信息、数字、

---

① 郑永廷、罗姗:《中国精神生活发展与规律研究》,中山大学出版社 2012 年版,第 186 页。

符号的包围下,大学生逐渐丧失了理性的思考、价值的追问和意义的寻求,精神生活也逐渐失却了现实的鲜活感和历史的厚重感,人成为一个虚空的存在。

表3-6:不同上网时间当代大学生的精神生活状况整体评价

		当代大学生的精神生活状况整体评价			
		N	均值	标准差	标准误
每天的上网时间	1 小时以内	83	3.54	0.786	0.086
	1—2 小时	228	3.34	0.799	0.053
	2—3 小时	306	3.14	0.795	0.045
	3—4 小时	182	3.23	0.802	0.059
	4 小时以上	195	3.03	0.834	0.060

表3-7:不同上网时间学生的精神生活状况整体评价均值的多重比较

(I)你每天的上网时间是	(J)你每天的上网时间是	均值差(I-J)	标准误	显著性
1 小时以内	1—2 小时	0.204*	0.103	0.048
	2—3 小时	0.402*	0.100	0.000
	3—4 小时	0.311*	0.107	0.004
	4 小时以上	0.517*	0.105	0.000
1—2 小时	1 小时以内	-0.204*	0.103	0.048
	2—3 小时	0.197*	0.070	0.005
	3—4 小时	0.107	0.080	0.181
	4 小时以上	0.312*	0.078	0.000
2—3 小时	1 小时以内	-0.402*	0.100	0.000
	1—2 小时	-0.197*	0.070	0.005
	3—4 小时	-0.090	0.075	0.231
	4 小时以上	0.115	0.074	0.119

(I)你每天的 上网时间是	(J)你每天的 上网时间是	均值差(I-J)	标准误	显著性
3—4 小时	1 小时以内	−0.311*	0.107	0.004
	1—2 小时	−0.107	0.080	0.181
	2—3 小时	0.090	0.075	0.231
	4 小时以上	0.205*	0.083	0.014
4 小时以上	1 小时以内	−0.517*	0.105	0.000
	1—2 小时	−0.312*	0.078	0.000
	2—3 小时	−0.115	0.074	0.119
	3—4 小时	−0.205*	0.083	0.014

注:* P<0.05。

第四节　社会支持是当代大学生精神生活的外在支撑,"重要他人"发挥不确定性影响

社会关系网和人际交往圈对个体现实生活的客观变化和主观体验都有一定的影响,而这种影响在个体具有显著主观特征和情感色彩的精神生活上尤为明显。

一、社会支持网络影响当代大学生精神生活的整体水平

如前所示,当代大学生的心理压力应对方式多元,且以积极、自主的方式为主。其中,"向朋友、同学倾诉"是他们的首要选择,有68.7%的学生选择向同辈群体寻求帮助与支持。除了通过看书、运动转移或写日志等抒发情绪的积极方式外,31.2%的大学生会选择"闷在心里,自己承受"。在有明确求助对象的选项中,28.4%的大学生选择"向父母倾诉",父母的重要性在该问题上远远落后于朋友、同学等同辈群体。此外,仅2.5%的学生选择"向老师、辅

导员寻求帮助",相比于朋友和父母,老师在学生主动求助以获得压力排解上的作用力更是微乎其微。

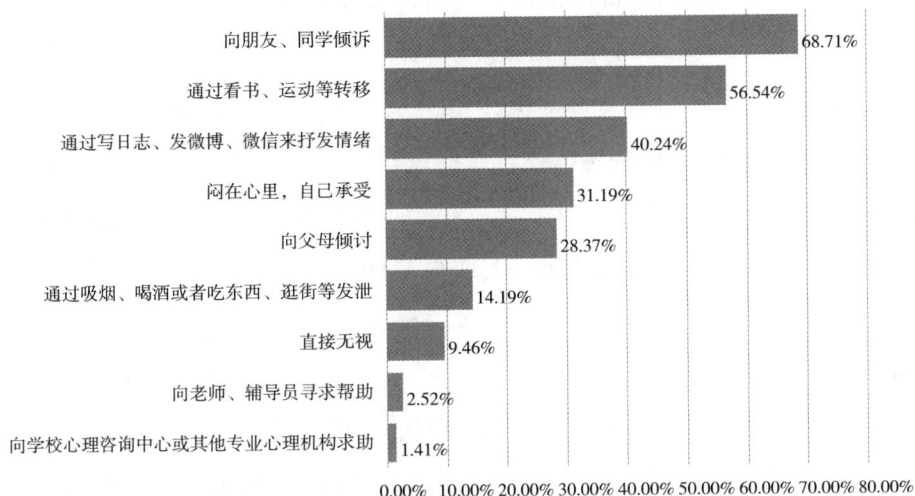

图 3-1:当代大学生的心理压力应对方式

表 3-8:不同社会支持系统当代大学生的精神生活整体评价差异

			目前精神生活状况的整体评价			X^2
			差	一般	好	
当感觉到心理压力很大时的应对方式是	向父母倾诉	是(N=282)	8.5%	52.1%	39.4%	17.356**
		否(N=712)	17.8%	50.6%	31.6%	
	向朋友、同学倾诉	是(N=683)	12.3%	52.7%	35.0%	19.891**
		否(N=311)	21.5%	47.3%	31.2%	
	向老师、辅导员寻求帮助	是(N=25)	4.0%	48.0%	48.0%	5.784
		否(N=969)	15.5%	51.1%	33.4%	
	闷在心里,自己承受	是(N=310)	25.1%	53.9%	21.0%	54.790***
		否(N=684)	10.7%	49.7%	39.6%	

注:** P<0.05,*** P<0.001。

　　进一步分析发现,当代大学生对自我精神生活状况的整体评价在个体心理压力巨大时是否寻求社会支持,以及寻求何种对象支持的问题上都存在显著性差异。具体来看,在心理压力较大时选择"闷在心里,自己承受"的大学生当中,有21.0%的认为自己精神生活状况良好或很好,而不会闷在心里的大学生当中有39.6%的精神生活良好或很好,高出18.6%的比率,两者的差异有显著性($X^2 = 54.790, P<0.001$)。在有明确求助对象的选项中,39.4%的"向父母倾诉"的同学精神生活评价良好或很好,52.1%的评价一般,分别高出不向父母倾诉的同学7.8%和1.5%。而不会向父母倾诉的同学中,有17.8%的认为自己精神生活状况较差或很差,选择比率高于会向父母倾诉的同学,两者差异具有统计学意义($X^2 = 17.356, P<0.01$)。选择"向朋友、同学倾诉"的同学当中,分别有35.0%和52.7%的认为自己精神生活状态好和一般,选择比率均高于不会向朋友、同学倾诉的学生。反过来,在未选择"向朋友、同学倾诉"一项的同学当中,21.5%的对自己精神生活状况评价较差或很差,选择比例高于选择此项的同学,两者差异同样具有统计学意义($X^2 = 19.891, P<0.01$)。此外,选择"向老师、辅导员寻求帮助"的学生当中,48.0%的自我精神生活状态评价良好或很好,48.0%的评价一般,仅4.0%的评价较差或很差。可见,有着积极社会支持的当代大学生对自己精神生活整体状况有更多的正面评价,在当代大学生心理压力排解的问题上,同学、朋友的重要性高于父母和老师,而老师、辅导员相对来说是当代大学生最不愿意或者最少求助的对象。

社会支持网络越强大,当代大学生越能应对外在风险与挑战,适应社会生活的多种需要。当代大学生的社会支持按性质可分为感知的支持和实际的支持两类。在主观感受上,社会支持是大学生在社会互动过程中所感知到的一种人际间的紧密联结与亲密关系,包括个体所感受到的被支持、被理解、受尊重、受鼓舞的体验等,是主观、情感上的社会支持。它对个体而言具有缓解精神紧张、激发精神动力、提高社会适应能力的积极影响。在客观事实上,社会支持是大学生获得他人扶持与帮助的社会行为及其过程,包括物质上的援助、重要信息的提供、发展机会的创造等,是客观、可见的社会支持。社会学家林南从形式上把社会支持分为工具性支持和表达性支持两类。"工具性支持是运用人际关系作为手段以达到某种目标",而"表达性支持本身既是手段也是目的,它涉及分享感受、发泄情绪和挫折,寻求对问题或意义的了解、肯定自己和他人的价值与尊严等"①。在当代大学生精神生活的发展过程中,个体的社会支持起着重要作用。在访谈中,多数学生提及"闺蜜"、"好朋友"、"好基友"等"知心朋友"概念,提及"与父母聊天"、"父亲是偶像"、"父亲的阅读习惯影响了我"等"亲子关系"概念,也有少数学生提及"老师对我影响很大"、"与辅导员关系很好"等"师生关系"概念。这些对他们而言"很重要"的他者,构成了当代大学生主要的社会支持网络,也成为提升大学生精神生活质量的重要因素。然而,大学生感知的社会支持与实际的社会支持并不必然一致,不管是对父母、对朋友还是对老师,个体所期待的支持越高,越容易在主观感受上对客观支持作出低于实际的评价。并且,就大学生精神生活的发展而言,个体感受、体验到的社会支持比客观实际的社会支持更有意义。因为只有切实感受到这种情感支持和精神支撑,个体才会有真正意义上的心理触动和精神发展。

二、父母、同辈群体、教师等重要他人密切影响当代大学生的精神成长

　　父母是个体成长中初级群体②的重要组成部分,也是影响大学生精神发展和精神生活现状的重要他人。"重要他人"(significant others)是美国精神病学家哈利·沙利文提出的,是指对个体自我发展和社会化具有重要影响的

----

① 沈光辉:《社会工作概论》,中国社会出版社 2014 年版,第 69 页。
② "初级群体"最早由美国社会学家库利在《社会组织》(1909)一书中提出,是指具有面对面的亲密交往、温暖的情感、紧密的合作等特征,在个体形成其社会性(早期社会化)中起初始作用的群体,也称首属群体。

人和群体。这些人既可以是父母、老师、其他长辈、朋友等，也可以是萍水相逢的路人，或者是素未谋面的偶像，但都对个体的生活态度、价值观念、思维方式、行为习惯等有着重大影响。在沙利文看来，个体需求的满足和发展任务的完成都需要一系列的两人关系。"重要他人对个体的幸福感产生影响，在此基础上，作为人格一部分的自我系统就产生了。"①缺少重要他人，自我系统就无从发展，人格也就不复存在。也正是在与重要他人的关系中，个体的人际焦虑得以缓和，个体经验得以积累，人格得以发展。作为个体早期社会化最为重要的力量，父母主要通过家庭氛围、教养方式、亲子关系等方式，在大学生的人格形成、价值养成、审美需求、幸福体验中发挥特殊作用。美国心理学家西蒙兹提出了父母的4种教养态度：接受的、拒绝的、支配的、服从的，并指出孩子会表现出与之相对应的4种行为方式：情绪稳定、富有同情心的，冷漠而具有逆反性的，被动顺从、依赖性强的，以及独立性、攻击性强的②。这种差异在本次调查中也得到了证实。数据结果显示，父母的教养方式不同，当代大学生精神生活的整体评价也会有所区别，并且这种差异具有统计学意义（$X^2 = 23.914$，$P<0.05$）。认为父母是"有约束有控制，也有倾听"的权威型教养方式的大学生对自己精神生活作出正面、积极评价的比率（37.5%的"较好"或"很好"）高于放任型（31.7%）和专制型（14.3%）的学生。其中，认为父母是"要求严格，无条件服从"的专制型教养方式的大学生分别有64.3%和21.4%的认为自己精神生活状况"一般"和"较差"，精神生活的自我评价差于其他教养方式的学生。亲子关系对大学生精神感受和精神生活水平的影响在访谈中也得到了体现。亲子之间日常联系比较频繁的大学生幸福感较强，从父母处获得的情感支持和精神支撑使之能够更加从容地应对生活中的困难和挑战。而部分亲子关系相对疏远的大学生心理感受相对孤寂，父母在学生生活中的影响日趋式微。

---

① ［美］贝姆·艾伦：《人格理论——发展、成长与多样性》（第5版），陈英敏等译，上海教育出版社2011年版，第124页。

② 金国华：《青年学》，中国青年出版社1999年版，第173页。

表 3-9：父母的教养方式与精神生活状况整体评价的交叉表

		对目前精神生活状况的整体评价					X^2
		很差	较差	一般	较好	很好	
父母对你的教养方式倾向于	放任型：很少干涉和约束，很少管	3.7%	15.7%	48.9%	26.6%	5.1%	23.914*
	专制型：要求严格，无条件服从	0%	21.4%	64.3%	14.3%	0%	
	权威型：有约束有控制，也会倾听	0.8%	11.0%	50.7%	32.1%	5.4%	

注：* $P < 0.05$。

发展心理学的研究表明，个体的重要他人并不是一成不变的。随着人生经验的增加和社会化水平的提高，父母对孩子无可替代的影响会逐渐弱化。到了大学阶段，老师和同辈群体在大学生精神生活的发展优化中发挥更重要作用，尤其是同辈群体，甚至超过父母成为大学生精神成长的首要影响源。"由于作为制度权威的家长和教师都是成人，家庭与学校从根本上来说是成人取向占支配地位的规范性世界，加上亲子关系与师生关系说到底是不平等关系"，因而学生在受到伤害时便从同伴中寻求支持。[1] 按照不同标准，青年群体可以分为不同类别，比如我群体与他群体、假设群体与实际群体、正式群体与非正式群体等。"同辈群体是由地位大体相同的人组成的关系密切的群体，他们的成员一般在家庭背景、年龄、爱好等方面比较接近。他们时常聚在一起，彼此间有很大的影响。"[2]一方面，有研究结果显示，青少年与同辈群体交往的时间远远超过与父母交往的时间，同辈群体是影响其思想观念和行为方式的重要因素。另一方面，群体内部的价值标准与行为准则虽然不成文，但对群体成员的言行举止具有约束作用。一旦被内化，将改变群体成员的自我认知与表现。通过群体规范、群体内聚、群体依赖等方式，同辈群体在当代大学生的精神成长过程中发挥着明确自我定位、调适情绪波动、满足心理需求、

---

[1]　吴康宁：《教育社会学》，人民教育出版社 1998 年版，第 229 页。

[2]　鲁洁：《教育社会学》，人民教育出版社 2001 年版，第 592 页。

激发精神动力、提供情感归属等作用。此外,在当代大学生的同辈群体当中,不管是兴趣爱好相近的志趣型,还是学习步调一致的求知型,不管是情感共鸣的知己型,还是精神相通的伙伴型,一般会存在因个人学识、阅历、才华和品德等因素而获得普遍认可和广泛信服的核心人物,他们在群体中扮演着情绪领袖或意见领袖的角色,发挥着示范和引领作用。在访谈中有学生表示,学生会主席是一个兴趣爱好广泛、学习成绩优异、人长得帅气的男生,在学生当中很有威望,尤其是在女生当中很有号召力。还有学生表示,自己很佩服一位思维能力和动手能力强,综合素质高的学长,看到自己欣赏的人会让自己想要变得更为优秀。可见,这种领袖和榜样的形象往往直观、生动而鲜明,并富有感染力和激励性,对当代大学生精神生活发展的积极影响明显而直接。

相比于父母以及同学、朋友等同辈群体,教师在当代大学生心目中的地位略显低微。在心理压力巨大时,仅少数学生会选择求助于老师;在最重要的人际对象排序中,教师很少跻身前三;在问及教师对个体精神生活的影响时,多数学生表示老师的影响较小……难道教师在大学生精神生活的发展中无足轻重吗? 显然不是。一方面,如前所述,社会支持有感知的支持与实际的支持之分。在部分学生看来,老师的付出都是理所当然,学生对老师所提供的支持有越高的预期,对实际支持的感受水平就越低。另一方面,教育是一项长期的、对学生精神成长起潜移默化作用的工程,无法进行物质化、数量化的衡量,短期内也无法显示其成效,因而容易被轻视。实际上,教师这一重要他人因其角色的特殊性在大学生精神生活的发展、优化中扮演着重要角色。在涂尔干看来,教育在本质上是一种权威性活动,教师的权威首先来源于社会,他们是时代和国家道德观念的解释者;其次,教师的权威源自自身的人格力量,他们必须具有坚强的意志和权威感的道德权威。一方面,大学的各种学术研究和教学活动都是真理的展现,都是帮助生命成长①。教师是学生的传道授业解惑

---

① [德]卡尔·雅斯贝尔斯:《什么是教育》,邹进译,生活·读书·新知三联书店 1991 年版,第 149 页。

者,通过知识传授和技能培养,教师不仅给予学生丰富的精神食粮,还传授学生进行求知和创造的工具,不仅丰富学生当下的精神世界,还培养学生自觉构建精神世界、自主追求精神境界的意识和能力。教师不仅在课堂上用博学和激情感染学生,激发学生思想的碰撞,也通过课余勤奋和严谨的治学态度感染学生,带动学生对知识的追求。另一方面,教师是学生的人生朋友、心灵导师,通过日常生活实践感染学生。"教师作为一个领导者,依靠的不是其职位,而是其广博、深刻的知识和成熟的经验。"①相比于职业威望和知识权威带来的影响力,教师本人的非权力影响力更能真正触动、感染和影响学生,促进大学生的精神成人。

第五节　人格发展、社会地位和个性化生活经历加剧当代大学生精神生活的差异

大学生个体区别于他人,以及大学生群体区别于其他群体的特征,使不同年代大学生的精神生活存在一定的差异。在访谈中,当问及哪些因素影响自身精神生活状况以及带来不同个体之间精神生活的差异时,不少大学生都提及了个人原因,比如"个人心态"、"生活中的经历和遭遇"、"教育水平"、"个人见识"等。精神生活的发展变化依赖个体基于自身成长阶段和生活经历而进行的体验、感悟、反思和自觉优化,生活体验和精神追求越不同,精神生活的个性差异也就越突出。

一、青春期的自我认同危机加剧当代大学生精神成长的复杂性

调查结果显示,在是否"经常思考自己生活的意义",是否"经常回顾或规划自己的生活"等问题上作出不同选择的当代大学生对自我精神生活状况的

---

① ［美］约翰·杜威:《我们怎样思维·经验与教育》,姜文闵译,人民教育出版社2005年版,第223页。

整体评价存在差异,并且这种差异具有统计学意义。具体来说,分别有
49.4%和35.7%的经常思考("完全符合"选项)和偶尔思考("基本符合"选
项)自己生活意义的大学生对自己精神生活的整体评价良好("较好"和"很
好",下同),选择比率高于很少思考或不思考的学生($X^2 = 57.303, P<0.001$)。
分别有59.8%和39.3%的经常规划("完全符合"选项)和偶尔规划("基本符
合"选项)自己生活的大学生对自己精神生活的整体评价良好,选择比率高于
很少规划或不规划的学生($X^2 = 150.320, P<0.001$)。而对自己是否经常思考
生活意义或规划未来生活持"说不清楚"态度的大学生,有超过60.0%的人对
自身精神生活状况评价为"一般"。总的来说,对自己的认知越清晰,对自我
生活的反思越深入,个体精神生活的感受也就越深刻,精神生活质量评价也就
越客观。

表3-10:当代大学生是否思考生活意义、是否规划生活与精神生活自评的交叉分析

| | | 对你目前精神生活状况的整体评价 | | | X^2 |
		差	一般	好	
经常思考自己生活的意义	很不符合	37.5%	50.0%	12.5%	57.303***
	不太符合	15.4%	51.9%	32.7%	
	说不清楚	14.8%	61.9%	23.3%	
	基本符合	16.3%	48.0%	35.7%	
	完全符合	10.2%	40.4%	49.4%	
经常回顾或规划自己的生活	很不符合	52.7%	31.6%	15.7%	150.320***
	不太符合	26.8%	50.3%	22.9%	
	说不清楚	15.8%	64.0%	20.2%	
	基本符合	10.3%	50.4%	39.3%	
	完全符合	11.1%	29.1%	59.8%	

注: *** P<0.001。

美国心理学家埃里克森认为,个体的社会心理发展要经过八个阶段,每一

个阶段需要完成特殊的任务才能实现人格的健康发展。而"同一性"是青春期的社会心理任务,是"青春期自我的最重要的成就"①。青年人必须面对不同对象扮演不同的角色,并在这种混乱、多元的危机中获得同一性和一致感,成为自己。这个危机的解决,使个体形成自我认同感,明白自己是谁,并懂得接受和欣赏自己。否则,个体会感到自己是混乱、变化不定的,不知道自己是谁而导致缺乏稳定、核心的自我形象。在埃里克森看来,青春期的同一性旨在实现个体从童年阶段积累起来的关于自身的各种意向,达到理想自我的现实化。"如果说自我理想的意向是为自身描述了一套为之奋斗却永远不能达到的理想目标,自我同一性的特征则可说在现实社会范围内确实达到了的但却永远需要修正的一种自身的现实感。"②然而,随着自我意识的发展和活跃,大学生把更多的注意力聚焦于自身行为,并在把握周遭环境和理解他人的过程中努力确认自我。而现实生活中传统权威的式微,价值参照的失落,导致大学生的孤独感和不安全感加深,在精神上陷入焦虑无着的状态。此外,在当前开放、多元的社会环境下,当代大学生的生存生态更为复杂、多变,不得不选择、面临风险也被迫选择的现实境遇,让选择的自由成为大学生无法摆脱的重负。"愈是向着任何一种不确定性开放自身,自由就愈是一项无方向的任务,这样,它引起的就不再仅仅是解脱的欢欣,还有失去了方向的恐惧。"③当个人主义冲击集体主义,个人权利的伸张不断挤压公共性的空间,自然、良知、天命、上帝等神圣性因素的祛魅化加剧了个体的漂泊无依感,大学生要获得对自我身份的认同感、归属感和赞赏感更是任重而道远。

---

① ［美］埃里克·埃里克森:《同一性:青少年与危机》,孙名之译,浙江教育出版社1998年版,第202页。

② ［美］埃里克·埃里克森:《同一性:青少年与危机》,孙名之译,浙江教育出版社1998年版,第201页。

③ 约纳斯:《灵知主义、存在主义、虚无主义》,载刘小枫:《灵知主义与现代性》,华东师范大学出版社2005年版,第48—49页。

二、"边缘人"身份导致当代大学生物质追求之于精神追求的优先性

在原始社会,个体实现从童年到成年的转变是一个突然、瞬间的过程,往往一个"成人典礼"的举行就意味着童年的结束和成年的开始,个体成为一个独立的、具有稳定资格的成员承担社会责任。随着现代科技不断发展,社会分工不断细化,个体不能再通过模仿长辈、社会经验传递和个人反复实践等方式获得生存所需的知识和技能,因而不得不延缓进入社会、承担责任的时期,从而从容地实现童年到成人的过渡。在社会学意义上,"青年"一词指代的是人的一个发展阶段。在这个阶段,个人不能再扮演儿童的角色,也不能扮演被社会机构完全承认的成人角色。即使在生理、体格上已经长大成人,但在社会地位上仍然被视为不成熟的儿童或准成人。个体介于依赖的儿童与独立的成人之间,这种不着边际的社会特性使青年在社会角色的认定和心理特征的确认上都漂浮不定。德裔美国心理学家库尔特·勒温把这种无法清晰界定自身群体归属的青年人称为"边缘人"。"边缘人,用地形学的说法,站在相分离的两个群体的分界线上。他们是站在两个群体之前的既不属于这个群体又不属于那个群体的人。"①作为一个相对的概念,"边缘人"是与局内人、主流人群相对应的存在,正如没有"左"就无所谓"右",没有"上"也就无从谈起"下"一样。而在青年心目中,"局内"和"主流"代表了社会资格与话语权威,是大学生努力脱离边缘而意欲嵌入的圈层。当代大学生的边缘性既包括物质基础、经济能力、消费水平等物质生活上的边缘性,也包括心理、观念、审美等精神生活上的边缘性。一方面,当代大学生在社会角色和社会地位上游走于社会的边缘,生存处境的不稳定使他们内心缺乏归属感和安全感,群体所属上的流离失所使他们身陷焦虑、无依的精神状态。另一方面,为了引起关注、获得认可,

---

① [美]罗尔夫·缪斯:《青春期理论》(第6版),周华珍等译,上海社会科学院出版社2014年版,第159页。

甚至实现从边缘到中心的转变,当代大学生在物质生活上的改变相比于精神生活既具有迫切性、现实性,又更加具有实现的可能,效果也更加容易显现出来。因此,追求物质生活的改变对当代大学生而言具有一定的优先性,甚至表现为对物质的沉迷和执着。此外,有学者指出,青年并不仅仅是生命的一个阶段,它还代表着人类的某种生存和形成方式。捷克教育学家考门斯基(又译为夸美纽斯)把人的成熟阶段分为四个时期,并把不同年龄阶段与世界发展的不同类型作类比,其中,幼年与原型世界相应,童年与天使世界相应,少年与自然世界相应,而处于十八岁到二十四岁青年期的青年则与人生(指创造性的、文化的)世界相对应。① 青年的个性化、文化性、创造性生存,不仅要求当代大学生在社会地位上实现从边缘到中心,融入成人社会而彰显个人的自主和担当,同时也要求其在群体地位上实现从边缘到中心,融入同辈群体而彰显个人的适应与个性。因为管理等方面的需要,在校大学生按照宿舍、专业、班级、院系、社团等指标被划分为不同的群体,同时,大学生也会因为某些方面的共同特质而自发结成一定的团体。前者可能带来个体难以融入群体的问题,比如宿舍成员的融入、合群,后者则可能带来群体排斥个体的问题,比如女生的抱团现象。大学生在群体中的边缘性,容易导致个体被忽视、被冷落,甚至被排挤,进而出现孤独、落寞、抑郁、情绪紧张等精神状态和压力。有的大学生选择通过出入高级餐厅、看某一类影视剧或综艺节目、穿某一品牌的服装、用某一品牌的产品等方式改变或证明自己,努力达到融入特定团体的目的。显然,物质生活风格和品味的改变要比信仰确立、价值认同容易得多,效果也更为直接、明显,这也间接加剧了当代大学生对物质的追逐。

---

① ［罗］马赫列尔:《青年问题与青年学》,陆象淦译,社会科学文献出版社 1986 年版,第30 页。

表 3-11:不同研究者对青年心理发展实质的看法①

研究者	青年期发展的关键特征	研究者	青年期发展的关键特征
霍尔(1904)	疾风骤雨期	埃里克森(1950)	同一性的确立
霍林沃斯(1928)	心理断乳期	鲍罗斯(1967)	第二次个性化
缪勒(1923)	第二反抗期	勒温(1948)	边缘人
斯普兰格(1922)	自我发现(第二次诞生)	奥苏贝尔(1958)	个性的再形成(人格重建)

三、当代大学生的精神生活在自我延续的同时,容易受重大生活事件冲击

个体精神生活的现状是个体精神生命在当下的一种静态描述,但这样的截面式呈现并不是独立的、割裂的存在。时间是存在的标尺,它"是一种状态的连续,其中每一个状态都既预示着以后,又包含着以往"②。并且,"过去与现在变为同一而且继续与现在一起创造某种崭新的事物"③。人生的发展由不同阶段组成,每一阶段都是个体逐渐明确个人的角色、地位、意义感和价值感的过程,都是个体不断追求自我同一性和确认精神存在的过程。在这个过程中,个体对自身的认识从少到多,对自我的定位从模糊到清晰,对关系的把握从不成熟到成熟。个体精神生活的发展因人生经历的特殊性、阶段性而有其独特的历史脉络和成长轨迹。"我今天的身份很明显是来自于我昨天的经历,以及它在我身体和意识中留下的痕迹。"④并且,这种独特的身份还将指向一个独特的、超越当下的未来。因此,个体的精神生活是对过去人生经历和个人体悟的承载,是当下发展状态的阶段呈现,并指向未来的理想生活、可能生

---

① 苏东水:《管理心理学》(第5版),复旦大学出版社2013年版,第506页。

② [法]柏格森:《形而上学导言》,刘放桐译,商务印书馆1963年版,第29页。

③ [法]柏格森:《创造进化论》,肖聿译,华夏出版社2000年版,第13页。

④ [法]阿尔弗雷德·格罗塞:《身份认同的困境》,王鲲译,社会科学文献出版社2010年版,第33页。

活。它不是一种片段式、跳跃式的变化,而是伴随人的动态生成而持续变化,伴随人的生命流淌而不断延续。当代大学生出生、成长在改革开放后中国发展的大好形势下,政治民主化、经济全球化、文化多元化、科技现代化的社会环境为其提供了良好的精神文化条件,也为当代大学生的精神生活烙上了时代印记、染上了代际色彩。此外,在个体成长过程中,通过成年人的言传身教、生活环境的熏陶浸染和自己的实践感知,当代大学生精神生活的深度和广度不断拓展,并逐渐形成了自己独特的、区别于他人的精神生活方式。目前,当代大学生正处于学习受教与社会影响交互作用最为显著的时期,他们的思想观念、价值判断、思维方式、心理调适等具有一定的不稳定性和可塑性,因而其精神世界和精神生活方式的转变、改造和超越也就具有了更大的可能。然而,"个体精神生活的根源在于它的历史,或最近或久远的历史,即他以前的生活经历。以各种方式存于记忆的事情都或多或少地决定他的行动和生活情况"①。虽然学校教育、社会风气和个体经历都在不断丰富、改变、完善,甚至改造着当代大学生的精神生活,但对于已经形成于自我头脑中的意识和观念,他们不可能瞬间性地将之彻底清除。并且,原生家庭中家庭氛围、父母文化水平、家庭教养方式、亲子互动方式等个体差异性的因素对当代大学生的个体成长和生命历程都有着广泛而长远的影响。因而,任何的丰富、改变、完善,甚至改造,都不可能是彻底地更新,而只能是在原有精神生活基础上部分地发展和改变。

当代大学生精神生活的发展变化具有一定的延续性、阶段性和累积性,但生命历程中突发性的重大生活事件往往冲击甚至重塑着他们的精神生活。生活事件是指发生在个体家庭、工作、学习生活中的、容易引起情绪失常或者失控,甚至对个体身心健康或生活方式产生重要影响,要求个体对此作出改变与适应的情况。就当代大学生而言,学习环境、人际关系、家庭状况、个人职位等

①　包哲兴:《谈精神生活研究中的几个问题》,《宁夏社会科学》,1992 年第 6 期。

因素的变化,都可能成为生活事件。具体来说,升学或辍学、恋爱或失恋、获得奖励或受到惩罚、亲人离去、父母离婚等事件,都是影响大学生身心健康的应激源。然而,生活事件能否最终引起心理应激反应,并对个体精神生活造成冲击,还在于大学生自身的认知评价、情感体验和应对方式。在访谈中,有学生提到自己的好朋友辞职,在倾听了朋友诉说为何辞职以后,该生感觉受到很大冲击,朋友诉说的事情颠覆了她原有的认知,在备感痛心、无奈与惊恐的同时对自己的就业和职业生涯产生了焦虑、排斥和无措感。还有学生提及自身曾目睹有人求助,但围观群众争先拍照而无一人施以援手,该生在批判社会人情冷漠、保障机制不健全的同时反思自身缺乏道德勇气,表现出知而不敢行的知行不一。可见,生活事件是促使大学生审视自我精神世界、构建自我精神家园的重要因素。按照性质,生活事件分为正向生活事件和负向生活事件。前者是让个体产生精神愉悦感,并激发精神动力,提高生活积极性的事件,比如科研奖励的获得使大学生感觉自我能力得以发挥、付出得到认可,进而更加积极投身于学习科研当中。后者是让个体产生失落、抑郁、烦闷、焦躁等消极精神感受,影响个体健康人格发展和精神成长的事件,比如失恋让个体变得消沉,甚至对他人和生活产生怨恨。而某些负向的重大生活事件,经过个体的转化和升华,同样能够成为激发个体努力奋进、改变生活的现实动力。有学者指出,一定程度上,个体生活意义的建构源于人的有限性和死亡意识,即所谓的"向死而生"。"有意义的行为,恰恰来源于我们对死亡的超越",死亡使我们"能够通过创造和表现价值而克服死亡,这些价值不仅显示了生命的意义,而且推动我们进入更新的生存状态"①。网络上不少关于大学生与病魔、与死神抗争后依然坚强、乐观生活的报道总能给社会带来满满的正能量,这些都是负向生活事件在给个体带来冲击后,个体重新审视存在的意义、人生的价值而重新振作,并以正向精神能量感染他人的生动案例。

----

① [美]艾温·辛格:《我们的迷惘》,郜元宝译,广西师范大学出版社2001年版,第66页。

第六节　研究小结

基于对调研结果的统计分析以及相关理论的深入探究发现，本研究中的假设5、假设6、假设7、假设8都得到了有力证实。当代大学生的精神生活现状主要受到市场经济、多元文化、现代科技、社会支持、人生境遇等因素的影响，并且其构建、发展的基本方式主要有以下五种：（1）在与物质生活的辩证互动中发展；（2）在与群体精神生活的相互渗透、相互影响中发展；（3）在网络虚拟环境的建构与解构中发展；（4）个体精神生活的继承、延续发展；（5）在重要生活事件影响下的突变性发展。其中，在与物质生活的辩证互动中发展，实质是个体需要（物质需要与精神生活）对精神生活的驱动发展。而群体精神生活、网络虚拟生活以及重要生活事件对精神生活的影响，集中体现的是外在环境对个体精神生活的构建发展。在此意义上可以说，当代大学生精神生活的发展变化存在一些基本规律，即精神生活的环境建构发展、需要驱动发展和自我继承发展。

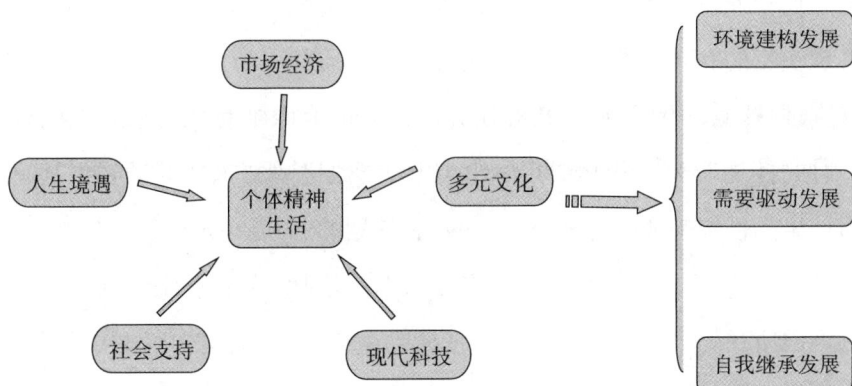

图3-2：当代大学生精神生活状况的影响因素及发展方式

第四章　优化当代大学生精神生活的目标与内容

　　科学研究不仅在于发现问题,分析问题,更在于有效地解决问题。因为后者是对前者的一种确认和证实,并转化为共享的经验和知识,指导实践的进一步开展。当代大学生的精神生活还存在一些不尽如人意的地方,其现实状况、整体水平和发展态势受到作为精神生活的构成要素、要素的组合方式、精神生活存在和发展的环境等众多因素的影响和制约。因而,只有优化精神生活的内部结构和外在环境,才能使当代大学生精神生活实现系统功能的有效发挥和系统演变的有效推进,从而实现精神生活品质的不断提升,促进精神成人的最终实现,这也正是发现、分析和研究当代大学生精神生活问题的现实旨归。

　　目的性是人有意识的实践活动的根本属性之一,"人离开动物愈远,他们对自然界的作用就愈带有经过思考的、有计划的、向着一定的和事先知道的目标前进的特征"①。目标作为一种应然状态,是对结果的预先设定,是实践活动的方向所在。优化当代大学生的精神生活现状,首先需要考虑的是优化的预期结果,即优化的目标问题。缺乏明确的目标导向,优化当代大学生精神生活的实践活动不可能取得显著成效。然而,目标不是空中楼阁,其实现必须依

———————

① 《马克思恩格斯全集》第20卷,人民出版社1971年版,第517页。

托于具有实际内容的具体实践活动。只有明晰当代大学生精神生活优化的目标所在,确定精神生活优化的内容所含,才能在实践中有所针对,使精神生活状况得到真正优化,精神生活水平得到切实提升。

第一节　当代大学生精神生活优化的目标

优化当代大学生的精神生活,不仅要提升其精神生活的品质,实现其精神成人,还要引导他们学会幸福地生活。

一、提升当代大学生的精神生活品质

精神生活品质是个体为满足精神需要而进行的精神活动及其精神感受和精神状态的自觉、文明、现代等程度,是个体生活品位和生命质量的集中体现。当代大学生精神生活的高品质,主要表现在以下三个方面。

第一,精神生活要求的满足与超越。个体精神生活要求的满足与超越既是当代大学生精神生活发展变化的内在动力,也是当代大学生优化精神生活、提升生活品质的衡量标准与现实目标。马克思说过,"欲望包含着需要,这是精神的食欲,就像肉体的饥饿那样自然,欲望是精神所固有的","大部分物具有价值,是因为它们满足精神的需要"①。正是满足美好精神生活要求的欲望,促使人不断的参与精神实践,以获取情感上的满足与愉悦,强化精神上的安全感与幸福感。而精神生活品质的提升在满足个体欲望的同时不断衍生出新的欲望,使精神生活具有了不断发展的价值和可能。"忧心忡忡的、贫穷的人对最美丽的景色都没有什么感觉;经营矿物的商人只看到矿物的商业价值,而看不到矿物的美和独特性;他没有矿物学的感觉。"②同一事物因为个体需要的差异性而对个体有着不同的价值。反过来,个体对事物的不同感性认知、

---

① 《马克思恩格斯全集》第 48 卷,人民出版社 1985 年版,第 526 页。
② 《马克思恩格斯文集》第 1 卷,人民出版社 2009 年版,第 192 页。

价值选择、审美判断都受到个人具体需要的影响。按照内容，个体需要有物质需要和精神需要之分；按照层次，个体需要有生存性需要和发展性需要之别。满足个体个性化的精神生活要求，并不断引领个体差异化的需要实现从物质到精神、从生存到发展、从实在到超越的进阶与嬗变，是提升当代大学生精神生活品质的题中要义。优化精神生活，提升当代大学生的精神生活品质，一方面，要充分了解大学生精神生活要求的具体内容及表现形式，这是有效沟通、引领发展的基础。另一方面，在满足大学生精神生活基本要求的同时要积极引导大学生确立人生理想信念，这是个体精神成长持续推进的动力所在。此外，人的需要的合理存在和良性发展状态，是物质需要与精神需要的均衡与协调。我们既要避免部分贫困大学生以啃馒头、吃酸菜来实现"读书改变命运"的缺乏物质基础的精神追求，也要避免部分富裕大学生吃喝玩乐、不思进取而"活在当下"的物质享乐对精神追求的主导与压制。

第二，精神生活发展的自觉与文明。当代大学生高品质的精神生活首先是自觉发展的精神生活。马克思主义哲学认为，内因是事物发展变化的根本，外因通过内因起作用。因此，自我发展、自觉发展是个体精神生活发展变化的关键，同时也是精神生活品质提升的重要价值指向。当代大学生是否具有精神生活发展的自觉意识，与个体的主体性紧密相关。主体性是人作为活动主体在社会实践中所表现出来的自觉性、目的性、积极性和创造性等特性。人之所以区别于动物而作为一种社会存在和文化存在，很大程度上就在于人不臣服于大自然的安排，并对现实状况存有不满，对美好未来心怀憧憬。"人的生活是一个历程。他的存在永远是趋向未来的可能性，他必定要超越过去和现实，也就是说，人是为了将来的存在。因此人是一个能在。"[1]当代大学生是一个能动的主体，对自身精神生活的发展存在一定的设想和预期，这种设想和预期往往预示着个体的主体意识已然觉醒。这使他们在社会实践中萌发出巨大

---

① 金生鈜：《理解与教育——走向哲学解释学的教育哲学导论》，教育科学出版社1997年版，第46页。

的精神动力,并以积极的心态、高涨的热情、创造性的思维等自主、自觉、能动地追求更高的精神境界。另外,高品质的精神生活是当代大学生文明发展的精神生活。文明发展包括两方面的含义:一是从人与外部世界的关系角度反映大学生精神生活的发展方式,是文明、合宜、和谐的发展;二是从精神生活本身客观存在的丰富化、科学化和现代化角度反映大学生精神生活的发展程度,是多样、科学、现代的发展。习近平总书记在中国共产党第十九次全国代表大会报告中提出要"在本世纪中叶建成富强民主文明和谐美丽的社会主义现代化强国",明确了强国建设的时间表和路线图。这不仅在宏观层面对社会精神文化建设的和谐性、现代性提出了要求,也为微观层面个体精神生活发展的多样化、科学化指明了方向。因此,作为具体的、现实的、在社会生活中实践着的个体,其精神生活的发展需要自觉与个性实现内在的自洽,需要文明与协同实现外在的合宜。

第三,精神生活感受的自由与和谐。精神生活感受是个体在精神活动过程中所体验到的情绪情感状态,是个体评判自身精神生活品质的重要维度。提及品质,往往与评价相关。评价主体和评价标准不同,精神生活的品质就会存在高低差异。即使客观精神生活发展状况和水平相近,也会因为个体感受的差异带来不同的品质评价。有些大学生成绩优异,考取了名牌大学,并且勤奋努力、志向高远,他人容易就此推测其具有较高的精神生活品质。但如果大学生因为父母、老师的期待而不得不努力向前,在这种被他人推着走的过程中体验到的是压力、焦虑、无奈和迷茫,那么他们可能作出自我精神生活品质一般甚至品质低下的评价。有些大学生成绩平平,学校一般,理想朴实,在他人看来是拥有普通的人生。但如果大学生有着自己明确的想法和目标,并在为之不断付出努力,在这种自我奋斗、砥砺前行的过程中体验到的是激情、成就、满足和幸福,那么他们更倾向于认为自身所享有的精神生活是高品质的。提升当代大学生的精神生活品质,首先需要他们在精神实践中体验、感受到自由。"人类要成为思考中高贵而美丽的对象,不能靠着把自身中一切个人性的东西都磨成一律,而要靠在他人权利和利益所许的限度之内把它培养起来和发扬出来。"①当代大学生自由的精神感受,一方面是自己能够成为自身独立的规划者和决断者,另一方面,则是个体精神个性的丰富和发展,能体验到自身的独特性存在和个性化发展。其次,需要他们在精神实践中体验、感受到和谐。这里的和谐包括自我身心的和谐舒畅、社会关系的和谐融洽,以及人与大自然的和谐交融。只有实现精神感受的和谐,当代大学生才会体验到自身认知明确、定位合理、角色恰当带来的轻松感、舒适感和成就感。而这种正面、积极、良好的精神感受,显然是大学生高度评价自身精神生活品质的重要指标。

二、促进当代大学生的精神成人

精神成人既包含个体精神成长的动态过程,也包含个体精神发展的静态结果。但它更多地指向个体精神从封闭、僵化、单一、片面到开放、灵动、多维、全面的发展变化过程,是对现有精神水平与状态的不断超越。优化精神生活,促进当代大学生的精神成人,主要表现在三个层次上。

第一,心理成熟。长辈常常对大学生有着所谓"长大成人"的期待,其中,"长大"侧重生理上的成熟,是一个年龄不断增长、生理不断发育的自然过程,而"成人"更多的是心理上的成熟和精神上的成人,是一个自主自立意识不断强化、社会适应能力不断增强的社会化过程。心理成熟是当代大学生精神成人的基础,是个体在不断经受社会历练、积累社会经验的基础上逐步形成适应社会生活所需的稳定心理品质和个性特征,是动态过程和静态结果的统一。有调查结果显示,大学生对成年的界定有着多维的评价标准,在规范遵从、心理成熟、生理与婚姻、家庭角色与分工、经济能力五个维度中,他们认为,心理是否成熟是衡量个体是否成年最为重要的标准。② 那考察当代大学生的心理

① [英]约翰·密尔:《论自由》,程崇华译,商务印书馆 1959 年版,第 67 页。
② 戚昕:《大学生对成年界定的认知评价》,《青岛大学医学院学报》2007 年第 5 期。

是否成熟又有何标准呢？目前,学界在青少年心理成熟的标准问题上还存在较多争议,远未达成有效共识。美国心理学家赫威斯特曾提出"十项心理成熟任务",认为十项任务的完成情况可以衡量一个人的心理成熟程度。这十项任务包括:能与同龄人建立和谐的人际关系、扮演适当的性别角色、接纳自己的身体和容貌、情绪表达渐趋成熟独立、有经济独立的信心、能够选择适合自己的职业并为之努力、开始准备成家过独立的家庭生活、观念和知识等达到现代化公民的标准、乐于参与社会活动并对自己行为负责、建立自己的道德评价标准等内容①。显然,赫威斯特的"心理成熟任务"体现的是一种综合标准,既有内在认知、情感、信念的要求,又有外在行为的指标;既有较低层次的情绪表达要求,又有较高层次的道德评价标准。从个体心理发展的过程来看,当代大学生的心理成熟首先表现为从依存到独立的转变。最初,个体认为自身是父母的附属品,父母是自我的所有依靠。随着自我意识的不断发展,大学生逐渐意识到自我是独立于父母的社会存在,是一个成熟、能够独立担当的成人个体,并开始要求脱离父母的管束,实现自我的独立发展。其次,是从依赖到自主的转变。心理成熟的大学生个体不再事事依赖于父母、亲人、老师、朋友的决定、参谋和帮助,而是逐渐学会分析利弊、剖析自我、有效规划、果断抉择,充分发挥独立个体的能动性和创造性。最后,是从他律到自律的转变。心理成熟的大学生个体不再以父母和老师严厉的话语、明确的奖惩作为自我行为的规范和约束,而是依据自身内在需要自觉的制定目标、激发动力、规范行为、坚持原则,真正实现自我教育和自我管理。

第二,价值养成。养成正确、科学的价值观是青少年精神成长的重要内容,也是个体实现社会化的主要目标之一。习近平总书记曾提出,"青年的价值取向决定了未来整个社会的价值取向,而青年又处在价值观形成和确立的时期,抓好这一时期的价值观养成十分重要",并指出,青年价值观的养成"就

---

①　李庶泉、耿润:《大学生心理健康教育》,南开大学出版社 2015 年版,第 186 页。

像穿衣服扣扣子一样,如果第一粒扣子扣错了,剩余的扣子都会扣错",因此,他强调"人生的扣子从一开始就要扣好"①。当代大学生正确价值观念的养成,首先表现为具有明确的价值认知。"社会团结的核心和基础是社会成员的共有价值观和共同的道德规范"②,社会必须依托其成员对核心价值观的共识和认可以维系秩序。而熟悉并熟知社会主义核心价值观的具体要求和科学内涵,是大学生形成价值共识的前提、养成正确价值观的基础。其次,要有强烈的情感认同。苏霍姆林斯基曾经说过,"如果没有强烈的激情,如果不对邪恶、虚伪、污辱人格、不讲原则等现象怀着不妥协和不容忍的感情,那么要想在青少年心灵中培养建立起正确的人生观体系是不可能的"③。大学生正确价值观的养成,必须在培养大学生价值判断能力的同时,激发其趋善避恶、维护公平、捍卫正义的情感。否则,再丰富的知识、再强大的能力,没有情感的灌注,真理的力量难以得到有效发挥,个体的精神追求也难以拥有持续动力。最后,要有切实的价值践履。实践是检验一切真理的标准,所有知识教育、价值养成的成效,最终都通过个人的实际行动、行为习惯体现出来。停留在口头上、书本上的思想、观念、信仰,都只是纸上谈兵。当前,部分大学生价值混乱、精神迷失,很大程度上是因为价值观尚未稳定成形。缺少正确价值的指引,大学生容易迷失人生方向,而一旦品德缺失,学识越高给社会带来的危害就越大。正所谓,才德全尽,谓之圣人;才德兼亡,谓之愚人;德胜才,谓之君子;才胜德,谓之小人。对此,物理学家爱因斯坦有过生动的比喻,他指出,学生必须对美和善有着深切的感受,否则,仅仅具备专业知识的学生也不过是受过良好训练的狗而已。因此,培育当代大学生正确的价值观念,引导其对真善美的渴

---

① 习近平:《青年要自觉践行社会主义核心价值观——在北京大学师生座谈会上的讲话》,《人民日报》2014年5月5日第2版。
② [法]埃米尔·杜尔凯姆:《社会分工论》,渠东译,生活·读书·新知三联书店2000年版,第203—204页。
③ [苏]苏霍姆林斯基:《培养集体的方法》,安徽大学苏联问题研究所译,安徽教育出版社1983年版,第214页。

望与追求,是优化大学生精神生活,促进其精神成人的重要内容和目标。

　　第三,信仰确立。信仰是个体安身立命之根本,是个体克服人生百难依然勇敢向前的精神动力之源头。当代大学生科学信仰的确立包括三个方面的内容:一是牢固树立对党的科学理论的信仰、坚定走中国特色社会主义道路实现"中国梦"的信念、增强对党和政府的信任、增进对以习近平同志为核心的党中央的信赖;二是确立自身在社会群体生活中对善执着追求并努力实现理想人格的道德信仰;三是确立"我要做一个有价值的人"、"我要有意义地度过自己这一生"的人生信仰。"从大自然中走出的人类由于其身上的未确定性和未完善性,决定了人类一方面要利用理性的工具力量不断地丰富和完善自身;另一方面还要用一种精神的力量获得生存的支撑,以弥补由外界强大力量给人造成的压抑所带来的情感之不足。"①当下,经济不断发展,科技不断进步,人类对宗教的信仰、对超自然的畏惧、对超人间神的崇拜日益式微,人类用理性的力量越来越多的掌控着客观世界,但也越来越难以获得内心的充实和平静,精神空虚、信仰迷失、动力不足的现象逐渐普遍。"人从来没有像现在这样成为有疑问的;他不再知道他是什么并知道自己不知道。由于不能确定自己的道路,由于自己有疑问,因此,他以无比的忧虑研究他自己的意义和实在,研究自己来自何方、走向何方。"②丰子恺先生曾把人生比喻成爬楼,一楼是物质生活,指代衣食;二楼是精神生活,指代学术文艺;三楼是灵魂生活,指代宗教。个人依据自身的能力和追求选择爬居到人生的哪一层楼。大学生的信仰,与二层楼的精神生活以及三层楼的灵魂生活有着相通之处。它既是大学生对存在意义的回答,也是大学生探索人生道路的方向标、指明灯。"在一个社会中,如果人们的注意力仅限于追求物质享受,那么……对具体的个人来说,则意味着变成了畸形发展的、丧失了人性的人。"③确立科学的信仰,是个

---

①　黄纬华:《人类精神趋向》,大象出版社 2013 年版,第 84 页。

②　[德]兰德曼:《哲学人类学》,张乐天译,上海译文出版社 1988 年版,第 47 页。

③　曹玉文:《西方人看马克思主义》,当代中国出版社 1998 年版,第 346 页。

体精神成人的最高目标,也是个体精神成长的最高指向。当代大学生能否确立科学的信仰,在很大程度上反映了个体能否成为积极、自主、个性的精神主体,也决定了个体能否顺利实现精神成人。

三、引导当代大学生学会幸福生活

关于幸福,每个人都有自己的标准和选择。孟子认为君子有三乐,"父母俱存,兄弟无故,一乐也;仰不愧于天,俯不怍于人,二乐也;得天下英才而教育之,三乐也"①。德谟克里特认为幸福就是快乐,"生活的目的是灵魂的安宁……由于这种安宁,灵魂平静地、安泰地生活着,不为任何恐惧、迷信或其他感情所扰"②。马克思认为幸福就是为人类事业而奋斗,"那时我们所享受的就不是可怜的、有限的、自私的乐趣,我们的幸福将属于千百万人,我们的事业将悄然无声地存在下去,但是它会永远发挥作用"③。虽然个体的幸福标准千差万别,正如一千个人眼里有一千个哈姆雷特。然而可以肯定的是,幸福是人人都希望获得并在努力追求的。亚里士多德认为,幸福作为一种心灵的活动,是人类存在的唯一目标和目的。康有为有言,普天之下的有生之徒,都只是求乐免苦而已。而在法国思想家霍尔巴赫看来,人从本质上就是自己爱自己,设法使自己生活幸福。追求和实现生活的幸福,是个体人生目标的重要内容,也是优化当代大学生精神生活,建构健康、和谐的精神生活的价值旨归。

幸福感是一种主观感受,是个体依据自身的价值标准、内在需要和主观偏好对自己当下生活状态和生活品质的主观体验和整体评估,尤其是个体在体验美好人生、享受美满生活时的感受,包括所谓的快乐、安宁、平静、满足等。它与个体的幸福观紧密相关。幸福观是对"什么是幸福"、"什么样的人生是幸福美好的"、"怎样过上更加幸福美满的生活"等问题的体认,包括与此相关

---

① 《孟子·尽心章句上》。
② 周辅成:《西方伦理学名著选辑》(上卷),商务印书馆1964年版,第72页。
③ 《马克思恩格斯全集》第1卷,人民出版社1995年版,第459页。

的态度、价值、信仰、追求等。有的大学生以获得知识为乐,有的大学生以衣饰光鲜为荣;有的大学生以付出努力、奉献社会为乐,有的大学生以获得权力、光宗耀祖为荣;有的大学生生活困苦、身处逆境,却仍能享受家庭和睦、身体健康带来的幸福感受,有的大学生锦衣玉食、宠爱加身,却终日郁郁寡欢、茫然感叹。即使处于相同的境遇,由于个体幸福观念的不同,每个人的幸福感受也会有所差异,幸福观深刻地影响着个体的幸福感受。

对幸福问题的研究,最初采用的是 Happiness 这一概念,衡量幸福的标准包括个体客观状况和主观状态两方面,但更多的侧重于客观的物质条件。随着社会经济的不断发展,物质生活条件的改善并没有给人们带来显著的幸福感受,人们逐渐意识到个体主观精神感受在幸福中的分量。于是,主观幸福感(Subjective Well-being,SWB)被更多的采用,成为普遍接受的概念。主观幸福感是人们的主观需要被满足时的精神愉悦感,它是衡量个体生活品质的重要指标。在孙正聿教授看来,幸福就是对人的需要的满足,具体来说,是"比较富裕的物质生活对人的生理需要的满足,比较充实的精神生活对人的心理需要的满足,比较和谐的社会生活对人的伦理需要的满足"。并进一步强调,"没有'丰裕'的物质生活,终生为温饱而'操心';没有'充实'的精神生活,整天为琐事而'烦心';没有'和谐'的社会生活,时时为人际关系而'闹心'。这怎么会是'幸福的生活'?人又怎么会感受到'生活的幸福'?"[①]2012 年 9 月,《小康》杂志社依据在全国范围内的"中国幸福小康指数"调查结果,总结了中国人的十大幸福标准:(1)最具资本的幸福:身体健康;(2)最具成就感的幸福:收入满意;(3)最温馨的幸福:和家人在一起;(4)最浪漫的幸福:得到爱;(5)最安心的幸福:有一套属于自己的住房;(6)最超值的幸福:自身价值和能力得到体现;(7)最实在的幸福:吃到安全健康的食品;(8)最基本的幸福:在优良的自然环境中生活;(9)最长久的幸福:社会安全;(10)最可靠的幸福:有

---

①　孙正聿:《理想信念的理论支撑》,吉林人民出版社 2014 年版,第 189—191 页。

值得信赖的朋友。① 可见,幸福既体现了人的物质需要,又反映了人的精神需要,既有索取与获得的部分,又有奉献和自我实现的部分。当代大学生幸福生活的实现,同样是整体生活品质的提高,是大学生物质需要满足与精神感受愉悦、现实享受与劳动创造、社会奉献与自我实现的高度统一。

首先,物质需要满足与精神感受愉悦的统一。一个人的基本生存需要得不到满足,他就不得不为生存而忧虑。终日为生存而忧虑、奔劳的生活,说不上是幸福的生活。如果一个大学生为了赚取自己的生活费,甚至是分担家庭的经济压力而奔走于各种兼职当中,即使他在兼职过程中感受到了一定的成就感,自身经济上的重负也会使这种成就感略显沉重。满足大学生基本的物质需要,是发展精神生活,提高生活安全感、获得感和幸福感的基础。然而,满足于饱食暖衣而精神虚空、无所依托,同样谈不上生活的幸福。优化当代大学生的精神生活,需要通过崇高的理想、乐观的心态、渊博的知识、和谐的交往、和睦的家庭、健康的娱乐等内容或方式提高生活旨趣,愉悦身心,从而提高大学生的生活幸福感。其次,现实享受与劳动创造的统一。不论人的物质生活抑或精神生活,都以享受、利用已有的物质资料和精神资源以满足自我需要为现实基础,甚至部分生活本身就是一个享用生活资料的过程。伊壁鸠鲁认为欲望是人生快乐的动因,如果没有满足欲求的需要,人不可能有快乐的追求。"素淡饮食可以与珍馐佳肴产生同样的快乐。面包和水,当它们被放入饥饿的嘴唇时,就能带来最大可能的快乐。"②因此,享受现有的物质资料或精神资源,比如享用美食、阅读好书、欣赏艺术等,是个体幸福生活的重要部分。但社会主义是干出来的,幸福生活是奋斗出来的,激情奋斗的青春才是无悔的青春。幸福并不是单纯的享受,幸福更多的是在创造性的劳动实践过程中感受自己的能力和智慧,发现自身存在的价值和意义,体验自我以能动性、创造性

---

① 鄂璠:《中国人幸福感的十大标准》,和讯网,2015 年 12 月 29 日。
② 苗力田:《古希腊哲学》,中国人民大学出版社 1989 年版,第 649 页。

去改变生活、改变世界时的成就感和价值感。"广大青年应该在奋斗中释放青春激情、追逐青春理想,以青春之我、奋斗之我,为民族复兴铺路架桥,为祖国建设添砖加瓦。"①最后,社会奉献与自我实现的统一。一方面,大学生不是孤立的存在于社会之外,而是构成社会并推动社会发展进步的重要成员。清晰的认识并自觉地承担社会赋予每一位社会成员的历史责任,为中华民族伟大复兴梦贡献自己的一份力,是当代大学生高品质生活的体现,也是他们社会生活的大幸福所在。另一方面,由于价值观念、生活态度、人生目标、兴趣爱好等的差异,每个大学生都有着自己独特的理想追求,有着自己个性化的人生设计,因而也有专属于自己的自我实现目标与路径。在自我实现的道路上,个体感受着自己的力量、他人的鼓励、社会的认可,这是大学生个体生活的小幸福所在。而这种社会奉献与自我实现的统一,社会大幸福与个体小幸福的统一,既是可能的,又是必要的,两者统一于大学生积极构建健康、和谐精神生活的社会实践当中,统一于大学生积极参与社会精神文化建设、为民族复兴中国梦的实现贡献青春力量的社会实践当中。

第二节　当代大学生精神生活优化的内容

优化精神生活状况,既可以是促进精神生活内容的丰富化,也可以是促进精神生活方式的科学化。优化当代大学生的精神生活,可以从协调心理生活、丰富交往生活、拓展文化生活和充实心灵生活等方面着手。其中,协调心理生活旨在培养大学生健康的社会心态,丰富交往生活包括丰富大学生自我精神交往和人我精神交往两方面,拓展文化生活主要侧重大学生学习求知与娱乐休闲生活的拓展,而充实心灵生活旨在促进大学生明确价值取向和确立理想信念。如此,既体现了精神生活内容要素的相对完整,又反映了精神生活现实

----

① 习近平:《在北京大学师生座谈会上的讲话》,人民出版社 2018 年版,第 3 页。

状况的问题指向。

一、协调当代大学生的心理生活

著名学者英格尔斯提出,"落后和不发达不仅仅是一堆能勾勒出社会经济图画的统计指数,也是一种心理状态"①,可见人的心理状态在人的精神文化水平和社会现代化程度中的重要地位。党的十八大报告明确提出要"培育自尊自信、理性平和、积极向上的社会心态"。大学生的心态既是社会精神风貌的记录仪、水平器,也是个体精神生活状况的风向标、晴雨表。优化当代大学生的精神生活状况,需要从培育"自尊自信、理性平和、积极向上"的阳光心态,构建健康、和谐的心理生活着手。

大学生的成长和发展应该首先确保身心健康、人格完善,然后再赋予其他要求。因为教育需要培养的是健康、健全的个体,而不是看似什么都会、什么都有,实则内心焦虑、心灵苍白的人。当代大学生的心理生活状况是其阶段性的情绪基调、心境状态、心理倾向的直接表达,反映了个体对现实生活的直接性认知和即时性情感,主要通过个体的心理状态,即心态体现出来。人与人之间精神生活品质的高低差异,首先就体现在个体的心理状态上。精神生活品质高的个体,心理状态良好,并且状态相对稳定,正面情绪持续时间较长。而精神生活品质低的个体,心理状态波动大,且负面状态居多。目前,大学生或多或少的存在对周围人和事不感兴趣、情绪低落、不爱交际等消极状态,对可能危险和不良后果难以应付的紧张、恐惧、焦虑、猜疑等负面情绪,遭遇困难时手足无措、垂头丧气、自卑懦弱或盲目冲动等不良表现。一方面,青春期的大学生在成长过程中容易遭遇较多的人生新课题,产生较多的人生新困惑,当个人能力和阅历不足以支撑其顺利应对并达到社会和自身的预期时,压力随即产生。另一方面,经济的急速发展,文化的激烈交锋,社会的激烈竞争,都在一

---

① [美]英格尔斯:《人的现代化》,殷陆君译,四川人民出版社 1985 年版,第 3 页。

定程度上冲击着大学生的心理状态,加剧着他们的心态失衡和精神焦虑。然而,心理冲突最明显、感受最痛苦的状态的出现往往也预示着收获最大、成长最快的时机的到来,一旦跨越阵痛期,大学生将在情商和逆商上得到显著提升,从而成为个人生存竞争的有效资本。

协调心理生活,构建健康的精神生活,首先要求当代大学生培养健康的心态。苏格拉底说过,要想除去土地里的杂草,最好的办法是种上庄稼。当代大学生正处在自我认同、社会适应的重要时期,他们有着复杂多样的想法、意念和欲望,也有着诸多的不安、困惑与焦虑,因而更加迫切地需要培养自尊自信、理性平和、积极向上的心态,树立正确的世界观、人生观、价值观,培育科学的成功观、财富观、幸福观,调适偏颇的名利观、婚恋观、成才观。通过理性评价自我心理状况,思考"我是谁"、"我想要什么样的生活"、"我要如何实现自我发展"等问题,排解情绪上的苦闷,减少行为上的冲突,消除精神上的迷茫。其次,当代大学生要具备自觉的心理感受、心理调适的意识和能力。我国著名医学心理学家李心天认为,个体健康状况的心理评价指标包括心理与环境的协同性、心理与行为的统一性、个性的稳定性三条原则,以及适应、耐受、控制、知觉、思维、社交、康复等七种能力①。而这其中,多项指标的实现都依赖于个体的心理感受能力和调适能力。一方面,当代大学生要增强自身的幸福感受能力、情绪调节能力和抗打击能力,提高自身的情商和逆商。另一方面,当代大学生要善于通过心理补偿、转移、升华等方式调适心理状态,达到情绪的平和和稳定。总之,大学生要学会让自己"心生欢喜",发现和体味生活中的"小确幸",正视并运用生存智慧赶走生活中的"小确丧"。

二、丰富当代大学生的交往生活

人不能脱离关系而单独存在,人总是在与自我、与他人、与社会、与自然的

---

① 转引自王莲芸、钟鸣:《大学生健康导论》,高等教育出版社2009年版,第8页。

交往中不断成长。马克思曾经指出："培养社会的人的一切属性，并且把他作为具有尽可能丰富的属性和联系的人，因而具有尽可能广泛需要的人生产出来——把他作为尽可能完整的和全面的社会产品生产出来（因为要多方面享受，他就必须有享受的能力，因此他必须是具有高度文明的人）。"①可见，人的全面发展，人的本质力量的发挥与确证，本身就内含了人的社会关系的全面发展、人的交往需要的满足，以及人的交往能力的提升。交往是当代大学生进行情感互动和精神传递以获得情感归属与精神支撑的主要方式，也是大学生获得身心和谐感、生活幸福感以及增强内心安全感、获得感的重要方式。丰富交往生活以提升大学生的精神生活品质，主要包括丰富个体的自我交往和社会交往两方面。

自我交往是个体以自我作为交往对象的交往方式，它是个体精神成长的必要空间，是个体反观自我与净化心灵的主要方式，也是个体体悟生命、提升境界的重要路径。自我交往既包括个体对自我存在、自我发展进行思考的活动及情感体验，尤其是个人独处时的思想火花和情绪感受，也包括个体自我思考后形成的对自我身体、生存和生命的价值观念和行为倾向。一方面，当代大学生要学会独处，在自我反思、自我对话中提高心灵生活的品质。人们往往把交往（人我交往）看作一种能力，却忽略了独处（自我交往）也是一种能力，并且在一定意义上是比交往更为重要的一种能力。如果说不善交际是一种性格上的弱点，那么，不耐孤独就是一种灵魂上的缺陷。目前，部分大学生或忙于交际应酬、经营人脉，或沉浸于网络游戏、影视剧作，唯独不愿意花时间与自己相处和对话。他们用各种忙碌的方式刷着自己的存在感，一旦停下来独自面对自己，则各种无聊、孤寂、不安与恐慌的感觉缠绕在身。另一方面，当代大学生要培养自我珍视的意识，爱惜自己的身体和生命。身体是自我心灵交往的物质承载和生理基础，生命是个体从事一切实践活动的现实前提。当生活中

---

① 《马克思恩格斯选集》第2卷，人民出版社2012年版，第715页。

的各种压力变得难以调适、难以宣泄和难以承受,部分大学生选择了自我封闭、自我沉迷,或者自我伤害,甚至以结束生命的方式来对抗心理重压、逃避现实难题。周国平认为,生命、头脑、灵魂是人身上最为宝贵的三种东西。其中,生命居于首位,因为没有生命,其他一切都无从谈起。因此,他主张把体育扩展为生命教育,旨在培育对生命的尊重,不仅让学生身体健康、体格强壮,更让学生懂得热爱生命、尊重生命和享受生命①。当代大学生正确、积极的自我交往,关键在于树立正确的生命价值观,激发自身生命活力,和谐自我身心关系,开发个人生命潜能,以建构健康的生活方式,提升个体的精神生活品质。

社会交往(人我交往)是当代大学生交往生活的最主要形式,也是当代大学生置身其中又不乏困惑的事。正确认识自己的角色,了解在不同场合不同场景的角色定位是什么,应该有怎样的言行,并在此基础上扮演好自己的社会角色,展示好自己应有的言行,是当代大学生社会交往的主要内容。社会学家特纳提出,社会生活类似于戏剧舞台,对身处其中的个体角色都存在着来自"剧本"、其他"演员",以及"观众"的三类期待。② 个体只有明确他人和社会对自身的期待,才能更准确地把握自身的社会定位,并结合对自我角色的期待和认同,完成对社会角色的认知和整合。演员在舞台上有特定的角色,个体在现实生活中也有明确的地位;演员有表演所依据的剧本,社会中的个体也有需要遵守的行为规范;演员需要对同台演出的其他演员的表演作出回应③,个体在现实生活中也需要调适自己的行为以适应他人。当代大学生的社会角色扮演正是以自己的独特方式表现出与角色期待相一致的一套言行举止的过程。在校园生活中,室友关系与恋爱关系是当代大学生最为基本、最为重要的同辈关系,同时也是引起越来越多关注的社会关系。2004 年马加爵宿舍杀人事件

---

① 周国平:《学校最应教三种教育》,腾讯教育,2016 年 1 月 21 日。

② [美]乔纳森·特纳:《社会学理论的结构》,吴曲辉等译,浙江人民出版社 1987 年版,第432 页。

③ [美]乔纳森·特纳:《社会学理论的结构》,吴曲辉等译,浙江人民出版社 1987 年版,第430 页。

震惊全国,2013 年的复旦投毒案被告人林森浩于 2015 年 12 月 11 日被执行死刑,再一次把室友关系推上舆论顶峰,网友在震惊之余纷纷表示"感谢室友不杀之恩"。据调查显示,社交媒体为大学生逃避人际交往提供了"舒适区",现实的室友交往进一步弱化。甚至有学生表示,寝室同学是内心封闭的"容器人",彼此之间缺乏真正的心灵交流①,室友关系成为大学生中较为普遍的既让学生困扰也让老师忧心的问题。此外,对于青春期的大学生,恋爱关系同样影响着他们的情绪情感状态。"多喜欢你从来不会说,多在乎你到底懂不懂"②,诉说着等待爱情的无奈与焦虑;"在雨下的泡沫,一触就破。当初炽热的心,早已沉没"③,吟唱着爱情破灭的难过与失落。可见,社会关系的和谐程度与个体的精神状态密切相关。培养理性、积极的交往心态,构建健康、阳光的交往关系,成为当代大学生优化精神生活、提升精神生活品质的重要实践方向。

三、拓展当代大学生的文化生活

文化生活是当代大学生为了满足自身精神愉悦的需要而对精神资源的选择、使用和创造,主要包括个体的求知活动和审美活动,通过大学生的课外阅读、艺术欣赏、文艺创作、劳动实践等闲暇方式体现出来。文化生活是当代大学生丰富生活内容、强化精神享受、提高生活旨趣的主要路径。优化精神生活,文化生活毫无疑问是重要的内容构成。

修养是一个人的精神长相,而阅读,是提高个人修养,修炼个人精神气质的重要方式。杨绛说,读书,是为了遇见更美好的自己。而在严歌苓看来,"美丽"区别于"漂亮"的地方就在于灵魂的丰富和坦荡,"或许美化灵魂有不

① 《室友为何成最亲密陌生人》,《中国青年报》2014 年 3 月 25 日第 3 版。
② "90 后"人气歌手 by2 歌曲《爱丫爱丫》的歌词。
③ "90 后"人气歌手邓紫棋歌曲《泡沫》的歌词。

少途径,但我想,阅读是其中易走的、不昂贵的、不须求助他人的捷径"①。但值得注意的是,这里的阅读并不是一般意义上的看书,尤其对当代在校大学生而言。不同于为了完成课业或应付考核而看书,也不同于为了考取资格证书或应对资格审查而看书,阅读是个人为了满足求知欲望和审美需求而自主选择、自觉开展的读书活动。正如亚里士多德所言,求知出于闲暇与惊奇。每年临近世界读书日,各种有关阅读数量的调查便充斥眼球。2015 年 4 月 16 日,《人民日报》一篇名为《高校图书馆借阅量创十年新低 孩子今天你读书了吗?》的报道指出,2014 年北大图书馆书籍借阅总数为近 10 年最低②。报道一出,在引起类似"连北大学生都不爱读书了"的质疑的同时,也引来了类似"电子阅读取代书籍阅读"、"借阅量不等于阅读量"、"藏书于民逐渐普及"等的辩护。然而,我们应该看到,真正的阅读是个体与作者在同一个世界里共同经历、共同体验人生的诸多快乐、悲伤、喜悦与愤恨,它是一种无可替代的情绪感受和生命体悟。林语堂先生曾形象的描述,读书是无拘无束地从古今中外的作家中找寻与自己性情相近之人,不能受旁人指点或规约,就好比一见钟情,一旦遇到,天性自然会让他知道。因而,类似读书日的应景式关注,以及借阅数量的简单衡量,都不能真正提高阅读的地位,也不能提高大学生的阅读意识。一个人的精神发育史就是他的阅读史,"没有阅读就不可能有个体心灵的成长,不可能有个体精神的完整发育。通过阅读,我们不一定变得更加富有,但我们一定可以变得更加智慧。通过阅读,我们不一定能改变我们的长相,但一定可以改变我们的品位和气象"③。丰富大学生的精神生活,提升大学生的精神品位,促进大学生的精神发育和成长,需要在认识和行动上对阅读加以重视。一方面,学习意识不等于阅读意识,学习习惯不等于阅读习惯,要

---

① 严歌苓:《读书与美丽》,收录于《波西米亚楼》,陕西师范大学出版社 2009 年版,第 237 页。

② 《孩子今天你读书了吗?》,人民网,2015 年 12 月 23 日。

③ 朱永新:《改变,从阅读开始》,《新华文摘》2012 年第 7 期。

切实培养当代大学生自觉阅读的意识和自主阅读的习惯;另一方面,专业书籍、参考书籍的阅读并不是真正的阅读,要努力扩大当代大学生的阅读面。

中国休闲文化研究的代表马惠娣说过,休闲是"以欣然之心做心爱之事"。一个人的休闲情况是个体生活品质,尤其是精神生活品质的重要标志。"时间实际上是人的积极存在,它不仅是人的生命的尺度,而且是人的发展的空间。"①在马克思看来,自由支配时间的多少是衡量个人自由程度的尺度,个人自由发展的能力和生命成长的水平也与个人拥有的自由时间紧密相关。人类社会的发展进步,人类精神的不断进化,必然要求关注并致力于个体,尤其是青年人闲暇生活能力的培养和文化生活水平的提高。对当代大学生而言,艺术审美和兴趣爱好最能体现他们的文化旨趣和生活品质。艺术是生命的表现形式,是人诗意地把握外在世界的方式。艺术是人的生命力和创造力的外显符号,展现给人们一个美好的世界和理想的境界,其中,"人的心性乃至生活样式在感性自在中找到足够的生存理由和自我满足"②。不同于满足物质需要而获得的快感,艺术审美活动所获得的美感与实用活动无关,而是一种精神上的享受和愉悦。艺术形象的世界"能够激发人的崇高和美好的情感,诱发人的丰富和神奇的想象,唤起人的深沉和执着的思索,在心灵的观照和陶冶中实现人的精神境界的自我超越"③。以舞蹈、乐器、歌曲、绘画、雕塑等艺术形式激发当代大学生的审美兴趣,提高大学生的审美素养,引导大学生的审美追求,是优化并构建健康精神生活的重要方式。此外,当代大学生有着较为广泛的兴趣爱好,健身、骑行、马拉松、穷游,甚至极限运动等逐渐流行,义工、支教、志愿者等公益活动日益普遍,这些都在丰富着当代大学生的文化生活,充实着他们的精神世界,提升着他们的精神境界。

---

① 《马克思恩格斯全集》第47卷,人民出版社1979年版,第532页。
② 刘小枫:《现代性社会理论绪论》,上海三联书店1998年版,第302—303页。
③ 孙正聿:《人的精神家园》,江苏人民出版社2014年版,第89—90页。

四、充实当代大学生的心灵生活

"如果人只有物质性而没有精神性,那人就只是一种动物,只需要吃喝,只需参加生存斗争就行了,无须信仰,也无须为道德操心。如果人只有精神性而没有物质性,人就不会有物欲,人也就成了'不食人间烟火'的'幽灵'。"①正因为人是物质性与精神性的统一,因而既要保持物质性,又要超越物质性。童世骏教授把精神生活中与日常生活相对立的部分称为"心灵生活",并指出,心灵生活主要体现的是个体对精神价值的一种体验与追求②。现实生活中,不少大学生忙碌于日常的繁杂事务,同时又感叹着内心的空虚寂寞。他们纠结于自身的学分绩、奖学金、技能证书,同时又对朋友圈中他人的志愿服务、为梦想奋斗、挑战自我等行为羡慕嫉妒恨。甚至有大学生感叹,我每天忙碌地追逐、匆忙地赶路,但我不知道自己追求的到底是什么。对他们而言,忙碌的身影终究无法填补心灵的空白。心灵生活是大学生思虑人为何而生、走向何处,人的存在有何价值与意义,人生该有何作为、该如何作为等问题的精神体验及积极追求,主要体现在大学生的社会理想、人生信仰和道德追求等方面。

构建社会理想。共同社会理想的存在与信奉是整合人们精神力量的重要方式,同时也是个体,包括当代大学生持续发展得以依托的精神家园。"物与人共同组成了人的每一种活动的环境,没有这个环境,活动就是无意义的……不在一个直接或间接地证明他人在场的世界里,就没有任何人的生活是可能的,甚至荒野隐士的生活也不可能。"③这种他人在场的世界为个体所提供的,不仅是一个生存的物理场所、生活的关系空间,更是一个价值的文化世界、意义的精神家园。一方面,作为社会共同体的成员,当代大学生必须依托社会这一母体,并以公民的身份获得参与社会公共生活的入场券。同时,社会以共同

---

① 林德宏:《物质精神二象性》,南京大学出版社2008年版,第25页。
② 童世骏:《世俗化社会中的精神生活论纲》,《思想与文化》2005年第0期。
③ ［英］汉娜·阿伦特:《人的境况》,上海人民出版社2009年版,第14页。

理想、文化共识、核心价值的方式为身处其中的大学生提供群体规范、情感导向和精神归属，使其避免价值混乱和精神无依的痛苦。另一方面，在当前社会全面深化改革的时代背景下，人们既充满梦想又不乏困惑。以共产主义、中国特色社会主义、中华民族伟大复兴的中国梦等为内容的社会理想系统既过滤着不符合社会主流的思想和情感，并潜移默化地把社会规范和目标要求渗透个体的认知图式，又孕育着超越现实困境、引领社会发展的良好风尚和时代精神。构建社会理想，充实心灵生活，是激励并主导当代大学生精神生活发展的重要方式。

确立人生信仰。信仰是支撑个体度过人生困境的精神支点，是激励个体排除万难不懈奋斗的精神动力，也是指引个体坚持追求的精神明灯。是否具有明确、科学的人生信仰，不仅影响着当代大学生的精神面貌和生存状态，还在很大程度上决定了当代大学生精神生活发展的最终水平。美国心理学家弗兰克尔曾被关押在纳粹集中营，他发现，囚徒一旦失去对人生信仰的坚持和生命意义的领悟，他们很快就会死去。而那些始终坚守内心信仰、相信生命意义的人，往往能劫后余生。这就是所谓的"明白为什么活着的人总能知道自己该如何更好地活下去"。目前，有部分大学生把吃喝玩乐、今朝有酒今朝醉作为自己的人生"信仰"，享受当下，不问明天，得过且过。显然，这种满足于感官刺激和肉体享受，仅仅把自身作为物质生活资料消费者的行为与动物的本能无异，并没有彰显作为人的主体性、能动性和创造性。另外，有部分大学生按照别人要求的方式生活，他们阶段性地完成父母划定的目标，认为人生的目标就在于扮演父母所期待的角色，因而在生活意义的问题上不存在思考不得、疑惑不解的痛苦与焦虑。然而，理性本身就表征了人的精神存在和精神生活。正如苏格拉底所说的"不经反思的人生不值得过"，缺乏自我思考、缺乏意义追求的人生是茫然而苍白的。引导当代大学生明晰当下的人生处境，明确自我的生命意义，确立科学的人生信仰，对助力大学生的精神追求，实现大学生的精神成长至关重要。

　　明确道德追求。人类作为群居性动物,必须依赖一定的规则以明确社会交往的行为方式和活动范围。而道德作为引导、制约和调节人类社会生活的主要工具,社会往往借以实现自身的有序发展,并在整合社会成员的同时促使个体实现自我价值追求。当前大学生存在的精神迷失,部分是由道德理想缺乏、道德价值偏颇引起的选择困惑和行为失范。旧的道德价值体系已经崩塌,而新的体系尚未确立,身处其中的大学生因为既缺乏社会经验又无有效指导而手足无措。引导当代大学生明确自身的道德追求,充实其心灵生活,对于缓解大学生在社会公共空间的精神焦虑,提供群体交往中的情感依托和精神归属具有重大意义。然而值得注意的是,培养个人道德意愿比形成某种外在的行为模式更为重要。引导大学生明确道德追求,重要的不是罗列应有德性的清单并严格执行,而是培育当代大学生健康的道德心态和性情,使道德理想成为大学生自觉自愿的追求。

第五章　优化当代大学生精神生活的方法与路径

当代大学生精神生活的现实状况存在一定的偏失,其发展变化受到市场经济、多元文化、现代科技、社会支持、人生境遇等因素的影响,并表现出在与物质生活的辩证互动中发展,在与群体精神生活的相互渗透、相互影响中发展,在网络虚拟环境的建构与解构中发展,个体精神生活的继承、延续发展,在重要生活事件影响下的突变性发展的基本特点,这在一定程度上揭示了大学生精神生活环境建构发展、需要驱动发展和自我继承发展的基本发展规律。基于此,本研究尝试提出当代大学生精神生活的优化模型,即环境助力之教化熏染、教育引导之精神养成、自主建构之现代修身等层次推进、三位一体的模型,三者分别具体表现为社会保障、德育引领和自我调适,并协同促进当代大学生精神生活在环境建构、需要驱动和自我继承中实现良性、持续发展。其中,社会保障主要解决个人精神发展的方向、条件问题,保障的是个人发展方向;德育引领主要解决个人精神发展的全面、协调问题,引领的是个人发展领域;自我调适主要解决个人精神发展的自觉、自主问题,调适的是个人发展状态。

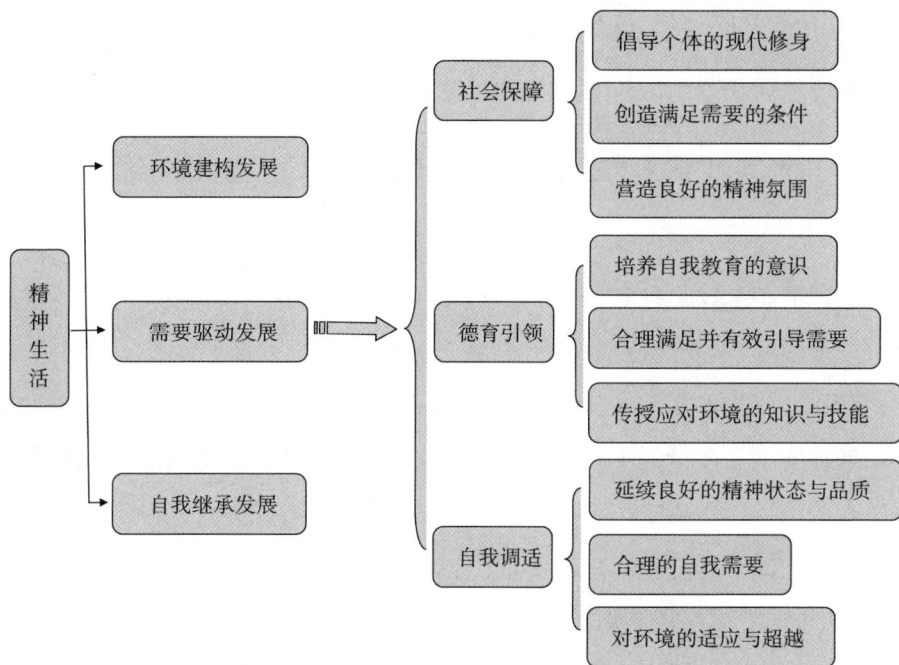

图 5-1：当代大学生精神生活发展规律及优化模型

第一节　当代大学生精神生活的社会保障

马克思主义认为，"人们自觉地或不自觉地，归根到底总是从他们阶级地位所依据的实际关系中——从他们进行生产和交换的经济关系中，获得自己的伦理观念"①。社会在政治、经济、文化等方面的引领，是当代大学生精神生活优化、发展的基本保障。

一、高扬社会主义共同理想，为当代大学生精神生活发展提供价值支撑

社会核心价值体系对身处其中的公民有着重要的价值整合和精神凝聚功

---

① 《马克思恩格斯选集》第 3 卷，人民出版社 2012 年版，第 470 页。

能,确立社会共同理想、培育社会核心价值观念,可以为大学生的生存发展提供明确的精神导向。

(一)加强社会主义意识形态建设,强化大学生对社会主义共同理想的信仰

意识形态工作是党和国家一项极端重要的工作。毛泽东说过:"凡是要推翻一个政权,总要先造成舆论,总要先做意识形态方面的工作。"邓小平指出:"帝国主义搞和平演变,把希望寄托在我们以后的几代人身上。"大学生作为未来社会主义建设的主力军和社会主义事业的接班人,是国际意识形态斗争争夺的焦点。而高校作为培养大学生的摇篮,自然成为意识形态工作的前沿阵地。因此,做好高校宣传思想工作,是一项战略工程、固本工程、铸魂工程,必须牢牢掌握高校意识形态工作领导权、话语权,不断巩固马克思主义指导地位。这既是加强高校意识形态阵地建设的需要,也是强化大学生精神发展导向的要求。

习近平在2018年全国宣传思想工作会议上强调,要以坚定的理想信念筑牢精神之基。加强社会主义意识形态建设,强化大学生对共同理想的信仰,首先必须加强马克思主义理论教育。马克思主义是科学的理论,创造性地揭示了人类社会发展规律;是人民的理论,第一次创立了人民实现自身解放的思想体系;是实践的理论,指引着人民改造世界的行动;是不断发展的开放的理论,始终站在时代前沿①。作为中国共产党的指导思想,马克思主义是中国特色社会主义事业的理论武器。在当前复杂开放多元的社会生态下,马克思主义理论教育不能降低标准、淡化意识形态色彩,否则无异于解除自我精神武装。巩固马克思主义在思想意识领域的主导地位,树立大学生的马克思主义信仰,一方面,要加强马克思主义理论研究和建设工程重点教材建设,创新高校思想

---

① 习近平:《在纪念马克思诞辰200周年大会上的讲话》,《人民日报》2018年5月5日第2版。

政治理论课教学方法,提高理论教育的针对性和实效性;另一方面,要进一步促进马克思主义的大众化,在研究、回应和解答重大现实问题上作出特殊的理论贡献,在理论宣传、舆论斗争、现实解题的过程中完善学术话语体系,增强话语吸引力和影响力。其次,避免认识误区、强化现实践行。中国人民大学刘建军教授曾用“三个等同于”来概括当前社会对共产主义信仰的认识误区:把共产主义信仰等同于中国特色社会主义共同理想,把中国特色社会主义共同理想等同于中国特色社会主义共同理想的实现,把中国特色社会主义共同理想的实现等同于中国特色社会主义共同理想什么时候实现。其实,这一认识偏误同样存在于大学生对中国特色社会主义共同理想的认识上。强化大学生的理想信念,需要在全社会营造一种既重视对美好未来的想象和追求,也着力推动在现实生活中的坚定信念和身体力行的氛围。最后,创新大学生意识形态工作方法。意识形态建设是一项于国家、于社会、于个体都相当重要的工作,但要对青年、大学生这一特殊群体发挥引领和强化理想信念的效果,还需要运用合适的方法。“对于意识形态工作者来说,需要通过道德、法律及其他意识形态工具规范青年思想与行为,但是对于青年来说,他们却没有被宣传、被规范、被教育的需求。”①因此,社会意识形态工作要获得大学生的认可和响应,就必须适应大学生的审美习惯、话语风格,以恰当的方式方法契合大学生的某种需要。此外,意识形态的特征也决定了社会主义理想信念教育的现实要求。意识形态具有对立性和排他性,一个人的思想不可能同时由两种思想所占领,社会主义不去占领,资本主义就占领了,因而社会主义理想信念教育是必要并且紧迫的。意识形态要通过占据、主导一个人的思想才能发挥作用,而这是一个渐进的过程,因而意识形态建设和理想信念教育也是一个长期的过程。大学生处于价值观尚未完全稳定成形的时期,容易受到外界的影响,因而意识形态建设和理想信念教育还有一个不断巩固的问题,尤其是针对大学生群体。

---

① 廉思:《善做“看不见”的青年意识形态工作》,《人民论坛》2015 年第 15 期。

总之,加强社会主义意识形态建设,强化大学生的中国特色社会主义共同理想,既是明确精神追求,引领大学生树立与时代主题同心同向的理想信念,也是激发精神动力,促使大学生敢于有梦、勇于追梦、勤于圆梦,为实现中国梦增添强大青春能量。

(二)培育社会主义核心价值观,为大学生确立正确价值观提供标准

"核心价值观是一个民族赖以维系的精神纽带,是一个国家共同的思想道德基础。如果没有共同的核心价值观,一个民族、一个国家就会魂无定所、行无依归。"①当前,中国社会正处于全面深化改革、制度深度转型的时期,经济快速发展的同时社会矛盾也急速凸显,诚信缺失、坑蒙拐骗、贪污腐败等各种社会乱象丛生,个人主义、功利主义、享乐主义等思想观念涌现。加上国际意识形态斗争的激烈化,青年始终是各方竞相争夺的主要对象,西方敌对势力极力推销民粹主义、新自由主义、历史虚无主义等错误思潮混淆视听、扰乱人心,大学生的价值观念受到极大的冲击。加强社会主义核心价值观的培育与践行,是构建民族精神家园、确立大学生价值标准与支撑的重要举措。

价值规范"是一种为了保证人类正常生活秩序并由习惯性力量和利害关系共同造成的集体意识和规则体系,他以特定的价值预设为逻辑起点和行动前提,传导出对社会成员的、以共同利益为取向的行为期待与约束,是一种具有鲜明自为性特征和历史继承性的文化传统与历史记忆方式"②。作为对社会价值规范的进一步提炼,社会主义核心价值观是对社会应该提倡什么、反对什么的价值性判断和规范性约定,对凝聚改革共识、指引全民奋斗方向,对引

---

① 习近平:《在文艺工作座谈会上的讲话》,《人民日报》2015年10月15日第2版。
② 张慧君等:《马克思主义视阈中的精神生活与全面建设小康社会》,长春出版社2011年版,第30页。

领当代大学生的价值观念、行为方式和生活方式起着重要作用。培育社会主义核心价值观,为大学生提供价值导向和精神遵循,首先要契合个体内在需要。要从国家、社会角度的"我要求你……"转变为大学生角度的"我需要……",实现社会主义核心价值观对大学生现实困惑的解答、价值迷茫的导向、未来无序的引领。要实现文件语言、教材语言、教学语言到生活语言的转换,运用大学生喜欢的对话言语和交流方式,让社会主义核心价值观融入、服务并引导大学生的学习和生活。只有在现实生活中真正落细落小落实,表达个体心理需要、契合个体成长诉求,大学生才会主动接受、自主内化、积极践行社会主义核心价值观。只有与个体现实的、具体的生活相贯通,与个体生存的、发展的需要相契合,才能让大学生在丰富多彩的生活场景中自觉遵循,在平凡朴素的生活细节中自觉彰显,否则,社会主义核心价值观教育难以深入人心。其次,要发挥榜样示范作用。先进典型是社会主义核心价值观的人格化身,是引领社会主流价值的精神旗帜。在中国特色社会主义建设的过程中涌现了一批批充满时代感、饱含正能量的先进个人和集体,比如传播真理的宋书声,知识报国的赵忠贤,乡村筑梦的李元敏,逐梦太空的王淑芬;又如"雕刻火药的大国工匠"徐立平,在悬崖绝壁上书写精彩传奇的"当代愚公"黄大发,勇担民族复兴大任的"天眼巨匠"南仁东,爱生如子、甘做学生成长引路人的高校思想政治理论课教师曲建武;等等。这些先进典型、时代楷模,用自己的人格魅力和实际行动展现着新时代的精神风貌,张扬着新时代的精神品格,为大学生的生活、学习和工作提供了最直接、最生动的标杆。确立大学生的精神榜样,激发大学生的精神动力,需要大力宣传先进典型,发挥榜样示范作用,形成学习先进、争当先进的浓厚风气。最后,要强化法律法规保障。法律法规在社会公共领域具有刚性约束力,在维护社会秩序、整合社会力量中是对道德规范、价值准则的有力补充。2018 年 5 月,中共中央印发的《社会主义核心价值观融入法治建设立法修法规划》强调,要着力把社会主义核心价值观融入法律法规的立改废释全过程,推动社会主义核心价值观全面融入中国特色社主义法律体系,筑牢全国各族人民团结奋斗的共同思想道德基础①。要建立重大公共政策道德风险评估机制和社会主义核心价值观负面清单制度,光明正大地捍卫正义,毫不含糊地惩治丑恶,确保价值导向更加鲜明,运用法治手段保障合法权益、弘扬美德善行、促进向上向善,形成有利于培育和践行社会主义核心价值观的精神环境和法制氛围。

二、发展社会主义市场经济,为当代大学生精神生活发展提供刚性支持

马克思主义理论认为,经济基础决定上层建筑。对个人生存发展而言,物质生活有着基础的、首要的意义,影响和制约着个体精神生活的发展。发展社会主义市场经济,不仅能使社会发展成果极大地丰富大学生的物质生活,同时也能为大学生精神生活的发展提供刚性支持。

(一)提高生活水平,完善学生资助系统,夯实精神追求的物质基础

物质生活是精神生活优化发展和质量提升的现实基础,是制约精神生活发展的重要因素。优化当代大学生的精神生活,需要观照其物质生活状况,满足必要的物质生活需要,尤其要着力解决贫困学生的经济困难,夯实精神追求的物质基础。

首先,提高家庭经济收入。当代大学生物质生活的边缘性一定程度上反映的是家庭的物质生活水平问题。改善家庭经济状况,并不必然引起大学生精神生活品质的提升,但减少了物质基础对精神追求的掣肘,也为大学生精神生活的发展提供了更多可能。《中国家庭财富调查报告2019》显示:2018年我国家庭人均财产为208883元,比2017年的194332元增长了7.49%,增长

---

① 《中共中央印发〈社会主义核心价值观融入法治建设立法修法规划〉》,中国政府网,2018年12月17日。

速度高于人均 GDP 增速(6.1%)。城乡家庭财产差距较大,2018 年城镇和农村家庭人均财产分别为 292920 元和 87744 元,城镇家庭人均财产是农村的 3.34 倍,且城镇家庭人均财产增长速度快于农村。[①] 虽然全国劳动者家庭平均总收入有了较大增长,但显然还有提高的空间,尤其是农村家庭的增收。夯实当代大学生精神生活发展的物质基础,要求进一步扩大高水平开放,不断完善社会主义市场经济制度,多渠道、多方式增加居民家庭经济收入,着力促进贫困大学生家庭生活水平和生活品质的提高,加快推进精准扶贫、精准脱贫工作,尽可能减少贫困生物质匮乏带来的精神贫乏问题。其次,完善大学生资助系统。目前针对在校大学生的主要资助方式包括奖学金、国家助学贷款和助学金三种,并辅以生活费补助、在校勤工助学、贫困生学费减免、师范生免费教育等方式,这些是减轻贫困生经济负担、缓解其经济压力的最直接方式。完善大学生资助系统,一方面要加大财政拨款,不断丰富资助的方式,加大资助的力度和覆盖面,让更多贫困大学生真正受益,在一定程度上解决制约精神生活发展的物质难题;另一方面要依据学生的贫困程度以及贫困生具体情况的差异不断优化资助政策,减少重复受助、遗漏受助、受助不均等引起学生心理失衡的问题,实现资助效果的最大化。此外,还可以通过整合社会力量改善贫困生物质生活状况。鼓励社会捐助,发展社会慈善事业,动员更多民间力量参与到贫困大学生的社会救助当中,使更多有需要的大学生及时得到资金和物资的赞助,甚至精神上的勉励和鼓舞。但需要注意的是,物质困难大学生的心理相对比较敏感、脆弱,因此必须注意资助的方式方法,积极关照贫困学生的心理状况和精神状态,尽量减少贫困生在受助过程中可能遭受的心理伤害。

(二)解决就业问题,缓解精神压力,拓展精神生活的发展空间

不管是本科毕业即就业,还是继续深造以后再就业,就业问题是大学生始

[①] 《〈中国家庭财富调查报告 2019〉发布:家庭人均财产超 20 万,房产占比仍居高不下》,中国经济网,2020 年 11 月 20 日。

终要面临的问题。尤其是在当前就业形势不容乐观的情况下,能否顺利找到合适工作成为多数大学生从一入学就开始焦虑的问题。在大学四年的学习生活中,当代大学生遭遇着重重精神压力,不仅就业本身是主要的压力源,而且学业成绩、人际关系、个人能力、感情生活等问题都多多少少与个人的就业焦虑相关联。发展社会主义市场经济,创造更多适合大学生的就业机会,优化大学生创新创业的现实平台,是缓解当代大学生,尤其是即将毕业大四学生的精神压力,拓展其精神生活发展空间的重要策略。

解决当代大学生的就业问题,一是优化产业结构,提供更多的就业岗位。我国目前是制造业大国,但还不是科技大国、创新大国。发展科学技术,提高创新能力是今后我国社会经济发展的重要方面。2015 年 3 月 5 日,李克强在全国两会上作《政府工作报告》时提出了"中国制造 2025"的宏大计划。5 月 19 日,国务院正式印发《中国制造 2025》,明确了通过"三步走"实现制造强国的战略目标。制造业是国民经济的主体,是立国之本、兴国之器、强国之基。目前,与世界先进水平相比,中国制造业仍然大而不强,在自主创新能力、资源利用效率、产业结构水平、信息化程度、质量效益等方面差距明显,转型升级和跨越发展的任务紧迫而艰巨①。大学生作为社会中具有较高科学文化素质和较强创新精神的群体,理应在我国高精尖产业发展中发挥推动甚至领航的作用,担当起制造强国、科技强国、创新强国的使命担当。这需要加快地方行政方案和产业政策体系的落细落实,促进信息技术、高端装备、新材料、生物医药等重点领域吸纳大学生就业,并加强对灵活就业、新就业形态的支持;二是完善国家政策,创造大学生自主创业的良好条件。自 2014 年李克强总理提出"大众创业、万众创新"的理念后,国家开始鼓励和支持应届大学生自主创业,以缓解大学生的就业压力。当代大学生是思维灵活、开放、前沿,自主意识、创新意识强,信息搜集能力和技术运用能力强,并敢想敢做、充满热情和活力的

---

① 《国务院关于印发〈中国制造 2025〉的通知》,中国政府网,2015 年 12 月 21 日。

青年群体。他们急于在社会经济发展浪潮中闯出属于自己的一片天地,做出一番成就以向成人世界证明自己。鼓励大学生自主创业,国家首先需要在政策上提供支持和保障,建立公平的市场环境,完善大学生创业扶持政策。其次,加大财政支持和政府扶持力度,并在一定程度上向大学生倾斜,保证大学生在创业扶持中的一定比例,为大学生自主创业提供良好的社会环境和政策支持。再次,推动大学生创业第三方综合服务体系建设,搭建各类创业孵化平台,完善政策咨询、融资服务、跟踪扶持、公益场地等孵化功能[①]。然而,仅仅通过政府的支持和政策的保障还远不能真正解决就业问题,如果个人能力不足以胜任某一类职位,或者不适合创业,大学生同样要面临被解聘或创业失败,并再次加入就业大军的问题。因此,必须整合社会与高校的力量完善大学生就业创业教育,提供系统的职业生涯规划教育和职业素养培训,以提高大学生的技术水平和发展能力,打造个人的职场核心竞争力。通过建立创业人才汇聚平台,建设大学生创业导师团队,开展普及性培训和"一对一"辅导相结合的创业培训活动,帮助大学生增强创业意识、增进创业本领。总之,坚持讲授与体验相结合,坚持专业知识与实践技能相结合,促进就业创业的职业培训学习常态化,有利于缓解大学生在就业问题上的精神压力,拓展个人精神生活的发展空间。

三、繁荣社会主义先进文化,为当代大学生提供充足的精神食粮

个体精神生活的发展、优化不能脱离社会精神文化这一母体,在个体与社会的良性互动中,实现民族精神家园对个体精神生活的文化供养。

(一)弘扬中华优秀传统文化,传承精神命脉

传统文化是一个民族在历史发展过程中形成的涵盖价值观念、风俗习惯、

---

① 《中共中央国务院印发〈中长期青年发展规划(2016—2025年)〉》,《人民日报》2017年4月14日第1版。

道德情操、生活方式、心理特性、审美情趣等众多内容的有机整体。传统文化"使代与代之间，一个历史阶段与另一个历史阶段之间保持了某种连续性和同一性，构成了一个社会创造和再创造自己的文化密码，并给人类生存带来了秩序和意义"①。优秀传统文化是中华民族的精神财富，它凝结着中华民族祖祖辈辈的生存智慧，蕴含着众多为人处世的伦理规范，作为一种群体共享的价值规范，具有社会整合、群体凝聚与情感归属等功能，是构筑现代精神文明的重要基础。

习近平总书记指出，中华文化积淀着中华民族最深沉的精神追求，包含着中华民族最根本的文化基因，代表着中华民族特有的精神标识。而中华优秀传统文化"是中华民族的精神命脉"，"是我们在世界文化激荡中站稳脚跟的坚实根基"，抛弃传统、丢掉根本，就等于割断了自己的精神命脉，把中华文化、优秀传统文化放到了民族的精神追求、精神标识和精神命脉的高度。然而，社会转型带来的文化断裂、西方多元文化的强势冲击，以及市场经济发展的功利主义趋向等因素，致使大学生的精神生活受到冲击，价值观念日益模糊，众多优秀传统道德和文化都日趋式微。弘扬优秀传统文化，加强优秀传统文化对社会主义先进文化的滋养，是大学生传承精神命脉、赓续精神力量、构筑精神家园的迫切要求。一是要打开视野，端正认识。要有更高远的历史站位，充分认识中华优秀传统文化对承续中华民族精神基因、构建中华民族精神家园、凝聚中华民族精神力量、涵养社会主义核心价值观、滋养个体精神生活的重要作用，并注重传统文化的全面性、丰富性和系统性，抓住精髓、把握重点。二是要内容辨识，深入挖掘。在对待传统文化的问题上，既要避免全盘袭用，恢复固有文化的复古主义，也要反对全盘否定，缺乏现代价值与意义的虚无主义。中华优秀传统文化"既包括核心思想理念，如讲仁爱、重民本、守诚信、崇正义、尚和合、求大同等核心思想理念；也包括中华传统美德，如自强不

---

① 樊浩：《中国伦理精神的现代构建》，江苏人民出版社 1997 年版，第 199 页。

息、敬业乐群、扶危济困、见义勇为、孝老爱亲等中华传统美德;还包括中华人文精神,如文以载道、以文化人的教化思想,形神兼备、情景交融的美学追求,俭约自守、中和泰和的生活理念等"①。我们要通过科学的分析和鉴别,以辩证的否定、扬弃的态度取其精华、去其糟粕,深入挖掘传统文化当中具有当代价值的思想观念和文化形式。三是要现代阐发,继承创新。根据新时代中国特色社会主义发展的需要、中华民族伟大复兴的需要和人民美好生活的需要对优秀传统文化进行全新的阐释,不断赋予其新的时代内涵和现代表达方式,激活其内在的生机和活力,实现传统文化的创造性转化和创新性发展。此外,在具体方式方法上,加强优秀传统文化教育要以弘扬爱国主义精神为核心,以家国情怀教育、社会关爱教育和人格修养教育为重点,通过家庭熏陶、学校教育、社会文化建设等方式增强大学生对优秀传统文化的认知和践行,以充分发挥优秀传统文化对大学生精神生活的引领、孕育和滋养功能。

(二)繁荣社会主义文艺,树立精神旗帜

当代大学生的健康成长不仅需要物质力量的支持,更需要精神力量的支撑,不仅需要行为方式的规范,更需要先进文化的引领。建设社会主义文化强国,是一项关涉民族自尊、国家自信和人民幸福的重大任务。发展社会主义先进文化,繁荣社会主义文艺,不断丰富人们的精神世界,营造良好的精神文化氛围,有助于提高社会的精神文明程度和人们的精神生活水平。

2015年中共中央《关于繁荣发展社会主义文艺的意见》指出,"文艺是民族精神的火炬,是时代前进的号角,最能代表一个民族的风貌,最能引领一个时代的风气",并明确要求当代中国文艺以"举精神旗帜、立精神支柱、建精神

---

① 李宗桂:《中华优秀传统文化现代转型的必由之路——"两创":建设文化强国的科学方针(适势求是)》,《人民日报》2018年6月10日第7版。

家园"为崇高使命。① 发展社会主义先进文化,繁荣社会主义文艺,首先,要坚持正确的导向。要把社会主义文化事业放到现代化强国建设的战略全局中,坚持以人民为中心的创作导向,坚持"双为"方向和"双百"方针,发展中国特色社会主义文化,为实现"两个一百年"奋斗目标和中华民族伟大复兴提供强大的价值引领力和精神推动力,努力增强人民的文化获得感和满足人民对美好生活的向往。其次,要创造引领时代发展的高品质作品。文艺作品的好坏是时代精神面貌的重要窗口,是社会精神文化发展的显示器。习近平总书记在 2015 年文艺工作座谈会上指出了当下文艺工作中的一些不良现象,批判了文艺创作中丑化人民群众和英雄人物、过度渲染社会阴暗面、把作品当作追逐利益的"摇钱树"、制造文化"垃圾"、热衷于所谓"为艺术而艺术"等现象,明确要求"文艺不能当市场的奴隶,不要沾满了铜臭气",而要"坚守文艺的审美理想、保持文艺的独立价值"②。因此,文艺工作者要讲品位、讲格调、讲责任,抵制低俗、媚俗、庸俗,要正确处理社会效益和经济效益的关系,用心用情用功抒写伟大时代,不断推出讴歌党、讴歌祖国、讴歌人民、讴歌英雄的精品力作,努力创作更多思想精深、艺术精湛、制作精良相统一,更多体现中华文化精髓、反映中国人审美追求、传播当代中国价值观念、符合世界进步潮流的优秀作品。显然,这也是环境渲染、文化滋养当代大学生精神生活的重要方式。最后,要深化文化体制改革。让人们过上殷实富足的物质生活和健康丰富的文化生活是全面建成更高水平小康社会的重要目标。坚持中国特色社会主义文化发展道路,深化文化体制改革,要求建设和谐文化、发展先进文化,激发文化创造活力、提高文化产品质量,通过发展网络文化、公益文化,推动现代文化产业的发展与完善,用科技创新带动文化繁荣,促进社会主义文化大发展大繁荣,增强全社会的文化自觉和文化自信。而全社会精神文化生活的丰富化、多

---

① 《中共中央关于繁荣发展社会主义文艺的意见》,《人民日报》,2015 年 10 月 20 日第 2 版。

② 习近平:《在文艺工作座谈会上的讲话》,《人民日报》,2015 年 10 月 15 日第 2 版。

样化、现代化以及全民文化自信水平的提升,必然有助于身处其中的大学生的精神生活质量提升。

(三)引导青年亚文化发展,激荡精神活力

亚文化一般被认为是与主流文化相对应存在的,没有所谓的主流文化,也就无所谓亚文化。亚文化在青年的精神成长和个性发展中扮演着重要角色,因而有必要积极引导青年亚文化的良性发展,充分发挥亚文化激荡青春活力、丰富精神生活的作用。

在社会化过程中,青年因为自身求新、求异、求变的特点,以及在年龄、社会地位、教育水平等方面与其他群体的区别,加上自主意识增强带来的与成人世界有意无意地疏离,他们逐渐聚合成能够确认自身社会地位的小群体,并形成了群体内部独特的价值观念、人生目标、生活方式、行为习惯等。这些构成了该群体解决问题的方法,即所谓的青年群体文化。有学者认为,亚文化是青年对成人世界主流文化的反叛与颠覆,并试图进行文化话语权的争夺,他们群体内部的、小众的话语体系、价值观念、行为风格等文化内容,是不被成人世界所接受的。但也有学者对此持相反意见,他们认为青年亚文化总的来说是与主流文化相契合的,只是在具体生活细节、日常行为方式上具有明显的群体特征。目前,青年亚文化主要通过消费、休闲、偶像崇拜、婚恋观念等具体内容表现出来。随着新媒体技术的发展,智能手机、掌上电脑的日益普及,自媒体、融媒体时代到来,网络早已成为青年生活的第二空间,不仅是传播青年亚文化的重要载体,同时也是催生、建构、塑造青年亚文化的重要力量。青年亚文化也在网络上得到集中体现,自拍、恶搞、自黑、吐槽等网络行为,××控(萝莉控、大叔控、手机控)、××体(淘宝体、甄嬛体、十动然拒体)、××段子(黄段子、黑段子、红段子)等文化形式,蓝瘦香菇、洪荒之力、吃瓜群众等流行表达,对影视作品、流行歌曲、网络文学等的个人偏好,等等,都成为青年群体表达自我喜好与诉求、嘲讽自我状态与境遇、给予自我鼓励与能量的方式。此外,抖音、快

手、B 站等消遣空间,直播、弹幕、游戏等文化形态,佛系、丧、空心等心理图景,都是审视青年精神状态、把握青年精神动态、了解青年精神生活的重要窗口。在青年群体通过自我实践获得文化领地、文化资本和文化话语权的同时,主流文化势必需要强化自身的一元主导地位。这就需要主流文化在巩固、发展过程中加强对亚文化的吸收和引导,并鼓励在正确价值导向下文化形式的多样化发展。此外,青年亚文化的引导既需要从推动社会主义核心价值观落细落小落实、加强中国特色社会主义先进文化建设、创造优秀文化产品、发展文化产业等大的方面着眼,确保亚文化发展的正确方向,还需要从运用青年日常话语、符合青年行为习惯、贴合青年生活实际、契合青年发展需要等小的方面入手,切实提高文化引导的针对性和实效性。

四、完善社会主义现代教育,强力助推当代大学生精神生活发展

教育是一种有组织、有计划、有目的地对教育对象施加影响的社会实践活动,就社会教育事业的发展而言,它属于精神文明建设的范畴。相比于环境对个体思想观念和精神状态影响的复杂性(影响因素广泛、影响性质多重、影响方式多样),教育是对个体道德发展、精神成长的导向明确、科学有序的价值引领。"真正的教育乃在于从人和社会的需要出发,既赋予人从事社会生活的能力,也提升人的精神发展的水准,使人性在合乎自然规律和社会规律的总体框架下,不断向更高层次和更加完满的程度攀升。教育,立足于社会和历史的背景之下,既对人性进行拓展,使其丰满和富足,也对人性进行超越,使其不断达到更新、更高的水平。"①助推人的个性丰富和精神富足,是社会主义教育事业发展的题中之义。

---

① 王坤庆:《精神与教育——一种教育哲学视角的当代教育反思与建构》,华中师范大学出版社 2009 年版,第 3 页。

（一）加大教育投入，保障精神教育有效开展

教育投入，是精神教育得以有效开展的现实基础和基本保障。《国家中长期教育改革和发展规划纲要（2010—2020 年）》指出，"教育投入是支撑国家长远发展的基础性、战略性投资，是教育事业的物质基础，是公共财政的重要职能"，因此，要"切实保证经济社会发展规划优先安排教育发展，财政资金优先保障教育投入，公共资源优先满足教育和人力资源开发需要"，"把教育摆在优先发展的战略地位"。

教育投入首先表现为资金的投入。充裕的资金是教育得以运行并持续运行的物质基础，虽然教育理念上的不重视和教育实践上的不彻底是大学生精神教育实效性差的重要原因，但资金的短缺也成为很多高校精神教育、人文教育贯彻落实的掣肘。2018 年 3 月，国务院总理李克强在作政府工作报告时指出，我国财政性教育经费占国内生产总值比例持续超过 4%。但这只是达到了世界衡量教育水平的基础线[1]，作为一个经济大国，中国却还远未成为教育大国，教育投入水平严重滞后于国民经济发展水平。充分发挥教育助力社会主义精神文明建设、提高国民思想道德素质、丰富人们精神生活的作用，需要加大教育资金的投入。其次，资源的投入。丰富精神生活、发展精神个性不是凭空进行的，它必须有精神资源的滋养和精神力量的输入。阅读的匮乏，尤其是人文经典阅读的匮乏，既是当代大学生精神生活贫乏的表现，又是精神生活贫乏的原因。阅历尚浅、经验不足的大学生面对浩如烟海、参差不齐的出版物容易茫然不知所措，如何选择有益于自身的读物成为他们面临的现实问题。更重要的是，目前适合大学生阅读的高质量、高水平的经典书籍较为稀缺。有

---

[1]　注：国家财政性教育经费支出占国内生产总值 4% 的指标是世界衡量教育水平的基础线。

统计显示，我国图书出版量世界第一[①]，但市面上存在大量拼接、重复的书籍，品种虽多，但质量不高。因此，教育投入的重要方面是有效、高质的精神资源投入，通过组织各领域中的专家学者团队，整合力量，共同打造经典教材、经典读物、经典课程等高品质的精神资源，并通过有益读物推荐、网络公开课程建设等方式推广普及，使之真正成为大学生精神成长的食粮。最后，师资的投入。教师是大学生精神成长的重要陪伴者，更是大学生精神发展的主要领路人，在大学生精神生活的优化建构中发挥着不可替代的重要作用。师资的投入主要体现为对教师，尤其是青年教师生活生存状况的改善。初入职场，多数青年教师都怀抱着对学生教育、学术研究的理想，对实现自我价值充满期待。然而，现实与理想难免存在落差，理想很丰满、现实很骨感的无奈同样适用于青年教师群体。他们被称为"工蜂"，他们自嘲为"青椒"，而房子、职称、收入、家庭等压力的缠绕更是让他们变成了"青焦"，不仅对教育事业的满腔激情被慢慢消磨，个体自身的心理状态和精神生活品质也出现了一定程度的失衡。廉思在《工蜂：大学青年教师生存实录》中表示，有高达84.5%的高校青年教师（总计5138位受访者）认为自己处于社会中层及中层以下。"一个被誉为象牙塔里的精神贵族的群体，本来应该是引领社会文化风潮的群体，结果却普遍地将自己归位在社会中下层，归位为转型中国的'学术民工'。"[②]因此，只有优化、改善教师的生存状态，才能更好地发挥教师教书育人的作用。

（二）整合教育力量，发挥精神教育合力

任何群体的教育都不是某一特定机构或某一特定群体的义务，也不是某一特定机构或某一特定群体所能独立完成的，大学生的教育成长更是如此。

---

① 注：2013年全国新闻出版工作会议上，新闻出版总署署长柳斌杰指出，我国年出版图书世界第一、日报发行量世界第一、电子出版物总量世界第二、印刷业总产值世界第三，出版大国名副其实。
② 艾青椒：《高校青年教师群体忧思录》，中国社会科学网，2015年12月23日。

当代大学生精神生活的优化引导,需要整合家庭教养、学校教育和社会教化的力量,充分发挥精神教育的合力。

父母是孩子的第一位老师,家庭是孩子的第一所学校,是孩子最初的社会化场所。"在家庭中,孩子的人格形成,是作为最自然的状态,以母亲和父亲彼此和睦协力的关系为基础,通过父母与子女的全面人格的接触而进行的","父母平常对于生活的态度以及对孩子的教养态度,对孩子的性格、生活习惯的形成、情操的陶冶以及道德的培养都起着相当大的支配作用"。①　然而,随着孩子进入大学开始寄宿生活,家庭的直接影响日趋式微。但家庭教养具有早期性和终身性的特点,这种原生性教育影响往往贯穿了孩子的一生。弗洛伊德认为,童年基本决定了一个人的未来,幼年的经历对个体成年后的情感模式、行为模式都有着深远的影响。因此,构建健康的精神生活必须整合家庭的教育力量,通过构建良好的亲子关系、采用科学的教养方式、营造和谐的家庭氛围等方式引导、促进大学生的精神成长;学校对大学生精神生活的影响,不仅通过课堂教学、社会实践等方式进行知识传授和技能培养,更重要的是通过教师个人人格魅力带来的身正示范效应影响学生的为人处世。教师的这种非权力性影响力往往有着难以想象的教育效果,他们的政治素质、道德情操和学术品格都直接影响着大学生的价值观念、思想道德和行为取向。因此,强调高校教师的师德建设,培养造就一支师德高尚、业务精湛、结构合理、充满活力的高素质专业化高校教师队伍,引导广大高校教师做有理想信念、有道德情操、有扎实学识、有仁爱之心的好老师,是高校培养拥护中国共产党领导和我国社会主义制度、立志为中国特色社会主义事业奋斗终身的有用人才的重要举措。而这其中,思想政治理论课是落实立德树人根本任务的关键课程,思政课作用不可替代,思政课教师队伍责任重大。习近平总书记在学校思想政治理论课教师座谈会上强调,思政课教师政治要强、情怀要深、思维要新、视野要广、自

---

①　[日]矢岛羊吉、福保博行:《论家庭、学校与道德教育》,王健、孙凤翔摘译,《外国教育动态》1982年第3期。

律要严、人格要正,要给学生心灵埋下真善美的种子,引导学生扣好人生第一粒扣子①;社会教化具有一定的情境性、示范性和开放性,主要通过社会风气、舆论引导、行为规范等方式发挥作用,表现出显性方式与隐性方式相结合、直接影响与间接影响相统一、柔性手段与刚性手段相配合等特征。社会教化的影响广泛渗透大学生日常生活的方方面面,但也由于影响性质的多重性和非可控性,在实施过程中难以完全规避消极影响而确保正面效应。家庭教养、学校教育和社会教化的根本目的具有一致性,即促进大学生成长成才,实现自由全面发展。在具体整合过程中,一方面要保持教育理念的高度统一,不仅要促进大学生专业成才,更要实现大学生人格完整、精神成人;另一方面要保持教育行动的高度一致,努力营造良好的成长环境,在对大学生提出价值、道德、行为等要求的同时身正示范,发挥榜样的正向引领作用,凝聚社会发展的正能量,激发学生积极向上的精神动力。

第二节　当代大学生精神生活的德育引领

习近平总书记在 2018 年的全国教育大会上指出,"培养什么人,是教育的首要问题。我国是中国共产党领导的社会主义国家,这就决定了我们的教育必须把培养社会主义建设者和接班人作为根本任务,培养一代又一代拥护中国共产党领导和我国社会主义制度、立志为中国特色社会主义奋斗终身的有用人才。这是教育工作的根本任务,也是教育现代化的方向目标"②。学校教育以立德树人为根本任务,是促进大学生社会化、促进大学生精神成长的重要力量。而"作为一种有目的、有意识地改造人的思想行为和建构人的精神家

---

①　《习近平主持召开学校思想政治理论课教师座谈会强调　用新时代中国特色社会主义思想铸魂育人　贯彻党的教育方针落实立德树人根本任务》,《人民日报》2019 年 3 月 19 日第1 版。

②　《习近平在全国教育大会上强调 坚持中国特色社会主义教育发展道路 培养德智体美劳全面发展的社会主义建设者和接班人》,《人民日报》2018 年 9 月 11 日第 1 版。

园的社会实践活动,现代思想政治教育立足人的现实存在,把探索人的生存规律、化解人的生存难题和提升人的生存品质作为自己的主题"①。优化当代大学生精神生活,提高个体生活安全感、幸福感和获得感,高等教育,尤其是高校德育理应乐为、敢为、有为。

一、转变高校德育理念,促进当代大学生精神成人

德育理念是人们经过长期的德育实践和理性思考后形成的对德育的思想观念及理想追求,它既是对德育实然的理性认识,也是对德育应然的合理预期。高校德育理念是否科学,从根本上决定着高校德育实践的方向和成效,影响着当代大学生精神成人的实现程度。

(一)把大学生精神生活建构问题提升到人的现代化发展的战略高度

基于对社会主义现代化目标的深刻认识和实践总结,党的十九大报告提出"到本世纪中叶全面建成富强民主文明和谐美丽的社会主义现代化强国",描绘了对中国未来发展的全新展望。一方面,大学生精神生活的现代化是社会主义现代化强国的题中要义。社会现代化的关键在于人的现代化,人的现代化的关键在于思想观念的现代化。国家强大的核心在于人的强大,人的强大的核心在于精神的强大。美国人类文化学家英格尔斯在大规模调研了六个发展中国家的个人现代性情况后指出,现代制度及守则、大纲等本身只是一些躯壳,如果运用这些东西的人缺乏赋予其真实生命力的现代心理基础,失败不可避免。"一个国家,只有当它的人民是现代人,它的国民从心理和行为上都转变为现代的人格,它的现代政治、经济和文化管理机构中的工作人员都获得

---

① 万光侠等:《马克思主义人学视域中的思想政治教育范式转化研究》,山东人民出版社2014年版,第76页。

了某种与现代化发展相适应的现代性,这样的国家才可真正称之为现代化的国家。"①并且他认为,社会心理学研究中所谓的"现代的",应该理解为"一种精神现象或一种心理状态",而"现代性"就是指一种"精神状态"②。可见,人,尤其是人的精神状态和精神境界是衡量个人现代化程度、社会现代化水平和国家的强盛程度的最重要因素。但人的价值观念的转变、精神素养的提升,以及美好生活需要的满足都不是一招见效、一蹴而就的,需要在建设社会主义现代化强国的过程中提高认识、着重关注、强力推进。另一方面,具备现代化精神素养的大学生是社会主义现代化强国建设的核心主体。人的现代化并不是社会现代化完成以后的附带效果,而是社会现代化的动力所在,是经济转型、制度改革取得成功并最终实现整体现代化的先决条件。而作为兼具"青年"与"知识分子"双重身份的大学生,更理应成为社会主义现代化强国的建设者,民族复兴大任的担当者。"青年"源于对"青春"的认识,毛主席曾把青年比喻成"早晨八九点钟的太阳",寓意蓬勃的生命活力、无限的发展可能,以及与东方相对应的社会地位,就是对青年本质力量的认可与期盼。此外,从个体层面而言,相比于中年和老年在过去、现在、未来时间领域的差别,青少年过去的时间最少而未来的时间最多,他们可展望、可改变、可塑造的空间最大,更加具有面向未来的条件。因此,青年学生要明确自身的角色定位,自觉担当起建设社会主义现代化强国,实现中华民族伟大复兴的历史使命。

"人走向现代化的过程,也就是同阻碍其发展的各种因素相抗争,摆脱各种自然力量、社会力量的束缚,谋求人的全面发展过程。"③高校把优化大学生精神生活作为工作主题,把精神生活问题提升到促进人的现代化发展的战略高度。首先,要统一认识,树立青年优先发展的理念。党的十八大以来,以习近平同志为核心的党中央高度重视青年发展,这在学校思想政治理论课教师

---

① [美]英格尔斯:《人的现代化》,殷陆君译,四川人民出版社 1985 年版,第 8 页。
② [美]英格尔斯:《人的现代化》,殷陆君译,四川人民出版社 1985 年版,第 20 页。
③ 郑永廷:《人的现代化理论与实践》,人民出版社 2006 年版,第 5 页。

座谈会上的讲话(2019 年 3 月 18 日)、北京大学师生座谈会上的讲话(2018年 5 月 2 日,总计十次提及"接班人")、党的十九大报告(2017)、《中长期青年发展规划(2016—2025 年)》(2017)、全国高校思想政治工作会议精神(2016)中均有鲜明体现,可以说是从民族复兴大业、政党兴衰存亡、个体安身立命的高度对青年提出了丰富精神世界、增强精神力量、坚守精神追求的要求。高校要有高远的历史站位、宽广的国际视野和深邃的战略眼光,坚持培养担当民族复兴大任的时代新人、培养现代化的合格建设者和可靠接班人的高站位,立德树人,关注和致力于促进当代大学生精神生活的现代化。其次,要明确标准,明晰高等教育"四个服务"的理念。厘清"培养什么样的人"的问题,既内蕴着对"为谁培养人"的回答,也是解决"怎样培养人"问题的前提。明确所育之人为何人、所育之人如何评价的标准,才能使德育工作真正做到有的放矢,精准发力。"我们党立志于中华民族千秋伟业,必须培养一代又一代拥护中国共产党领导和我国社会主义制度、立志为中国特色社会主义事业奋斗终身的有用人才。在这个根本问题上,必须旗帜鲜明、毫不含糊。"①而在担当使命、履行职责,并实现教育现代化的过程中,高等教育发展要同我国发展的现实目标和未来方向紧密联系在一起,为人民服务、为中国共产党治国理政服务、为巩固和发展中国特色社会主义制度服务、为改革开放和社会主义现代化建设服务,这是新时期我国高等教育改革发展的根本遵循。而关注大学生的精神生活,助力大学生的精神成人,是"四个服务"顶层设计在高等学校真正落地的重要指向。最后,要协同力量,贯彻全员全程全方位育人的理念。思想政治理论课是落实立德树人根本任务的关键课程,思政课教师要给学生心灵埋下真善美的种子,引导学生扣好人生第一粒扣子。在发挥思政课主阵地和主渠道作用的同时,各类课程都要与思想政治理论课同向同行,形成协同效应。每位

---

① 《习近平主持召开学校思想政治理论课教师座谈会强调　用新时代中国特色社会主义思想铸魂育人　贯彻党的教育方针落实立德树人根本任务》,《人民日报》2019 年 3 月 19 日第 1 版。

教师都肩负起教好书、育好人、树好人的职责,守好一段渠、种好责任田,明确并贯彻"课程思政"的理念。然而,教学并不等同于教育,课程教学也不是教书育人的全部。高校要把思想价值引领贯穿教育教学的全过程和各环节,形成教书育人、科研育人、实践育人、管理育人、服务育人、文化育人、组织育人的长效机制。要构建大德育的大格局,整合多方资源,协同多方力量,着力培养大学生具有意气风发、乐观向上、自信敢为的精神面貌和具有理想信念、爱国情怀、知识见识、奋斗精神的精神品质。

(二)坚持个体适应性与社会适应性相统一

个体精神生活发展的价值导向既要体现个体需要,又要契合社会需要。优化当代大学生的精神生活,要求高校德育坚持个体适应性与社会适应性相统一的理念。

高校德育作为一种对象性的实践活动,教育对象的认同与接受情况是教育实效性的直接体现,是衡量教育质量的重要标准。在新时代美好生活需要日益多样和高质的背景下,精神生活作为个体满足精神需要的动态过程与静态结果的统一,对教育的个体适应性提出了更高要求。首先,要适应大学生的道德发展规律。皮亚杰认为,道德发展的过程可以分为"前道德阶段"、"他律道德阶段"和"自律道德阶段"。科尔伯格以道德两难故事法对道德发展理论进行了改进和拓展,提出了三水平六阶段理论。还有学者指出,学生掌握道德概念大致要经过四个发展水平,即:初步概括和学会把概念运用于熟悉的情境中、形成具有一般特征的概念但在类似的情境中运用还不够熟练、掌握较确切而明白的概念并能在不熟悉的情境中加以运用、充分掌握概念的内涵并善于在任何生活和活动条件下加以运用①。个体道德发展的阶段性要求教育引导遵循阶段推进的原则,只有以学生现有发展水平为基础,针对不同年龄阶段、

①　[苏]伊·斯·马里延科:《德育过程原理》,牟正秋、王明辉译,人民教育出版社1985年版,第134—135页。

不同道德水平、不同道德发展层次的教育对象提出既不跨越发展阶段以免遥不可及、失去动力，更不落后于现有发展水平以免丧失积极性、主动性和导向性的教育阶段目标，才能提高教育的针对性和实效性。其次，要适应大学生的接受心理特点。大学生认知和接受教育内容的过程必须依托一些用于接收、加工、存储和输出相关信息的中介手段，包括概念、范畴、逻辑、认知图式等。其中，认知图式是个体理解世界、解释经验的思维框架和思维模式。认知的发展是一个个体图式在外部刺激下不断同化、顺应，并取得新的平衡的过程。因此，只有适应大学生的认知水平、接受方式和心理特点，运用熟悉的话语符号，契合已有的思维习惯，采用偏好的表达方式，才能提高教育的亲和力和吸引力。再次，要适应大学生的成长发展需要。人的发展"是逐步增强社会性，形成、发展和完善人的社会本性，成长为合格的社会成员的过程"①。在这一过程中，人的需要，物质的或者精神的需要，意识到的或者未意识到的需要，当下现实的或者长远发展的需要，道德、智力发展的或者体力、审美能力发展的需要等，都应该得到有效满足和有力引导。只有充分考虑到大学生的精神诉求，教育工作才能做到学生的心坎上，引导学生播下真善美的种子，让学生真心喜欢，终身受益。湖南大学每年组织"移动思政课堂进农村"的活动，由马克思主义学院所有思政课教师带领研究生和本科生代表奔赴县市、乡镇，坚持事先有计划、学习有主题、过程有讲解、考察有报告、回校有交流，帮助学生深入了解国情、社情、民情，感受自身享有的优越条件、大有可为的广阔空间以及社会对自身的殷切期待，在此基础上引导学生明确自身的社会责任和历史使命，正确认识自我，合理定位自我，并激发学生回报社会、报效祖国、实现价值的精神需要和内在动力。通过开展参观、体验、走访、调查等适合学生、吸引学生的社会实践活动，采用深入、平等、民主、对话等学生期盼、青睐的交流互动方式，帮助学生在深刻的感受和体悟中求解"为什么要坚持中国共产党的领导？"、"为

① 张耀灿等：《现代思想政治教育学》，人民出版社 2006 年版，第 252 页。

什么要坚持改革开放?"、"社会主义制度的优越性在哪?"等思想困惑问题,引导学生在强烈的对比和触动中思考"我能做什么?"、"社会需要我做什么?"、"我怎么更好地实现自我价值?"等人生发展问题,使教育真正做到了"入耳"、"入脑"、"入心",收到了吸引人、感染人、教育人的良好效果。

此外,人是社会的产物,人对社会的依赖性体现在个体的生存、发展和自我实现等方方面面。"除了由个人的联合所形成的群体,即社会,就不再有任何外在于个人的东西了。于是,道德目标也就是那些以社会为对象的目标。而合乎道德地行动,也就是根据集体利益而行动。"①当代大学生精神生活的发展本身就内蕴了社会发展的现实需要,同时个体的精神生活也必须依托而不能脱离社会这一母体才能实现健康、持续发展。因此,优化和引领当代大学生的精神生活,高校德育必须坚持社会适应性原则。一方面,高校德育对大学生精神生活的引领要适应社会、政党、国家的发展需要。"某种形式的客观现实必然制约着每一个国家根据其特殊背景所制定的当前的教育目的"②,每一项教育行动都指向最终由社会确定的某个目的。当前,对当代大学生精神生活的德育引领,必须紧紧围绕统筹推进"五位一体"总体布局和协调推进"四个全面"战略布局,在党的坚强领导下,全面贯彻党的教育方针,坚持马克思主义指导地位,坚持中国特色社会主义教育发展道路,坚持社会主义办学方向,引导学生坚定"四个自信",鼓励学生为实现中华民族伟大复兴贡献自己的青春力量。另一方面,高校德育对大学生精神生活的引领要适应时代变化带来的社会发展新需要。经济市场化、政治民主化、文化多元化、社会信息化的时代发展态势对现代公民的品德素质提出了新的要求:坚定的政治立场、明确的道德观念、积极的心理状态、良好的媒介素养和较强的适应能力等。在现实生活或虚拟空间,国内或国际等不同空间、地域,在政治生活、经济活动、生

---

① [法]涂尔干:《道德教育》,陈光金、沈杰译,上海人民出版社2001年版,第60页。
② 联合国科教文组织国际教育发展委员会:《学会生存——教育世界的今天和明天》,教育科学出版社1996年版,第183页。

态关系、文化交往等不同领域,也都有人们参与其中的特定规则。而这些时代性的新内容、新要求,都需要在高校德育的目标和内容中得到回应。

"任何教育活动在其本质上,都承担着解决社会与个体之间矛盾的使命,这种使命的实现,内在地要求教育活动必须在对社会与个体双方的把握与适应中寻求解决矛盾的出路。"①马克思说过,"人不是抽象的蛰居于世界之外的存在物。人就是人的世界,就是国家,社会"②。世界、国家和社会都是由人构成的,社会的发展是个人发展的延伸,并为个人的进一步发展提供条件和保障。而人的发展是社会发展的基础,也是社会发展的最终目的。因而,高校德育在适应个体发展需要和社会发展需要的问题上具备了统一的基础。然而,高校德育引领当代大学生精神生活发展的个体适应与社会适应,并不能简单地理解为亦步亦趋的满足、迎合和取悦,而是在了解对象需求、把握个体特征,明确时代要求、内化社会目标的基础上提高教育的吸引力、亲和力,针对性、实效性,实现对学生精神世界发展的超越和对学生精神生活品质提升的引领。

二、完善高校德育内容,促进当代大学生精神生活全面优化

教育内容是教育者为了实现教育实践预期而选择、设计,用以影响受教育者的政治思想、道德规范、价值观念等信息,它是实现教育目标的必要载体。优化当代大学生精神生活,促进大学生精神成人,需要从以下几个方面完善高校德育内容。

(一)价值主导性内容提供精神导向

各个时代都有以时显时隐的意识形态向青少年所呈现的思想体系,"如果没有这些意识形态的信奉,不管'生命方式'所蕴含的意义如何,青少年总

---

① 沈壮海:《思想政治教育有效性研究》,武汉大学出版社 2001 年版,第 86 页。
② 《马克思恩格斯选集》第 1 卷,人民出版社 2012 年版,第 1 页。

经受着价值混乱的痛苦"①。在当前多元文化交流交融交锋更加频繁、国际思想文化斗争更加激烈的现实环境下,不少大学生陷入了价值观念上的混乱无序和价值选择上的无所适从,培育和凸显社会核心价值观念,为大学生的生存发展提供精神导向显得尤为迫切。价值主导性内容是"社会内在需要、追求和主张外在表现的观念或对象化形态",是"社会成员需要和追求的集合化和理性化的表达"②。它对个体的精神成长和精神生活构建起着根本性的价值引领作用,是现代高校德育内容体系的核心内容。

　　加强当代大学生的价值主导性内容教育,首先,要强化社会主义核心价值观教育。社会主义核心价值观是我们全党全社会价值共识的集中反映,它承载着民族与国家的精神追求,体现着社会评判是非曲直的价值标准,约定着公民为人处世的行为框架。加强大学生社会主义核心价值观教育,高校教师要构建理论性与实践性、引领力与亲和力相结合的话语体系,从"一厢情愿"、单向输出转变为"两相情悦"、双向互动,提高大学生的接受度;要在促进内容知晓、情感认同、价值认可的基础上着力增强大学生解决实际问题的能力,引导他们独立思考、价值鉴别、行为实践;要充分利用社会资源、整合"名人"力量,通过聘请社会各界知名人物进校园,用人格魅力、成功经验、幸福密码潜移默化地引领大学生价值取向,等等。此外,要注重宣传教育、示范引领、实践养成相统一,注重政策保障、制度规范、法律约束相衔接,使社会主义核心价值观融入大学生的学习生活和精神世界。其次,要突出理想信念教育。一方面,这是对个体意义感缺失、使命感弱化的回应。社会现代化过程中的全面转型升级、深化改革和迅猛发展让身处其中的个体不确定性、风险性增强,价值动荡后的精神失落、拒绝崇高后的心灵贫乏、即时满足后的自我迷失,尤其自嘲或被嘲

---

　　① [美]埃里克·埃里克森:《同一性:青少年与危机》,孙名之译,浙江教育出版社 1998 年版,第 174 页。
　　② 王立仁:《思想政治教育内容体系及其逻辑展开模式构想》,《长春工业大学学报》(高教研究版)2008 年第 6 期。

"佛系"、"空心"、"青焦"的个体,迫切需要理想信念作为清醒剂、强心针和指向灯。另一方面,这是事业接继、民族复兴的诉求。无数历史表明,只有共同的理想信念,才能最大范围地凝聚人心、汇聚力量,这是我们保护领土完整、保证主权独立、全力建设国家的重要凭借。中国梦不是一记响亮的口号,更不是一拥而上、一蹴而就的,它需要一代又一代中国人的共同努力和接力奋斗。习近平总书记在全国宣传思想工作会议上指出,新时代宣传思想工作的重中之重就是要以坚定的理想信念筑牢精神之基,坚定对马克思主义的信仰,对社会主义和共产主义的信念,对中国特色社会主义道路、理论、制度、文化的自信。当代大学生的理想信念教育,要紧密贴合大学生的生活实际,把社会理想与个体的生活理想、职业理想结合起来,引导大学生把个人的前途、命运与国家和民族的前途、命运紧密结合在一起。要避免片面强调未来理想的追求和实现,而忽视现实生活信念的支撑和指引,强化大学生通过志愿服务、奉献爱心、生态建设等具体实践方式践行为人民服务、人的自由全面发展、人与自然和谐共处等的理念。要构建大学生理想信念教育的长效机制,使理想信念教育常态化、系统化,等。引导当代大学生以理想信念补好个人立人、立业、建功的精神之"钙",铺好个人生存、生活、发展的精神基石。最后,要加强爱国主义教育。中国传统的家族血缘、乡土宗亲、家国一体的伦理观念和文化特质,倡导个体通过修身、齐家、治国、平天下的实践路线实现家与国的贯通、"小我"与"大我"的统一,甚至个人与国家的休戚与共。作为中华各族人民共同的精神支柱,爱国主义是凝聚全国人民团结一致的向心力,是激励中华民族不懈奋斗的精神力量。而对于当代大学生而言,爱国,是立德之源,是立功之本。一方面,大学生爱国主义教育要着力强化大学生的国家认同感和历史责任感。当代大学生成长于经济全球化的背景下,开放性、包容性强而历史感、国家感弱。"对青年来说,历史的价值就在于在历史中寻找出路……对历史的重新整合,汇集到思想的焦点之中,力求了解历史发展的趋势,找到现实课题的答案,作出对未来的预测。青年把握了社会发展的趋势,就能站在未来的高度对现实作出合理的选择,满怀理想,激发自己的创造力与想象力。"①因此,通过深化中国共产党史、中华人民共和国史、改革开放史和社会主义发展史的学习教育,强化国家认同感和历史责任感,是大学生爱国主义教育的重要内容。另一方面,爱国主义教育要与大学生的人生观教育相结合。"真正的爱国之情必然要牵涉到每个人的生活世界,是源于个人生活世界的内在的情感积累,是个人生活的精神支柱。"②只有让祖国与个人生活世界发生更多有意义的联系,爱国主义教育才能脱离"空洞"、"遥远"的形象而真正"入心"、"入脑"并见于行动。总之,要引导大学生在厚植爱国主义情怀上下功夫,努力培养爱国之情、砥砺强国之志、实践报国之行。引导大学生既与时代同频共振,又与国家同心同行,努力扎根人民、奉献国家,勇做走在时代前列的奋进者、开拓者、奉献者。

(二)社会规范性内容明确行为准则

社会规范性内容是为大学生的价值选择、是非判断和行为取向提供现实参考的有关社会生活中各类规则、规范的内容、效力和作用方式的信息。它是社会调节和约束公民行为的规则的集中表达,主要解决的是让大学生知晓社会规范的种类及其效力,培养遵守规则、履行义务以及维护权利的自觉意识,提高自我约束、承担后果的自主能力等问题。

社会规范性内容为大学生的行为处事确立了标杆,划定了范围。它主要包括道德教育和法治教育两种基本形式,是高校德育的基础性内容。一是要加强当代大学生的道德教育。道德修养是一个人的根本,"才者,德之资也;德者,才之帅也","若无德,则虽体魄智力发达,适足助其为恶"。因此,一个人只有明大德、守公德、严私德,其才方能用得其所。一方面,要引导大学生向

---

① 谢昌逵:《青春奥秘——青年的历史存在与社会角色》,中国发展出版社 2017 年版,第263 页。

② 张澍军:《德育哲学引论》,中国社会科学出版社 2008 年版,第 186 页。

上向善。必须坚持以为人民服务为核心、以集体主义为原则,推进社会公德、职业道德、家庭美德、个人品德建设,并通过规范化的要求和具体化的解读,融入教学实践全过程,使之成为大学生普遍认同并自觉践履的行为准则。党的十七大报告提出"要加强社会公德、职业道德、家庭美德、个人品德建设",在以往"三德"的基础上增加了个人品德建设,有力地突出了个人品德的重要性,丰富了大学生公民道德教育的内容。大学生要自觉讲道德、尊道德、守道德,通过学习道德模范、参加志愿活动、投身社会实践等方式,加强品德修养,锤炼道德品质,努力成为有道德的,向上向善、孝老爱亲,忠于祖国、忠于人民的时代新青年。另一方面,要促进大学生知行合一。道德教育关注大学生的道德知识、道德规范、道德理想和道德实践等,主要解决的是道德认知与道德行为相统一的问题。道不可坐论,德不能空谈。道德不在于言辞如何慷慨激昂,而在于是否付诸行动。知行是否合一既是检验个体道德与否的参考标准,也是评价道德教育成功与否的重要指标。就大学生的道德现实而言,目前还较多地存在着知而不愿行、知而不能行、知而不会行、知而错行、高知低行等知行脱节、知行不一的现象。高校必须进一步突出公民道德教育,培育学生个体的道德主体性,培养明辨是非的能力以及道德践行能力,促进大学生实现从他律到自律,从知德到行德的转化,引导大学生于实处用力,从知行合一上下功夫,做到迈稳步子、夯实根基、久久为功。二是加强法治教育。法律和道德犹如车之两轮、鸟之双翼,两者的协调运作是维持社会秩序、实现社会整合的重要手段,也是大学生确定自身行为边界的重要参考。通过法治教育提高大学生的法治素养,进一步明确个体与他人、社会和国家之间的关系,并通过对法律法规、规章制度的认知和认同,明确以什么样的准则指导个人价值判断,明确以什么样的规范指导个人实际行为,有利于减少大学生的行为偏差、缓解大学生的精神焦虑。党的十八大报告提出要推进"全民守法",要求"深入开展法制宣传教育,弘扬社会主义法治精神,树立社会主义法治理念,增强全社会学法尊法守法用法意识"。大学生相对较为容易受环境影响、同伴诱惑而产生越轨行为甚至违法犯罪,而"预防犯罪,最可靠但也是最艰难的措施是:完善教育"①。高校的法治教育首先要以明确民主与法治、法律与道德、纪律与自由、权利与义务、保护与惩戒等的相互关系为切入点,这是大学生充分认识到法治教育必要性的重要基础,也是法治教育产生实际效果的基本前提。其次要以培养大学生社会主义法治意识为核心,通过法学基础理论、基本法律知识和法制观念教育,培养学生知法、守法、护法、用法的自觉意识。最后要以培养大学生正确用法的行为能力为重点,这是决定大学生能否用所懂之法及时、有效维护自身权益的关键。

(三)对象需求性内容引导价值追求

对象需求性内容是基于人的发展和人的社会化立场,把受教育者存在的问题和发展的需要纳入德育视野而选择、确立和设计的教育内容。它旨在解决学生的现实问题,解答学生的思想困惑,满足学生的内在需要,引导学生的精神追求。在当前社会背景和个体发展状态下,对象需求性内容主要包括心理健康教育、幸福教育和人生规划教育等内容。

首先,加强心理健康教育。心理素质既是大学生综合素质的组成部分,又是其他素质发展提升的重要基础。当代大学生在价值追求、现实需要、评价标准等问题上面临的物质与精神的矛盾冲突比以往任何时代都要激烈。他们生存竞争大,为了将来在就业大军中多一些筹码而投身于繁重的学业和名目众多的兼职、实习、志愿活动中,对自身的精神需求无暇兼顾;他们遭遇学习、人际、婚恋、就业等众多现实问题,心理困扰多、心理压力大,对解决问题的路径寻求不得而焦虑,甚至精神疲软;他们徘徊于网络这一虚拟空间,自以为找到安身之所的同时却发现精神的无所依归。种种心理上的焦虑、困惑与困境,使他们迫切需要加强心理健康教育,切实解决现实的心理困扰,有效培育积极的

---

① [意]贝卡利亚:《论犯罪与刑罚》,中国法制出版社 2005 年版,第 128 页。

心理状态。一方面,心理健康教育要传授相关的心理健康知识,培养学生积极关照自身心理健康的自觉意识,帮助大学生锻造良好的心理品质和自尊、自爱、自律、自强的优良品格;另一方面,心理健康教育要着力传授心理调适的方法,提高学生的心理调适能力,帮助大学生消除心理困惑,增强克服困难、承受挫折的能力。在教育的具体实施过程中,心理健康教育并不是孤立进行的。它与理想信念教育相结合,培养大学生高远的精神追求和坚定的人生信念,与人生价值观教育相结合,培养大学生积极的人生态度和锐意进取的风貌,与解决现实问题相结合,帮助大学生排解精神焦虑和减轻心理负担。这样,心理健康教育才能有效贯彻,并收到实际的效果。其次,加强生命教育。"生活已经做出了安排,即使最迟钝的、脑满肠肥而头脑简单的人也不可能永远抛开这一问题,死亡及其先兆……一遍又一遍地提醒每个人这个尚未解决的、被搁置一边的人生意义问题。这个问题不是'理论问题',不是无聊的智力游戏,而是生活本身的问题。"①开创中国大学人文课程教育、倡导教育促进大学生精神成人的夏中义教授也指出:"活着是一种生物学层面上的肉体存在,肉身假如未被注入意义,便不可能化作文化学层面上的价值存在。"②可见,生命的意义问题是生命教育的内核。生命教育包括强健身体、珍惜生命、享受生命和超越生命等几个层次。在认知上,生命教育旨在引导大学生认识身体及生命的价值,培养尊重生命、关怀生命的意识;在情感上,生命教育着力培养大学生欣赏、珍惜并热爱个体身体与生命的感情,提高对生活的好奇心、责任心和热情;在信念上,生命教育重在通过引导学生探寻并确立自我人生的意义和追求,培养大学生实现生命提升和超越的自觉和信念;在行为上,生命教育强调学生掌握调适自我心态、宣泄不良情绪、运用生存法则、珍惜个体生命的方法,并切实提高方法实践能力。而作为与学生个体现实生活紧密相关的生命教育,更应

---

　　①　[俄]弗兰克:《社会的精神基础》,王涌译,生活・读书・新知三联书店 2003 年版,第191 页。

　　②　夏中义:《"精神成人"与大学》,《学术月刊》2003 年第 7 期。

该突出体验法在教育中的特殊作用,"通过记历史、写愿望、写墓志铭、画生命线等形式讨论生命历程,感受生命的成长、发展与衰老,感悟生命的丰富与短暂"①,提高学生的生命意识。最后,加强人生规划教育。人生规划是个体根据社会发展需要及自我发展指向,对个人未来发展道路的预先设计,分为成长、探索、决定、保持和衰退五个阶段。目前,学校较为重视和突出人生规划教育阶段划分上的"大学生涯规划教育"和内容划分上的"职业规划教育",对大学新生更是如此。大学生入学后,有一个了解新环境、适应新生活的过程,他们会面临所学专业前景如何、选择什么样的课程有利于发展、如何合理分配和有效安排时间、如何平衡学习和实践或情感的关系、如何规划四年大学时间等众多问题和困惑。人生规划教育应从引导学生认识自我、认识大学、认识专业、认识社会入手,以生活内容和人生阶段发展为着眼点,引导大学生探究人生意义和自我价值。另外,没有自我教育就没有真正的教育,学生个体内在的发展需要和成就动机是外在教育引导的基础和前提,也是个体实现发展的根本动力。因此,在了解学生需要的基础上进行合理引导、适时启发,提高大学生自我规划的积极性和主动性,是大学生人生规划教育的重要方面。

此外,随着时代的发展,人们的思想观念和行为方式会发生相应变化,社会与个体的需求也会有所改变。这要求高校德育除了包含价值主导性内容、社会规范性内容和对象需求性内容,还应关涉及时反映时代新要求的时代拓展性内容。时代拓展性内容是在时代变迁中社会发展新要求新主张在教育内容中的合理化表达和集约化呈现。但它并不是独立于社会要求与个体要求之外,而是对新时代背景下社会需要和个体需要的整合和补充。一方面,它是同一教育内容的再加强、再深化、再完善;另一方面,它是时代提出新课题、新要求、新挑战在教育内容上的体现。加强时代拓展性内容的教育,既是当代大学生有效吸收时代精神以充实自我精神生活内容的主观需要,也是确保当代大

---

① 薛春艳:《加强大学生生命教育的探索与思考》,《思想理论教育导刊》2014年第9期。

学生精神生活品质持续提升的必然诉求。在现时背景下,当代大学生教育的时代拓展性内容包括创新创业教育、媒介素养教育、幸福教育、生态伦理教育、全球意识教育等。

价值主导性内容、社会规范性内容、对象需求性内容和时代拓展性内容共同构成了高校德育优化大学生精神生活的内容体系。其中,社会主导性内容和价值规范性内容侧重满足社会的需要,具有一定的方向性和稳定性;对象需求性内容侧重满足个人的需要,具有一定的针对性和灵活性;时代拓展性内容是社会需要和个体需要的集中反映,具有一定的时代性和发展性。目前,四个部分都只是分别突出了现阶段最为重要的方面,而并非涵盖了全部的内容。并且,四个部分之间并不是截然对立的,在教育实践中,四者相互作用、相互渗透、彼此贯通,共同构成了优化当代大学生精神生活的现代高校德育内容体系。而在具体的教育实践过程中,教育内容的选择和设置则需要充分结合地区、教育阶段、对象群体以及群体内部的特殊性和差异性,因地制宜、因人而异,如此,才能真正收获教育的实际效果。

三、创新高校德育方法,促进当代大学生精神生活品质有效提升

科学方法是人们的认识活动、实践活动的工具和手段,是有效的目标和内容付诸教育实践并收到预期效果的中介和载体。雅斯贝尔斯说过,"如果我们把一切精神的、存在的及理性现象总括起来称为精神生活,那么,我们就可以说:以科学为其直接任务的大学的真正活动,在于它丰富的精神生活",而"大学的功用是运用各种方法激发精神生活"①。优化当代大学生的精神生活,需要完善高校德育方法,促进大学生精神生活品质的有效提升。

---

① [德]卡尔·雅斯贝尔斯:《什么是教育》,邹进译,生活·读书·新知三联书店1991年版,第166页。

(一)群体感染,提供正向精神能量

心理学家麦独孤认为,合群性是人类行为的重要特点。每一个人都与外界发生着交往关系,都身处一定的群体当中。对于青春期的大学生而言,这种合群的意识和要求更为强烈,他们渴望获得成人群体的认可和赞赏,尤其是他们重视、尊敬或者想要成为的人。因此,群体内部人与人之间的相互感染,群体外部其他人员的身正示范,往往能给个体带来精神上的正向能量,从而激发个体精神动力,丰富个体精神生活。

一是充分发挥同辈群体在当代大学生精神生活发展中的作用。同辈群体是大学生在校期间最为重要的相处对象,在各方面都密切影响着大学生的成长成才。首先要正确看待和平等对话当代大学生的同辈群体。同辈群体对大学生个体成长有着双刃剑作用,教育工作者要正视该群体发挥作用的难控性,并尝试去了解他们,创造平等对话的机会,营造尊重人格的氛围,这是引导同辈群体发挥正向影响的基础。其次,要主动关心和积极引导同辈群体的交往和发展。同辈群体发展得当,能够有效激发大学生的潜能,实现良性发展;同辈群体发展失控,则可能诱导大学生偏离正常发展轨道,甚至出现反社会行为。因此,教育者要做的不是安安心心地放任自流或因噎废食的围堵打压,而是引导大学生构建和融入积极、上进的交往圈,并鼓励大学生在健康的人际交往中提高社交能力、甄别能力和调适能力,通过有益的精神交往来丰富内心世界,舒缓精神压力。最后,要积极关注和重点培育同辈群体中的核心人物。一方面,教育者要有意识地通过培养核心人物来传播正确的思想观念和行为规范,引导群体成员的思想行为。另一方面,教育者要以群体中的意见领袖、情绪领袖等作为工作突破口,发现其长处,并积极创造施展的舞台,让核心人物的言行潜移默化地影响更多大学生。二是发挥教师在当代大学生精神成长中的特殊作用。有人曾对教育工作作了一个生动而诗意的形容:教育是一棵树摇动另一棵树,是一片云朵推动另一片云朵,是一个灵魂撞击另一个灵魂。在

当代大学生的精神成长中,教师更是那一棵去摇动的树、那一朵去推动的云、那一个去撞击的灵魂,发挥着不可替代的重要作用。教师要注重提高自我竞争力,强化自身胜任力,充分发挥自身言行的身正示范作用,以自身的见识、阅历、情感、人格、才能等非权力影响因素助力大学生精神世界的构建和精神境界的提升。然而,当前高校较为普遍地存在班级没有固定教室、老师上完课就走人、学生全校选课,以及教师科研考核压力大、教书育人精力少的情况,加上部分高校教师没有固定办公室,或者不需要坐班而无课不到校等,致使大学师生之间缺乏稳定而频繁的联系和面对面的交流。因此,必须创造有效机会、提供必要保障来强化师生互动,充分发挥教师对大学生的积极影响。三是营造积极、和谐的校园人际环境。校园不仅是一种物质环境,它更是一种人际环境、精神环境。校园能够通过身处其中的不同群体把学校精神、校园文化传递给学生,并以群体意识、校园风尚、舆论导向的方式,"形成巨大的推动力量和无形的规范效应,对学生个体的精神面貌和行为方式随时随地地进行校正,确保学生远离'社会性偏差'"①。

(二)文化整合,强化校园精神归属

以文化人是高校立德树人的重要方式。其中,校园文化主要通过文化活动、文化产品、文化氛围等途径丰富大学生生活内容,提高大学生生活品位,并以情感陶冶、道德引领和思想感化等方式促进学生的信念确立、价值认同和行为养成,为大学生提供精神支撑和精神归属。

文化具有涵养价值观念、引领生活方式,促使个体形成一定思维方式和行为习惯的功能,并且能够通过启发大学生自觉的自我审视,提升个体优化精神生活的意识和能力。一方面,文化所内涵的价值取向和行为方式以一种传统的惯性力量影响和制约着身处其中的个体,这些共识性的文化因子既是成员

---

① 梁大伟:《论高校思想政治教育环境对大学生文化素质的影响》,《黑龙江高教研究》2011年第3期。

之间进一步沟通交流的基础,也是成员产生责任意识和精神归属的重要条件。另一方面,"人对自身的关系只有通过他对他人的关系,才成为对他来说是对象性的、现实的关系"①。在纷繁复杂的文化环境中,大学生通过他者来反观自己,在审视多样化、个性化他者的同时深化对自我的认知,这是他们形成自我认同、进行自我管理的基本方式。充分发挥校园文化对当代大学生精神生活的优化、塑造功能,需要以社会主义核心价值观为引领,加强公寓文化、社团文化等形式的文化建设,建构由寝室文化、公寓文化到班级文化、社团文化,再到校园文化的层级文化体系。公寓文化是以学生宿舍、公寓为场域的各种文化现象的总和,它涉及学生寝室生活的方方面面,比如行为规范、学习态度、价值取向、集体意识、生活习惯等,是校园文化在特定空间的体现,是社会文化在校园一隅的缩影。公寓文化是校园精神文化建设的重要抓手,通过建设绿色公寓、文化公寓、特色公寓,完善公寓阅览室、运动室等设施,营造温馨、舒适、轻松的生活环境,为大学生提供释放压力、舒缓心情、调适状态的场地;通过定期举办寝室文化节、主题寝室装扮、文明寝室评比等活动,有效丰富大学生的文化生活,充实大学生的情感世界和心灵世界;通过在楼道中间张贴名人名言、艺术作品,或展览学生的书法、绘画作品和手工艺品,提高大学生的生活格调和审美情趣,等等。充分发挥公寓的文化价值,有利于改善学生的精神风貌,提高学生的精神品位。而社团作为大学生自我教育、自我管理、自我服务、自我监督的重要形式,具有自主性、开放性、同辈性等特征,是高校培养大学生主体意识、激发大学生精神动力的主要途径。加强社团文化建设,首先要充分发挥学生的自主权,创建多样化的社团。比如篮球社、吉他社、自行车协会等以发展兴趣爱好为旨趣的趣缘型社团,就业指导协会、准律师协会、爱心支教团等以特定事业为导向的业缘型社团,校友会、老乡会等以联络感情为目的的地缘型社团,等等。以多样化的社团满足和引领大学生多样化的兴趣爱好与

---

① 《马克思恩格斯选集》第1卷,人民出版社2012年版,第59页。

发展需要,真正发挥社团培养学生综合能力,提高学生人文素养的作用。此外,要探求社团的特色化发展道路,提高社团文化对成员的整合力,充分发挥社团文化对成员的人格塑造、感情熏陶、价值培育、行为养成、精神构建的潜移默化的影响。

(三)网络构建,拓展精神培育场域

作为现实世界的发展和延伸,互联网使青年精神生活的场域、内容和方式都发生了很大改变,网络虚拟精神生活成为当代大学生精神生活的主要形式。当代大学生精神生活向虚拟领域的拓展,迫切要求高校德育工作进驻网络空间,抢占网络阵地。

借助网络优化当代大学生精神生活,首先要更新观念,积极抢占阵地。信息化、网络化社会和新媒体、自媒体、融媒体时代的到来,使网络育人成为高校德育的新形态。2015 年 3 月 5 日,李克强总理在十二届全国人大三次会议上的政府工作报告中首次提出了"互联网+"行动计划,强调各行业积极利用互联网平台和信息通信技术,把自身与互联网联系起来,实现深度融合、跨界融合,最终实现自身的现代转型和换代升级。2015 年 7 月,国务院印发《关于积极推进"互联网+"行动的指导意见》,提出要"鼓励学校利用数字教育资源及教育服务平台,逐步探索网络化教育新模式",互联网教育成为新形态、新常态。这要求教育工作者更新观念,强化网络意识,树立网络思维,提高建网用网管网的意识和能力,抢占网络教育新阵地,推动思想政治工作传统优势同信息技术高度融合,掌握构建学生精神世界的网络工具。其次要主动适应,充分利用资源。互联网时代,网络成为大学生认识世界、积累知识和丰富生活的场所和工具。同时,他们又被网络塑造和建构着。这要求建设高校思想政治工作网,打造信息发布、工作交流和数据分析平台,加强高校思想政治工作信息管理系统共建与资源互享。教育工作者要善于借助网络发力,在大学生经常活动的场域,运用大学生常用的工具进行显性教育和隐性渗透。比如运用云

计算引导学生进行自主学习、移动学习和终身学习,运用移动终端拓展学习时空、丰富生活资源、构建虚拟学习共同体,运用雨课堂、课堂派、微助教等移动课堂延展教学场域,运用大数据进行个性化教学和多元性评估等。北京理工大学曾开发一款《情商加油站》的网络游戏,以寓教于乐的形式将情商教育游戏化。该游戏模拟大学生恋爱过程中可能遇到的问题,促使大学生审视自身的心理问题,并通过专家的专业建议答疑解惑,帮助大学生树立健康的爱情观和价值观。近年来,北京理工大学更是积极运用互联网进行数据统计、舆情分析和跟踪教育,开发职场演兵、校园安全、大数据素质测评、漫画教材等平台或板块,有效地丰富了学生精神生活,提升了学生综合素养①。最后要加强建设,促进教育现代转型。网络带来了人的知识结构,甚至价值体系和生活方式的重大改变,落实和发展互联网+教育,一是加强队伍建设,培养网络力量,实施"网络教育名师培育支持计划"、"校园好网民培养选树计划",建设一支政治强、业务精、作风硬的网络工作队伍,为工作的有效开展提供技术支持和人才支撑。二是加强平台建设,搭建学生事务管理与服务平台、高校德育专题网站平台,以及辅导员博客、班级微信群、在线心理咨询等互动平台,为学生提供及时有效的信息,帮助学生释疑解惑,引导学生合理宣泄情绪、释放压力。发挥全国高校校园网站联盟作用,推选展示一批校园网络名站名栏,引领建设校园网络新媒体矩阵。

第三节　当代大学生精神生活的自我调适

精神生活的个体性不仅仅表现为人与人之间精神生活状况的个体差异,它更多地表现为个体在对象化的关系中把外界影响和刺激整合到原有认知图式,以实现精神世界的个性化发展。精神生活说到底是现实个人的精神生活,

---

① 张毅翔:《互联网与思想政治理论课虚拟仿真实践教学探索》,第十六届全国高校青年教师德育工作者论坛,武汉,2015年12月5日。

如果个体缺乏自我教育、自我优化的自觉意识,任何外在的环境影响,包括教育影响都是事倍功半,甚至毫无效果。因而,"教育的主要方面恰恰在于,使人同生活发生千丝万缕的联系,从各个方面向他提出对他有重大意义的、富有吸引力的任务,因而被他看作自己的、必须亲自解决的任务"①。优化精神生活,当代大学生的自我教育、自我调适是关键。而这需要着力培养大学生的主体意识,把构建健康、和谐的精神生活内化为个体自觉的精神需要。

一、当代大学生精神生活自我调适的心理机制与特征

探求当代大学生精神生活自我调适的心理机制,回答自我调适何以可能以及动力何在,在此基础上明确其自我调适的基本特征,是把握当代大学生精神生活调适过程和具体调适方法的基础和前提。

(一)自我意识是当代大学生精神生活自我调适的心理机制

自我意识是个体对自身以及自身与外部环境关系、自身在客观世界中所处地位的有意识的反映,是主体的我对客体的我的存在状态和活动过程的观念与认识。正是由于自我意识的存在和发生,个体得以在从事相应活动的过程中,使"主体"走出自身实现"客体化",成为自我认识的对象。也正是因为能够在这种对象化的认识中反观自身、审视自我,个体才能产生改进自我、完善自我的需要。因而,自我意识是当代大学生调适自我精神生活的现实基础,也是其精神生活自我调适的心理机制。

人的自我意识反映着个体精神发展的水平,制约着个体精神发展的方向,"一个人的知识水平越高,知识越丰富,他对世界和自我的认识可能更深刻、

———————

① 鲁宾斯坦:《心理发展的原则与方法》,转引自[苏]伊·斯·马里延科:《德育过程原理》,人民教育出版社 1985 年版,第 65 页

更全面,因而,他的精神生活空间就越大,精神自由的可能性也就越大"①。人的自我意识是一个多维度、多层次的心理系统。从对象层次上看,自我意识包括物质的我(生理自我)、社会的我(文化自我)和精神的我(心理自我),其中,物质的我是个体对自我躯体生理变化的认识和体验,社会的我是个体对自我社会角色及自己与周围人的关系的认识,精神的我是个体对自我心理过程的知觉、理解以及对自我思想和行为的意识;从观念形式上看,自我意识包括现实的我、投射的我和理想的我,其中,现实的我是个体对自身目前现实状态的认识,投射的我是个体想象他人对自己的看法和评价而产生的自我感,理想的我是个体追求实现的理想形象;从构成要素上看,自我意识包括自我认知、自我体验和自我控制,其中,自我认知是个体的自我观察、自我分析、自我反省、自我批评等认识活动,自我体验是个体在活动过程中伴随的自尊、自卑、成就感、幸福感、责任感等情绪感受,自我控制是个体自立、自强、自信、自律等的意志体现。这些要素与层次既相互区别,又紧密联系,辩证统一于个体自我意识系统。比如,每一个物质我、社会我、精神我都是个体现实我、投射我与理想我的综合体现,都包含着不同的自我认知、自我体验与自我控制等要素。在每一个个体的自我意识中,各层次、各要素、各形式所占据的比率和所组成的结构是不同的,这就形成了个体之间自我意识的差异。有的大学生重视自身身材、容貌、穿衣风格、个性装扮等物质性的自我;有的大学生则兴趣爱好广泛、乐于学习、注重修身养性,重视精神性的自我。有的大学生在乎他人的看法,因为外在的评价而改变自我;有的大学生对未来有着远大的抱负和期待,不拘泥于现实的困顿。有的大学生有着清晰的自我认识和定位,能有效进行自我约束;有的大学生则善于自我观察,能及时进行自我调整。正是个体自我意识的存在,使当代大学生精神生活的自我调适成为可能。正是自我意识的个体

① 王坤庆:《精神与教育——一种教育哲学视角的当代教育反思与建构》,华中师范大学出版社2009年版,第113页。

差异,使当代大学生精神生活的自我调适显得尤为必要。

(二)自我意识的分化是当代大学生精神生活自我优化的动力所在

青春期的大学生处于自我意识快速发展并趋于成熟的阶段,生理、心理、社会角色与地位的一系列微妙而深刻的变化使他们逐渐意识并不断追问:"我是不是已经变成一个大人了?""我是不是表现得像一个大人?"于是,他们把认识活动有意识的指向自我,并开始关注自己,渴望了解自己的外在形象,积极探索自我的内心世界。正是在这种不断了解与探索的过程中,自我逐渐分化成观察者的理想自我和被观察者的现实自我。理想自我作为一种强烈的内部动机和需要促使着现实自我朝着理想的方向前进,进而使大学生具有了自我教育、自我调适的内在要求和动力。

青春期个体的自我发现,可以看成是人的"第二次诞生"。一是自我形象的发现。"心理学认为:身体的形象或模式是青春期自我意识的中心的、最经常的课题。"①随着身高、体重、外貌的变化和性别差异的日益明显,大学生逐渐对自我身材、体型、容貌表现出极大的关注和在意。他们开始有意识地装饰自己,用多样化的消费品彰显和强化自身个性,女生开始关注化妆、美容、减肥,男生开始有意识地健身、塑造体型。他们通过与同龄人的比较而对自己进行评判,当这种评价较为积极时,他们开心、自信,接纳并欣赏自己;当这种评价较为消极时,他们沮丧、焦虑,甚至自卑、自暴自弃。二是自我角色的发现。当代大学生接触的人员日益增多,人际关系逐渐复杂。在学习上,他们与同学、辅导员、专业课老师交流,在生活中与恋人、室友、宿管交往,在社会实践中与社团成员,甚至社会精英群体或弱势群体接触。大学生若不能在这些关系中良好适应并有效切换,则容易出现"角色混乱"的现象。因而,大学生自我

①　金国华:《青年学》,中国青年出版社 1999 年版,第 139 页。

角色的发现以及调适,影响着大学生的社会适应情况,也影响着大学生的精神状态。三是自我心灵的发现。青春期大学生的心灵生活逐渐丰富起来,他们变得敏感而多变,情绪情感复杂,内心世界丰富而难以捉摸。他们沉迷于自己的小心思、小纠结、小自恋,但与此同时,"由于意识到自己的独特性、与众不同性,往往产生一种模模糊糊的不安感、孤独感和空洞感",他们"总觉得自己的思想不能被别人所理解,或者总觉得自己和别人'不一样'"①,因此,"我是谁"的问题变得极为现实而重要。

然而,随着自我意识的发展,不管是对自我形象、自我角色的发现,还是对自我心灵的发现,当代大学生在自我审视、比较分析、个体实践、外部刺激的过程中,个体自我意识会逐步分化,分别形成理性自我与感性自我、个体自我与社会自我、现实自我与理想自我等矛盾对立的自我认识。人的复杂本性、自身的发展要求,以及社会发展对学生个体的要求与规范,致使当代大学生自我评价模糊、自我定位失衡,从而对自我现状产生焦虑感和不满足感。这迫使大学生急切寻求自我平衡,同时也使自我调适越来越多的成为大学生优化精神生活的自觉行为。

(三)当代大学生精神生活自我调适的一般特征

当代大学生精神生活的自我调适既独立于环境影响,又不能完全脱离外部有目的性、有针对性的教育引导,是凸显主体性与坚持主导性的统一。大学生处于人生摸索期,价值观尚未完全定型,如若缺乏规范约束和教育引导而放任自流,则容易偏离方向、脱离正常轨道。大学生精神生活的自我调适以社会引领为基础,与教育引导相结合,并表现出以下一般特征。

首先,精神生活的自我调适既是优化手段又是优化目的。自我调适是个体通过自我学习、自我修养、自我控制等方式自觉优化精神生活、提升生活品

---

① 金国华:《青年学》,中国青年出版社 1999 年版,第 142 页。

质的方法,具有明显的工具性。然而,对于个体精神生活的优化而言,自我调适是工具,更是目的。目前,更多的人只是把它当手段,在研究和讨论时都"总是局限于它的方法论意义,而很少讨论它的目的性意义"①。一方面,正如"教是为了不教",自我调适、自我发展的需要和能力是个体精神生活持续发展的内在动力。培养个体自我调适的意识和能力,促进个体主体性的发挥,是优化当代大学生精神生活的目标之一。另一方面,"任何理性教育,形象的感染,都是外部的客体,都只有通过主体的心理过程才能达到这样或那样的作用,如果没有主体内心的心理过程发生,任何教育都等于零"②,只有大学生主动参与、自觉吸收、有效整合,外在社会教化与教育引导的效果才能真正达到。

其次,精神生活的自我调适既是思想改造又是行为约束。当代大学生精神生活的自我调适不仅包括大学生自觉追随科学信仰、确立正确理念,不断提高自身道德素质和精神境界,还包括大学生自觉践行道德理想,遵循行为规范,不断提高自身规则意识和行为能力。此外,"学到的东西,不能停留在书本上,不能只装在脑袋里,而应该落实到行动上,做到知行合一、以知促行、以行求知"③。因此,思想的改造和行为的约束缺一不可,并且只有两者兼顾、相互融通,才能实现精神生活自我调适的知行合一。大学生要撸起袖子加油干,在实践中学真知、悟真谛,在行动中深化思想认识,明确行为边界,做干在实处、走在前列、知行合一的实干家。

最后,精神生活的自我调适既是个体调适又是群体调适。自我调适是在个体自我认识、自我践行中实现的,是发生在个人身上的个体行为。与此同时,个体是群体中的个体,群体中人与人互为环境,使个人角色具有了"两栖性",即"群体中教育者与教育对象角色的相互依存、相互转换"④。在具体群

① 郑永廷:《现代思想道德教育理论与方法》,广东高等教育出版社 2000 年版,第 229 页。
② 王礼湛:《思想政治教育学》,浙江大学出版社 1995 年版,第 264 页。
③ 习近平:《在北京大学师生座谈会上的讲话》,人民出版社 2018 年版,第 13 页。
④ 程文晋、付华:《管理视域内的自我教育论》,中央编译出版社 2012 年版,第 160 页。

体中,群体目标、价值、规范、共同心理等使当代大学生之间存在类似的精神生活内容和方式,并且他们通过模仿、暗示、舆论、从众等方式调整自我精神生活。群体的一致性和感染性使大学生倾向于以群体竞赛、群体交往、群体实践的方式进行自发的群体发现、群体创造和群体教育。正是在这种群体的生存互动中,当代大学生实现了精神生活个体调适与群体调适的统一。

二、当代大学生精神生活自我调适的基本过程

当代大学生精神生活自我调适的过程主要由以下环节构成。

(一)自我认识

自我认识是大学生精神生活自我调适的起点。提高精神生活自我调适的实效性,当代大学生首先需要对自我和自我精神生活状态有个清晰的认识,苏霍姆林斯基曾说:"人生的真谛确实在于认识自己,而且是正确地认识自己。"[①]在自我认识的内容上,当代大学生关注和追问的问题包括有关"物质我"的"我身体发育正常吗?""我的身材和面容姣好吗?""我的装饰打扮不老土而时尚吗?"等问题,包括有关"社会我"的"我在群体中有地位吗?""我能获得别人的尊重吗?""我能获得社会的接纳吗?"等问题,包括有关"精神我"的"我是一个乐观的人吗?""我有自己的信仰吗?""我能坚持自己的道德信念吗?"等问题,以及有关"现实我"的"我现在在同龄人中落后了吗?"有关"投射我"的"我在别人眼中还算优秀吗?"有关"理想我"的"我能实现我的目标吗?"等问题。大学生探索、追问的问题答案会随着年龄增大、阅历增加而逐渐清晰,并建构起对"自我是一个什么样的人"的比较完整的认识。这是当代大学生精神世界的重要组成部分,同时也是进一步优化精神生活、提升精神品质的现实基点。

---

① [苏]苏霍姆林斯基:《少年的教育和自我教育》,姜励群译,北京出版社1984年版,第235页。

当代大学生主要通过比较的方法找准自我位置,获得对自身的清晰认识。一是通过横向比较认识自我。美国社会心理学家费斯廷格指出,在缺乏客观、确定或可靠标准的情况下,人们将通过与他人的对比来估价自己,他将这个过程称为社会对比过程或社会比较过程①。当代大学生通过与周围的同学、朋友,与其他同龄群体中的优秀个体相比,得以发现自己的不足与差距,并重新审视自我,规划自我,这是大学生通过把自身与他人进行横向对比来了解自己的一种自我认识方式。二是通过纵向比较认识自我。纵向比较是当代大学生把现在的我与过去的我以及未来理想的我进行对比而认识自我的方式。当与参照群体、参照对象差距较大而产生心理落差时,大学生要有意识地与过去的自己相比,看到自己心理逐渐成熟、精神不断成长的一面。当遭遇精神发展阻抗而陷入精神懈怠时,大学生要有意识地与未来理想的自己相比,看到当下自我与理想自我的差距而不断鞭策、不断完善自我。

(二)自我定位

在认识自我的基础上,当代大学生依据对自我的暴露、反省和展望进行自我定位。自我定位包括自我现实定位和自我发展定位两部分,是当代大学生基于现实评价和内心预期对当前精神生活的发展水平和发展阶段,对未来精神生活的发展方向和发展程度的判定。

大学生通过自我评价实现对自我当前精神生活状况的现实定位。一方面,大学生自我认识的过程伴随着对自我的分析和判定,另一方面,作为自我审视的一面镜子,他人也影响着大学生的自我评价和定位。美国社会心理学家库利曾用"镜中我"(也叫镜像自我)的概念来形容人在社会交往中形成自我印象,指出"人们彼此都是一面镜子,每面镜子都映照着对方"②。人们通过想象自己在别人意识中的形象、想象别人对自己的形象作何评价、想象的结果

---

① 宋书文:《管理心理学词典》,甘肃人民出版社 1989 年版,第 212 页。
② 周晓红:《现代社会心理学名著菁华》,社会科学文献出版社 2007 年版,第 276 页。

带给自己或好或坏的感觉等三个环节形成对自我的判断和定位。而在此过程中,对他人观点的想象往往会打破个体内心的平静,"于是个体开始调试自身的行为以适应他想象中社会对他的期待。'每一个人的成长都是有适应性的。我们每一个人都有能力和个性,它们是我们与他人交流和调适的结果'"①。然而,不管是通过自我分析来评价自己,还是通过比较他人的评价以判定自己,大学生对自我的现实定位都应该是积极而理性的。既不要刻意拔高他人、贬低自己,也不要无故拔高自己、贬低他人,盲目的妄自菲薄或心高气傲,都不利于大学生找到准确的自我位置,也不利于大学生精神生活的和谐、持续发展。

自我发展定位是当代大学生基于自身精神生活的现实判断和发展规划作出的对未来精神发展的预期。自我教育"最本质的内涵是个人自我的精神交锋,它通过主体以否定或肯定的形式来调适自我,从而使主体或坚持或放弃或调整某些重要的信念、想法或行为,使自我作出更加合理的选择"②。大学生对精神生活现状和精神发展水平进行自我评估、自我反省、自我批评的过程伴随着对自我现实状况或肯定或否定的态度倾向,大学生必然重新审视和思考"我想要变成什么样子?""我能否变成我想要的样子?""我怎么变成我想要的样子?"等问题,并对此做出新的规划和调整,以确保发展方向的正确、发展目标的可能、实现路径的道德和思维方式的科学。

(三)自我发展

自我认识和自我定位均旨在促进个体的自我发展,这也是当代大学生精神生活自我调适的目的所在。自我发展的"价值目标对人生来说,只是美好

① 胡翼青:《再度发言:论社会学芝加哥学派传播思想》,中国大百科全书出版社 2007 年版,第 131 页。
② 王坤庆:《精神与教育——一种教育哲学视角的当代教育反思与建构》,华中师范大学出版社 2009 年版,第 252 页。

的设想,它本身只是理想,还不是现实。要把理想的东西变为现实,使价值目标转化为现实的价值,就必须通过社会实践"①。正是在不断认识、实践、再认识、再实践的循环往复、逐步提升中,个体的自我发展得以实现。

当代大学生的自我发展是一个不断变化、不断进步的渐进过程,首先表现为自我实现。自我实现是当代大学生充分利用社会资源以不断完善自我,使个体潜能充分发挥、个体价值有效实现的活动。它是个人发展阶段目标的实现,是人的本质力量的确证。在马斯洛看来,每个人都有自我实现的先天倾向,作为一种能力完全发展、潜能完满实现的状态,自我实现是人的最高层次需要。当进入自我实现的状态、达到自我实现的境界时,个体会产生一种"高峰体验",即感到无比的自由、活力、个性、欣喜、力量和和谐,这是对人生最幸福、最圆满、最佳状态的描述。当代大学生的自我实现不是个体发展的完成时,而是自我价值的阶段实现。它除了要充分发挥自我内在潜能形成个性、独特的自我之外,还包括确立人生的价值标准与精神支撑,实现自我的存在价值与生命意义。此外,当代大学生的自我实现不是某一方面的目标完成,也不是笼统的价值实现,而是在具体化的、阶段性的目标基础上不断发挥主观能动性、激发个体潜在能力,最终达到全面、系统的自我实现。

其次,当代大学生的自我发展表现为自我超越。自我超越意味着当代大学生对自己的人生有了超越性的感悟,获得了终极性的情怀,他们"对生命的意义、存在的价值、人在宇宙中的地位等事关存在的一些根本性问题的追问与探索有了终极性的圆满解答,并能从中获得终极性的感悟、体认、崇尚与慰藉",以此作为"个人的一种自觉的生活实践与人生追求"②。个体的自我超越来自深刻的自我思考和审视,并将自己从各种束缚中解放出来。英国哲学家培根认为,围困人们心灵的假象有四类,分别是族类的假象、洞穴的假象、市场的假象和剧场的假象。其中,族类的假象是由人性的偏见引起的,洞穴的假

---

① 罗国杰:《伦理学》(修订本),人民出版社2014年版,第341页。
② 李晓明:《个人成功论》,中国财富出版社2013年版,第272页。

象则是个人生活世界和经历的有限性以及个人自身特点带来的偏见,市场的假象是人对语言文字理解的偏差,剧场的假象则是哲学教条和错误论证造成的假象①。要获得真知,超越自我,个体必须从假象的围困中脱围,获得心灵的解放。自我超越是当代大学生打破当前自我精神生活困境,不断追求生活品质提高和精神境界提升的体现。它包括对原有自我、当下自我不断修正、调整、重塑、完善的纵向超越,以及对自我生存空间、关切视域、责任范围不断拓展、拓宽的横向超越,是个体精神发展的量增加与质飞跃的统一。当代大学生的自我超越同样没有完成时,它是个体基于自身自由、全面、个性、充分的发展而不断形成一个独特的自我,以及个体超越狭隘自我,在尊重他人存在性价值的基础上审视自我发展与人生命运,不断形成一个置身于宇宙的大我的过程。

三、当代大学生精神生活自我调适的具体方法

当代大学生精神生活的构建与优化是一项持续一生的工作,个体主要通过自我学习、自我修养、自我调控等具体方法进行精神生活的自我优化和调适。

(一)自我学习

自我学习是当代大学生在日常生活和社会实践中主动获取科学文化知识、自觉提高行为实践能力的活动,它是大学生主观能动性的重要体现。新时代大学生要努力成为"有理想、有本领、有担当"的"三有"青年,其中,"有本领"是得以担当、实现理想的现实基础,而学习又是习得本领的必要途径。在内容上,大学生的自我学习包括知识学习与技能学习两部分。通过在阅读中熟知、在交往中体悟、在实践中习得等方式,大学生不断积累对外部客观世界和内在主观世界的认识,并在识别、反思、判断、评估的基础上形成新的认知图

---

① [英]培根:《新工具》,许宝骙译,商务印书馆 1984 年版,第 18—23 页。

式,产生新的学习需要。正是在需要、学习、整合、积累、新的需要、新的学习的循环往复中,大学生得以逐步实现精神生活知识的丰富、精神生活技能的提高,以及精神生活品质的提升。

当代大学生的自我学习既是个人的学习,也是团体的学习。团体学习是各学习主体在一个共同的环境下通过责任、奉献和知识共享等实现相互感染、彼此促进、共同成长的学习模式。比如党中央提出的创建学习型政党、学习型政府、学习型社会,就是重视团体学习,借以提升个体综合素养、提高组织工作效率的体现。美国新管理大师彼得·圣吉在其著作《第五项修炼》中提出系统思考、自我超越、心智模式、共同愿景、团队学习等五项管理技巧,即旨在促进企业重视共同愿景下的团队学习、全员学习,着力构建学习型组织。当代大学生不仅要重视独立个体的自觉学习,也要有意识地融入学习型组织、创造学习型情境、开展对话式学习,以团体的形式激发自我学习的需要,实现自我精神生活的优化提升。

当代大学生的自我学习既是阶段的学习,也是终身的学习。"终身学习"是"活到老,学到老"的现代表达。党的十六大提出创建全民学习、终身学习的学习型社会,2015 年 11 月 4 日,联合国教科文组织举行的第 38 次教科文组织大会发布"教育 2030 行动框架",明确把教育的使命扩大至全纳、公平和全民终身学习①。所谓"穷则变,变则通,通则久",人或事物只有不断变化,才能摆脱现实的阻困而不断发展。历史车轮滚滚向前,时代潮流浩浩荡荡,个体需要保持开放的学习态度,尤其是大学生要像海绵吸水一样汲取知识,博学广纳,不断拓宽知识视野、更新知识结构。青年是全面建成小康社会的生力军和突击队,是中华民族伟大复兴中国梦的接力者和担当者。只有不断学习,树立梦想从学习开始、事业靠本领成就的观念,当代大学生才有可能成为具有国际视野、创新思维和过硬本领,可为、敢为、有为的时代新青年。只有自觉学习,

---

① 《联合国教科文组织发布"教育 2030 行动框架"——描画全球未来教育的模样》,《中国教育报》2015 年 11 月 15 日第 3 版。

不断更新知识储备、提高现代素养,当代大学生才能使自我精神生活逐渐摆脱传统、守旧、落后因素的束缚而不断具有现代、创新、先进的特征,才能不断促进自我精神生活内容的丰富化和精神生活方式的科学化,提高自我精神生活的现代化水平。

(二) 自我修养

自我修养是当代大学生以社会要求和自我追求为导向,通过学习和实践的方式涵养道德、陶冶情操、锻造品格,以提高自我素质与能力,实现自我塑造和自我完善的过程。中国古代思想史可以说是一部"自天子以至于庶人,壹是皆以修身为本"的历史,为当代人的文明修身提供了宝贵财富。自我修养是个体自我教育、向上向善的主要途径,包括自我激励、自我批评和自我约束等具体方式。

自我激励。自我激励是个体不依赖于外部的奖励或惩罚,通过自我肯定、自我悦纳、自我立志等方式增强自我认可度和自信心,并勉励自己艰苦奋斗、锐意进取的方法。人"不是力求停留在某种已经变成的东西上。而是处在变易的绝对运动之中"①,而这个动态、开放的绝对运动过程是以求真向善尚美作为努力方向的。以立志为核心的自我激励,一方面可以为大学生的意义追寻提供精神上的持续动力,使大学生在自我实现的道路上以良好的精神面貌和积极的心理状态砥砺前行;另一方面,可以使大学生在摔打、挫折、考验中不退缩、不沮丧、不懈怠,勇敢直面艰难困苦,历练强大心理素质。但值得注意的是,"志气太大,理想过高,事实迎不上头来,结果自然是失望烦闷;志气太小,因循苟且,麻木消沉,结果就必至于堕落。所以我们宁愿青年烦闷,不愿青年消沉。烦闷至少是对于现实的欠缺还有敏感,还可以激起努力;消沉对于现实的欠缺就根本麻木不仁,决不会引起改善的企图"②。因此,发挥立志的自我

---

① 《马克思恩格斯文集》第 8 卷,人民出版社 2009 年版,第 137 页。
② 朱光潜:《谈修养》,中国青年出版社 2013 年版,第 15 页。

激励作用,还需要大学生准确定位,科学立志。

自我批评。自我批评是个体以一定的标准反省过去自我、检视现实自我,以期不断改正错误、弥补不足,调适当下状态、修正未来预期的方法。当代大学生有效的自我批评,首先要有自我批评的意识和自觉。"自我修养是一场内心的反省和反省基础上的自我提高,这个过程没有外在的、异己的强制力量干涉,而是主体自己对自身的约求和改造。没有自觉性也就丧失了自我道德修养的全部的真实意义。"①其次,要合理评价自己所犯的错误和存在的不足。一方面,不要夸大,不能因为存在错误和不足就否定自我、贬低自己,觉得自己一无是处、无可救药;另一方面,不能敷衍,不要在发现自己不足之后又满不在乎、逃避错误,依然我行我素、阳奉阴违。最后,要以切实行动改正过错。自我批评不是表演、不是应和、不是过场,而是追求批评后有所触动、有所行动、有所改进。因此,当代大学生要知错立改、知错力改。

自我约束。自我约束是指个体在经受诱惑或者不受监督的情况下能够控制内心欲望、坚持行为准则、严守道德底线。它是衡量个体道德水平和精神境界的重要尺度。其中,在个体独处时、在他人不睹处能否依然做到自我约束,即是否"慎独",是个体道德自觉性和自律性的集中反映。《礼记·中庸》有言,"君子戒慎乎其所不睹,恐惧乎其所不闻,莫见乎隐,莫见乎微。故君子慎其独也",即强调人在别人看不见的地方依然谨慎,在别人听不到的时候依然警惕,因为最隐蔽的言行往往体现着一个人的道德,最细微的事情往往反映着一个人的品性。当代大学生的自我约束能力在一定程度上取决于个人的思想道德水平和信念坚定程度。因此,大学生要提高在他人不见、他者不闻情况下自我监督的自觉性,尤其是在虚拟环境下,网络的匿名性和身体不在场更是考验着大学生的道德表现,大学生更要强化自身的道德自律,摒弃个人邪恶念头,清除个人妄为想法,通过自觉的现代文明修身坚守自己的初心。

---

① 程文晋、付华:《管理视域内的自我教育论》,中央编译出版社 2012 年版,第 174 页。

（三）自我调控

当代大学生在成长过程中多受父母、老师等长辈的管束和制约，个体思想观念和行为方式也受到他人评价、社会舆论或权威观点的影响。进入青春期，他们感到自己已是独立的成人，因而会依据自我的思考和判断来选择兴趣爱好、设定人生目标。然而，当意识到自我行为能力或处事技巧与他人相比存在差距，当感觉自我思想观念和行为方式与周围环境格格不入，当自身现实状态与理想状态存在较大落差，当代大学生都会产生进一步强化自我调控的需要，以缓解不适感，消除冲突感，甚至为了长远利益而延迟满足。当代大学生的自我调控主要表现为挫折情境、竞争环境和风险境遇的调控，涉及个人在情感、心态和行为上"我应该做什么"以及"我应该怎样做"的问题。

挫折调控。在充满关爱与关注的环境中成长，使部分大学生成了"草莓族"，有着"玻璃心"，抗挫折能力较差。考试发挥失常、与室友吵架、恋爱中闹矛盾甚至失恋等，都容易引发大学生的挫败心理，带来消极的精神感受。这需要当代大学生树立正确的成败观，培养坦然面对成败得失的积极心态，在看到结果的同时更要关注过程带来的收获，甚至要意识到挫败本身也是一种历练和考验。"要历练宠辱不惊的心理素质，坚定百折不挠的进取意志，保持乐观向上的精神状态，变挫折为动力，用从挫折中吸取的教训启迪人生，使人生获得升华和超越"①。同时，当代大学生要提高自身的逆境商数，完善个体智商、情商、逆商、德商的比率结构，以最好的设想和最坏的打算建构自己的存在方式。

竞争调控。"再穷不能穷教育，再苦不能苦孩子"、"时间就是金钱，效率就是生命"、"不能让孩子输在起跑线上"等价值观念及其影响下的社会风气，使当代大学生的成长环境有了更多攀比和竞争的色彩。学习成绩、兴趣爱好、综合能力的攀比，评优评奖、实习就业、婚恋家庭的竞争，这些都切实影响着大

---

① 《习近平谈治国理政》，外文出版社2014年版，第54页。

学生的精神状态和生活满意程度。但身处竞争环境并不代表大学生的竞争意识和竞争能力强。相比竞争结果呈现的胜负,竞争过程中个体能否以目标为导向激发自我内在潜力,能否有效调适紧张、焦虑、恐惧的心理状态,能否在预期时间内以自信、饱满、高涨的情绪状态达到目标,这些更能准确、全面地反映和评价个体的竞争力。因而,在竞争中准确认识自我,合理定位自我,正确看待竞争给个人成长带来的利弊,正确处理竞争结果可能带来的微妙人际变动,是当代大学生自我调控的重要内容。

风险调控。在前现代社会,社会结构和分工相对简单,人们依据习惯和传统而生活,整体掌控现实生活和未来发展的可能性较大。而现代社会是一个充满偶然性、变动性和不确定性的风险社会,正如吉登斯所言,"我们今天生活在一个'失控的世界'中,这是一个以新型风险与不确定性为标志的世界"①。风险社会的种种不确定为个体的未来发展提供了多种可能,但这种未来发展的变动不居也增加了人们预估未来的难度。由于缺乏对未来社会潜在风险的预测意识和把控能力,身处其中的个体容易有一种强烈的"被人推着往前走"的感觉。当代大学生对于自身未来的发展有着众多的不确定,那种"肯定知道会发生什么事情"所给人以保证的确定性和安全性的缺失,让大学生感到无所适从。而面对社会提供的多种多样的选择,大学生遭遇着难以选择和承担选择风险的痛苦。因此,优化自我精神生活状况,当代大学生必须强化自我风险调控的意识,并通过"对偶然性因素导致的行为与后果作出及时合理的应对","较为理性地认识和理解相关决定或行为会造成的不可预见后果",以"恰当的途径与方式控制不可控制的事情"②,提高个体适应社会、把握机遇、规避风险的能力,提升个体精神生活的品质。

---

① ［英］安东尼·吉登斯:《社会学》(第五版),李康译,北京大学出版社 2009 年版,第96 页。

② 张国启:《秩序理性与自由个性——现代文明修身的话语体系与实践机制研究》,人民出版社 2010 年版,第 282 页。

结语:精神生活——思想政治教育人学拓展的重要课题

加拿大教育哲学家马克斯·范梅南曾对教育作了一个最为诗意的定义,他认为,教育是一门迷恋他人成长的学问。而在当前的教育生态中,学生、家长、教师似乎都丧失了这样的诗情画意,钟情于学校名气、专业热门、就业高薪,聚焦于学生的专业成才和事业成功,唯独忽视了大学生的精神成长和精神成人。

精神生活是人类生活整体中的重要方面,是关系到社会文明程度和现代化水平、关系到个体个性化成长和全面发展的重要因素,因而是人文社会科学应当予以观照和考察的对象。但在以往的研究中,尤其是哲学研究中,精神生活远未得到合理的说明。正如王南湜教授所言,"唯心主义片面地夸大了精神生活在全部人类生活中的作用,把它看作人类最为本原性的活动",而"旧唯物主义则抹杀了精神生活在人类生活中的作用,把它只看作物质生活的一种副产品"。在现实生活、教学实践中,似乎只要一提及精神生活,就会出现两种截然相对的观点,"精神生活很重要,没有精神生活,那人跟动物有什么区别",或者"发展经济、满足物质需要才是最重要的,讲精神生活就是认为精神万能,那是唯心主义"。显然,后者观点的影响力要远远大于前者,并且在很大程度上影响和型塑着当代大学生精神生活的现实图景。

　　研究发现,当代大学生的精神生活还存在众多失衡、失序甚至异化的现象,但与此同时,其精神生活也存在很大的提升空间和发展可能。这其中,学校教育作为当代大学生社会化的主要力量,尤其是高校德育、精神教育,理应在当代大学生精神生活的科学化提升和现代化发展中有所作为、有大作为。近年来,以张耀灿教授为代表的专家学者站在学科建设和发展的高度,基于对学科理论的深入思考和教育现实的不断反思,提出了思想政治教育研究范式的人学转向和思想政治教育学科的现代转型问题。而关注社会现代化进程中个体精神迷失的现象,优化个体的精神生活,促进学生的精神成人,正是以社会哲学范式为主导、马克思主义人学范式为拓展的研究取向的体现,是在坚持思想政治教育意识形态属性的基础上,对思想政治教育个体价值的重视和凸显。

　　对人的关注,并不是提倡个人主义,拒斥人的社会性,也并不意味着对社会、对意识形态的淡化与忽略,而是通过促进个体的社会化,更好地实现社会良性、持续发展;对精神生活的关注,是对人的价值和尊严的重视,并不意味着对物质生活和物质需求的贬抑,而是在物质生活基础上实现个体更高层次的发展;对精神教育的关注,是对价值教育和思想道德建设的积极回应,并不意味着对知识教育和技能培养的否定,而是在知识教育的基础上凸显个体精神成长的根本性,引领学生自觉成为自主关怀生活意义与生命品质的人。本研究发现,当代大学生精神生活的建构、发展存在几种基本的方式:个体精神生活的继承、延续发展,在与物质生活的辩证互动中发展,在与群体精神生活的相互渗透、相互影响中发展,在网络虚拟环境的建构与解构中发展,在重要生活事件影响下的突变性发展等,并一定程度上揭示了精神生活环境建构发展、需要驱动发展和自我继承发展的基本规律。对当代在校大学生而言,校园生活是最为重要的生活内容,同学、朋友、教育者、管理者等是其最为主要的交往对象,半封闭的校园和半开放的社会为个体提供了日益复杂的生存环境,个体身心也处于最具有发展可能性和可塑性的阶段。因而,大学时期成为精神教育最为迫切,同时也最具有优势和挑战的阶段。

目前,教学工作者、管理工作者、科学研究者似乎都沉迷于思想政治教育"教什么"和"如何教"的问题,而相对忽视对思想政治教育"为何而教"的追问,而后者恰恰是关系思想政治教育何以能够存在、如何继续存在的根本性问题。作为"一门迷恋他人成长的学问",思想政治教育应该致力于优化人的生存方式,提升人的生活品质,促进人的精神性成长、社会性成熟和现代化发展。当下,大学生精神生活的发展空间拓展与物质世界的不断挤压共存,大学生对精神生活的渴望、向往与其对物质生活的执着、沉迷也形成了尖锐的现实矛盾,在一片大学教育精神失落的批判声中,加强思想教育、人文教育、精神教育的呼声也日益强盛。对一个事物的渴求,往往反映的是一种对缺失的不满与批判。然而,突出的问题、尖锐的矛盾、强烈的批判、迫切的呼吁,也正是一种改进的力量,一种重生的希望与动力,为高校思想政治教育关注人的精神生活、精神成人这一重大课题,并对此加强认识、深化研究提供了重要契机。

精神生活所包含的是一种复杂、多维、立体、变化的生活状态和精神境界,笔下的精神生活远不如在现实生活中来得灵动、鲜活,有生命力和感染力。任何一个个体精神生活的现实图景,都可以说是一溪流动的清泉,是一副多彩的画卷,生动而丰富;任何一个个体精神生活的演进历程,都可以说是一曲跌宕起伏的奏章,是一幕有喜有悲的剧目,曲折而动人。并且每个人都有着自己不同的演绎,有着自己不同的解读。它就如一面棱镜,在不同的角度折射出不同的镜像。因此,精神生活的研究需要不同的切入角度、不同的学科视野和不同的研究方法。而只有尝试认识,努力认清,全面把握,才能发力建构和优化。教育要让人成为人,首先需要使其精神上成人,其次才能真正成为人,才能真正成为全面发展的人。

关注人的精神生活,探究有关人的精神生活的理论与实践问题,其实已经自知或不自知地站到了思想政治教育研究的人学取向队伍当中。张耀灿教授曾指出,在马克思主义人学,尤其是生存论的理论指导下,思想政治教育的研究对象，对思想政治教育的概念、功能、目的、内容、方法等的认识和把握的侧重点都应该有所转变或者有所拓展，从而带来思想政治教育理论体系的发展和完善。那么，从人的精神存在、精神需要和精神发展的角度审视思想政治教育的基本理论问题，是否能够带来新的突破？如果可能，那以人的精神生活和精神成人作为出发点和落脚点，将带来思想政治教育的发生、思想政治教育的本质、思想政治教育的价值等元理论怎样的新发展，带来思想政治教育的目标、思想政治教育的内容、思想政治教育的方法等理论体系怎样的新构建？此外，精神生活不仅是一个深刻的理论问题，在现今社会生态下，它更是一个复杂的实践问题。以本研究为基础，它能延伸出诸多需要进一步研究和探讨的问题。比如，在研究内容上，可以进行人的精神生活整体状况、精神生活领域中的突出问题、精神生活不同构成领域（如文化生活、心理生活、信仰生活）等专题的研究；在研究对象上，可以具体到大学生当中的某些特殊群体（如女生、党员、贫困生、少数民族学生群体），也可以拓展到大学生之外的其他学生群体（如研究生、博士生、高中生、初中生、小学生），甚至可以拓展到学生之外的其他社会群体（如知识分子、农民工、都市白领、企业工人、军警官兵、无业青年）等；在研究方法上，可以选择问卷调查、集体访谈、个案或者文本研究，也可以进行横向群体、纵向历史，甚至中外群体的比较研究；在研究地域上，可以聚焦西部地区、少数民族地区或沿海发达地区等具有一定特殊性的区域；而在研究空间上，可以着眼于优化人的网络精神生活、建设社会精神文化，或者构建民族精神家园；等等。

在本书中存在的不足，有待在今后的学习、研究中不断改进、提高，由本研究延伸出来的这些问题，需要在今后的学习、研究中深入探索、尝试解答。对于精神生活这一课题而言，本书还只是一个开始。

参 考 文 献

1.《马克思恩格斯文集》,人民出版社 2009 年版。

2.《马克思恩格斯选集》,人民出版社 2012 年版。

3.《毛泽东选集》,人民出版社 1991 年版。

4.《邓小平文选》(全三卷),人民出版社 1993 年版。

5.《江泽民文选》,人民出版社 2006 年版。

6.《胡锦涛文选》(全三卷),人民出版社 2016 年版。

7.《习近平谈治国理政》第三卷,外文出版社 2020 年版。

8.《习近平谈治国理政》第二卷,外文出版社 2017 年版。

9.《习近平谈治国理政》第一卷,外文出版社 2018 年版。

10.《十八大以来重要文献选编》(上、中、下),中央文献出版社 2018 年版。

11.《习近平关于青少年和共青团工作论述摘编》,中央文献出版社 2017 年版。

12.《习近平关于社会主义文化建设论述摘编》,中央文献出版社 2017 年版。

13. 中共中央宣传部:《习近平总书记系列重要讲话读本》,学习出版社 2014 年版。

14. 教育部社会科学研究与思想政治工作司:《马克思主义经典著作选读》,人民出版社 1999 年版。

15. 刘德华:《马克思主义思想政治教育著作导读》,高等教育出版社 2001 年版。

16. 张耀灿等:《现代思想政治教育学》,人民出版社 2006 年版。

17. 张耀灿等:《思想政治教育学前沿》,人民出版社 2006 年版。

18. 张耀灿、徐志远:《现代思想政治教育学科论》,湖北人民出版社 2003 年版。

19. 罗国杰:《马克思主义思想政治教育理论基础》,高等教育出版社 2002 年版。

20. 冯刚、郑永廷:《思想政治教育学科 30 年发展研究报告》,光明日报出版社

2014 年版。

21. 郑永廷、罗姗:《中国精神生活发展与规律研究》,中山大学出版社 2012 年版。

22. 郑永廷:《人的现代化理论与实践》,人民出版社 2005 年版。

23. 万美容:《思想政治教育方法发展研究》,中国社会科学出版社 2007 年版。

24. 万美容:《当代青年发展研究》,湖北人民出版社 2006 年版。

25. 童世骏:《当代中国人精神生活研究》,经济科学出版社 2009 年版。

26. 廖小琴:《人的精神生活质量研究——小康社会进程中人的发展图景》,江苏人民出版社 2009 年版。

27. 王琦峰:《改革开放以来中国大学生精神生活研究》,武汉理工大学出版社 2016 年版。

28. 包哲兴、张同基:《精神生活及其感觉的起源》,宁夏人民出版社 1998 年版。

29. 王坤庆:《精神与教育——一种教育哲学视角的当代教育反思与建构》,华中师范大学出版社 2009 年版。

30. 钟明华、李萍等:《马克思主义人学视域中的现代人生问题》,人民出版社 2006 年版。

31. 骆郁廷:《精神动力论》,武汉大学出版社 2003 年版。

32. 郝登峰:《现代精神动力论》,广东人民出版社 2005 年版。

33. 张国启:《秩序理性与自由个性——现代文明修身的话语体系与实践机制研究》,人民出版社 2010 年版。

34. 郭元祥:《生活与教育——回归生活世界的基础教育论纲》,华中师范大学出版社 2002 年版。

35. 张慧君等:《马克思主义视阈中的精神生活与全面建设小康社会》,长春出版社 2011 年版。

36. 陈赟:《现时代的精神生活》,新星出版社 2008 年版。

37. 孙正聿:《属人的世界》,吉林人民出版社 2007 年版。

38. 庞立生:《当代精神生活的物化问题及其批判》,吉林人民出版社 2013 年版。

39. 张健:《论人的精神世界》,河南人民出版社 2011 年版。

40. 吴元梁等:《精神系统和精神文明建设》,人民出版社 2004 年版。

41. 雷启立:《在呈现中构建——传媒文化与当代中国人精神生活研究》,上海文化出版社 2007 年版。

42. 窦志力、武京玉:《当代青年精神生活分析》,军事科学出版社 2001 年版。

43. 杨桂华:《社会转型期精神迷失现象分析》,南开大学出版社 2009 年版。

44. 黄纬华:《人类精神趋向》,大象出版社 2013 年版。

45. 高长舒、蔡红生:《中华民族精神(大学生读本)》,华中师范大学出版社 2007 年版。

46. 朱白薇:《当代青年精神价值追求研究》,中国社会科学出版社 2017 年版。

47. 贾凡:《转化学习与成人精神家园的构建研究——基于成人教育学的视角》,上海交通大学出版社 2015 年版。

48. 王海滨:《人的精神结构及其现代批判 当代中国人的精神世界重构之思》,新华出版社 2015 年版。

49. 陈春莲:《健康精神生活研究——基于和谐社会的视野》,中央编译出版社 2012 年版。

50. 侯玲:《弱势群体精神生活公共性失范与重构》,科学出版社 2016 年版。

51. 宫丽:《精神家园论》,中国社会科学出版社 2015 年版。

52. 金国华:《青年学》,中国青年出版社 1999 年版。

53. 谢昌逵:《青春奥秘——青年的历史存在与社会角色》,中国发展出版社 2017 年版。

54. 吴端:《寂静的青春——儒学民众化与青年现象的消失》,中国发展出版社 2015 年版。

55. 余潇枫:《青年社会学》,中国国际广播出版社 1993 年版。

56. 刘书林、陈立思:《青年思想政治教育学原理》,中国青年出版社 1999 年版。

57. 夏甄陶:《人是什么》,商务印书馆 2000 年版。

58. 黄楠森:《人学原理》,广西人民出版社 2000 年版。

59. 陈志尚:《人学原理》,北京出版社 2004 年版。

60. 赵敦华:《西方人学观念史》,北京出版社 2002 年版。

61. 李中华:《中国人学思想史》,北京出版社 2004 年版。

62. 黄楠森:《人学的科学之路》,河南人民出版社 2011 年版。

63. 韩庆祥:《马克思的人学理论》,河南人民出版社 2011 年版。

64. 邬昆如:《人生哲学》,中国人民大学出版社 2005 年版。

65. 冯友兰:《一种人生观——冯友兰的人生哲学》,中国人民大学出版社 2005 年版。

66. 冯友兰:《中国哲学史新编》(上、中、下),人民出版社 2007 年版。

67. 黄钊:《中国古代德育思想史论》(上、下),中国社会科学出版社 2011 年版。

68. 胡潇:《意识的结构与起源》,中国社会科学出版社 2004 年版。

69. 严春友:《人:西方思想家的阐释》,社会科学出版社 2005 年版。

70. 李德顺等:《精神家园——新文化论纲》,黑龙江教育出版社 2010 年版。

71. 鲁洁、王逢贤:《德育新论》,江苏教育出版社 2010 年版。

72. 吴康宁:《教育社会学》,人民教育出版社 1998 年版。

73. 金生鈜:《理解与教育——走向哲学解释学的教育哲学导论》,教育科学出版社 1997 年版。

74. 季苹等:《理解自我:教育文明的基础》,教育科学出版社 2014 年版。

75. 吴玉军:《非确定性与现代人的生存》,人民出版社 2011 年版。

76. 吴鲁平等:《后现代化理论视野下的青年价值观研究》,社会科学文献出版社 2013 年版。

77. 檀传宝:《学校道德教育原理》,教育科学出版社 2003 年版。

78. 冯刚:《高校思想政治教育创新发展研究》,中国人民大学出版社 2009 年版。

79. 谢守成:《国际化视野下大学生思想政治教育创新发展研究》,人民出版社 2014 年版。

80. 梅萍:《当代大学生生命价值观教育研究》,中国社会科学出版社 2009 年版。

81. 毕红梅:《全球化视野中的思想政治教育》,中国社会科学出版社 2006 年版。

82. 佘双好:《青少年思想道德现状及健全措施研究》,中国社会科学出版社 2010 年版。

83. 沈壮海:《思想政治教育有效性研究》,武汉大学出版社 2008 年版。

84. 万光侠等:《思想政治教育的人学基础》,人民出版社 2006 年版。

85. 曹清燕:《思想政治教育目的研究——基于马克思主义人学视角》,中国社会科学出版社 2011 年版。

86. 程文晋、付华:《管理视域内的自我教育论》,中央编译出版社 2012 年版。

87. 高德胜:《生活德育论》,人民出版社 2005 年版。

88. 邱柏生:《思想教育接受学》,陕西人民出版社 1992 年版。

89. 杨芷英、王希永:《思想政治教育心理学》,首都师范大学出版社 1999 年版。

90. 陈立思:《当代世界的思想政治教育》,中国人民大学出版社 1999 年版。

91. 王敏:《思想政治教育接受论》,湖北人民出版社 2002 年版。

92. 邵道生:《现代化的精神陷阱:嬗变中的国民心态》,知识产权出版社 2001 年版。

93. 谭德礼等:《当代大学生思想特点及成长成才规律研究》,人民出版社 2012 年版。

94. 杨业华:《当代大学生核心价值观研究》,人民出版社 2011 年版。

95. 杨晓慧:《当代大学生成长规律研究》,人民出版社 2010 年版。

96. 何祥林、谢守成、刘宏达:《大学生群体思想政治教育新论》,中国社会科学出版社 2009 年版。

97. 杨雄:《关注改革开放后出生的一代——华东地区大学生调研报告》,上海社会科学院出版社 2008 年版。

98. 吴潜涛:《当代中国道德状况调查》,人民出版社 2010 年版。

99. 宣兆凯:《中国社会价值观现状及演变趋势》,人民出版社 2011 年版。

100. 赵孟营:《跨入现代之门:当代中国的社会价值观报告》,北京师范大学出版社 2008 年版。

101. 衣俊卿:《现代化与日常生活批判》,人民出版社 2005 年版。

102. 杨晓慧:《当代大学生成长规律研究》,人民出版社 2010 年版。

103. 周辅成:《西方伦理学名著选辑》,商务印书馆 1964 年版。

104. 单中惠、杨汉麟:《西方教育学名著提要》,江西人民出版社 2004 年版。

105. 谢立中:《西方社会学名著提要》,江西人民出版社 2007 年版。

106. 陈向明:《质的研究方法与社会科学研究》,教育科学出版社 2000 年版。

107. 张红兵:《SPSS 宝典》,电子工业出版社 2007 年版。

108. 吴明隆:《问卷统计分析实务——SPSS 操作与应用》,重庆大学出版社 2010 年版。

109. [美]乔治·瓦利恩特:《精神的进化:美好生活的构成》,张庆宗、周琼译,华东师范大学出版社 2018 年版。

110. [德]黑格尔:《精神现象学》,先刚译,人民出版社 2013 年版。

111. [德]卡尔·雅斯贝尔斯:《什么是教育》,邹进译,生活·读书·新知三联书店 1991 年版。

112. [德]雅斯贝尔斯:《时代的精神状况》,王德峰译,上海译文出版社 2013 年版。

113. [德]兰德曼:《哲学人类学》,阎嘉译,贵州人民出版社 2006 年版。

114. [美]埃里克·埃里克森:《同一性:青少年与危机》,孙名之译,浙江教育出版社 1998 年版。

115. [美]缪斯:《青春期理论》,周华珍等译,上海社会科学出版社 2014 年版。

116. [罗]马赫列尔:《青年问题与青年学》,陆象淦译,社会科学文献出版社 1986 年版。

117. [德]奥伊肯:《人生的意义与价值》,张蕾译,新星出版社 2013 年版。

118. [德]奥伊肯:《新人生哲学要义》,张源、贾安伦译,中国城市出版社 2002年版。

119. [美]英格尔斯:《人的现代化》,殷陆君编译,四川人民出版社 1985 年版。

120. [美]马尔库塞:《单向度的人——发达工业社会意识形态研究》,刘继译,上海译文出版社 2014 年版。

121. [美]弗洛姆:《自我的追寻》,孙石译,上海译文出版社 2013 年版。

122. [美]罗洛梅:《人的自我寻求》,郭本禹、方红译,中国人民大学出版社 2013年版。

123. [美]马斯洛:《动机与人格》,许金声、程朝翔译,华夏出版社 1987 年版。

124. [法]伯格森:《创造进化论》,肖聿译,华夏出版社 2000 年版。

125. [美]米德:《心灵、自我与社会》,赵月瑟译,上海译文出版社 1992 年版。

126. [英]安东尼·吉登斯、[英]菲利普·萨顿:《社会学》(第七版),赵旭东等译,北京大学出版社 2015 年版。

127. [美]津巴多:《心理学与生活》,王垒、王苏等译,人民邮电出版社 2003 年版。

128. [英]汉默顿:《思想的盛宴——西方思想史中之哲学、历史、宗教、科学及其他》,吴琼等译,九州出版社 2005 年版。

129. 王书道:《精神生活的历史演进与当代走向》,博士学位论文,南开大学,2002 年。

130. 罗姗:《当代中国社会人的精神生活研究》,博士学位论文,中山大学,2010 年。

131. 张敏:《思想政治教育视域下大学生精神成人研究》,博士学位论文,陕西师范大学,2011 年。

132. 朱白薇:《当代青年精神价值追求研究》,博士学位论文,中山大学,2012 年。

133. 凌石德:《当代大学生精神追求引导研究》,博士学位论文,湖南师范大学,2015 年。

134. 王玉如:《当代中国人的精神生活质量研究》,博士学位论文,东北师范大学,2012 年。

135. 李堂:《思想政治教育视域下大学生精神家园建设研究》,博士学位论文,西南交通大学,2012 年。

136. 兰文华:《中华民族共有精神家园现代建构的双重文化进路》,博士学位论文,华中科技大学,2009 年。

137. 王南湜:《简论人类精神生活》,《求是学刊》1992 年第 4 期。

138. 包哲兴:《谈精神生活研究中的几个问题》,《宁夏社会科学》1992 年第 6 期。

139. 张同基:《精神生活——一个属人的世界——有关精神生活中若干问题的研究札记》,《宁夏社会科学》1996 年第 6 期。

140. 童世骏:《世俗化社会中的精神生活论纲》,《思想与文化》2005 年第 0 期。

141. 韩庆祥、王海滨:《当代中国发展的现实逻辑与人的精神世界重建》,《求索》2019 年第 1 期。

142. 袁祖社、刘华清:《新时代美好精神生活的三维价值追求》,《山东社会科学》2019 年第 8 期。

143. 袁雨宸、庞立生:《自由的精神生活何以可能》,《福建师范大学学报》(哲学社会科学版)2019 年第 1 期。

144. 万美容、吴明涛、毕红梅:《后现代主义思潮影响下的青年精神生活异化之域及重构》,《思想教育研究》2018 年第 3 期。

145. 万美容、张艳斌:《论当代大学生精神生活治理的文化路径》,《马克思主义理论学科研究》2018 年第 2 期。

146. 伍廉松、万美容:《冲击与引领:多元社会思潮与青年精神生活发展论析》,《思想教育研究》2019 年第 3 期。

147. 彭红艳、万美容:《当代青年价值取向物质化现象的成因及效应》,《中国青年研究》2017 年第 4 期。

148. 万美容、张艳斌:《论新生代农民工精神生活发展困境及应对——基于个体化理论的研究视角》,《学习与实践》2017 年第 7 期。

149. 毕红梅、赵本燕:《消费主义思潮影响下大学生精神生活的异化及其消弭路径》,《理论导刊》2019 年第 7 期。

150. 杨虹、李乐:《新时代人民美好精神生活需要三维探析》,《学校党建与思想教育》2020 年第 5 期。

151. 王寅申、朱忆天:《全媒体时代青年学生精神生活的审视及其重构》,《理论导刊》2020 年第 6 期。

152. 伍廉松:《论社会主义核心价值观对大学生精神生活的引领》,《思想政治教育研究》2020 年第 2 期。

153. 李伟:《论思想政治教育对美好精神生活需要的满足》,《思想理论教育》2020 年第 3 期。

154. 廖小琴、何学海:《当前我国青年精神生活质量调查研究》,《教育与教学研究》2019 年第 1 期。

155. 张雪敏、王艳华:《历史唯物主义:理解精神生活的根本视阈》,《思想政治教育研究》2020 年第 4 期。

156. 解兆丹:《基于理性志趣的青年精神生活个性化》,《人民论坛·学术前沿》2020 年第 14 期。

157. 金飞、冯正垚:《以社会主义核心价值观为引领构建大学生精神生活世界》,《学校党建与思想教育》2019 年第 4 期。

158. 颜晓峰:《人民日益增长的美好精神生活需要对思想政治教育提出的新课题》,《思想教育研究》2018 年第 3 期。

159. 陈新夏:《精神生活与人的发展》,《中共中央党校学报》2018 年第 22 期。

160. 王娜:《论新时代中国人的精神生活》,《湖北大学学报》(哲学社会科学版)2018 年第 5 期。

161. 徐礼堂:《当代青年精神生活的引导路径分析》,《思想理论教育导刊》2018 年第 8 期。

162. 解兆丹:《基于精神生活反思的人的主体性发展研究》,《武汉理工大学学报》(社会科学版)2018 年第 7 期。

163. 王鑫、袁祖社:《绿色精神生活与文明转型新时代的价值追求》,《内蒙古社会科学》(汉文版)2018 年第 4 期。

164. 叶方兴:《精神世界的政治呈现——思想政治教育的精神本性初论》,《思想理论教育》2018 年第 10 期。

165. 赵浚:《审美育人:构筑人之精神世界的德育——从美育视角看德育哲学的价值实践》,《贵州社会科学》2018 年第 1 期。

166. 张智:《试析中国人民从精神被动到精神主动的历史嬗变》,《思想理论教育导刊》2018 年第 4 期。

167. 王海滨:《马克思的精神生产论及其当代性》,《中共中央党校学报》2018 年第 1 期。

168. 邱勤:《青年大学生精神生活的物化与应对》,《黑龙江高教研究》2018 年第 7 期。

169. 武潇斐:《"美好生活"的构成要素、内在规定与创造路径——基于《1844 年经济学哲学手稿》的释读》,《中共福建省委党校学报》2018 年第 4 期。

170. 王习胜:《美好生活的文化需要:新时代文化建设的基本视点》,《中国特色社会主义研究》2018 年第 3 期。

171. 王爱桂:《从精神贫困走向精神富裕》,《毛泽东邓小平理论研究》2018 年第

5 期。

    172. 冯志英:《用优秀传统文化来滋养大学生的精神生活》,《人民论坛》2018 年第 23 期。

    173. 张楠、杨夫腾:《当代中国社会转型时期下青年学生精神生活的几点思考——从大学校园的"空心病"现象谈起》,《湖北社会科学》2017 年第 10 期。

    174. 袁祖社:《精神生活的"自我治理"逻辑及其公共性追求——思想"正当化"自身的知识论前提》,《江海学刊》2017 年第 1 期。

    175. 胡潇:《精神生产方式的变革与意识形态建设》,《马克思主义与现实》2017 年第 2 期。

    176. 何海兵、向德彩:《精神生活的现代境遇及其变革诉求》,《思想教育研究》2017 年第 7 期。

    177. 孙留涛:《自媒体时代青年学生精神生活的审视及其质量提升策略》,《广西社会科学》2017 年第 8 期。

    178. 周游:《以社会主义核心价值观构建当代中国人的精神世界》,《思想理论教育导刊》2017 年第 11 期。

    179. 张桂芳、秦关:《网络时代精神世界的重建》,《马克思主义与现实》2017 年第 2 期。

    180. 杨振闻:《中国人精神世界重建与社会主义核心价值观》,《求索》2017 年第 2 期。

    181. 朱白薇:《新媒体语境下大学生精神生活发展的新形态》,《思想教育研究》2017 年第 10 期。

    182. 邹智贤:《现代人精神生活物化的危害、成因及化解路径》,《湖南社会科学》2017 年第 4 期。

    183. 张志宏:《信息化时代人的精神困境与文化救赎》,《江汉论坛》2016 年第 10 期。

    184. 陆杰荣、徐海峰:《论马克思的精神生活观》,《哲学动态》2015 年第 10 期。

    185. 陈赟:《"去家化"与"再家化":当代中国人精神生活的内在张力》,《探索与争鸣》2015 年第 1 期。

    186. 何海兵、沈志莉:《核心价值观视域下人的精神生活建设》,《中国特色社会主义研究》2016 年第 3 期。

    187. 王轩、袁祖社:《精神生活自我治理的价值范式与逻辑规制》,《陕西师范大学学报》(哲学社会科学版)2016 年第 2 期。

188. 王轩：《精神生活治理逻辑的价值实践——人类精神生活公共性福祉超越市场逻辑的人学认知》，《中南大学学报》(社会科学版)2016年第5期。

189. 潘莉、董梅昊：《当前社会精神生活问题及其应对策略探讨》，《毛泽东邓小平理论研究》2016年第1期。

190. 朱白薇：《微信引发现代人精神生活困境透视》，《理论导刊》2016年第3期。

191. 文军：《精神生活的理论构成——置于现代性背景下》，《社会观察》2004年第9期。

192. 王崎峰：《精神生活的内涵·存在方式·实践活动·价值体认》，《武汉理工大学学报》(社会科学版)2014年第4期。

193. 安起民：《简论社会精神生活》，《江汉论坛》1987年第3期。

194. 何中华等：《关注人的精神世界》，《前线》2002年第3期。

195. 方毅：《人的精神活动是内部实践过程》，《学术交流》1999年第3期。

196. 龙迎伟：《当代公共精神生活管理的客观现实性与实现过程》，《求索》2006年第8期。

197. 李建英：《构建中国人的和谐精神生活》，《河北大学学报》(哲学社会科学版)2008年第2期。

198. 庞立生：《精神生活的物化与精神家园的当代建构》，《现代哲学》2009年第3期。

199. 韩庆祥：《重建当代中国人的精神世界》，《中国职工教育》2010年第11期。

200. 刘荣荣：《关注当代人的精神世界——中央党校韩庆祥教授访谈录》，《文明与宣传》2001年第9期。

201. 李岩：《思想政治教育人文价值的具体表现解读——兼论思想政治教育惠于人的精神生活和社会生活的方式》，《湖北社会科学》2015年第1期。

202. 侯玲：《阶层固化背景下公民精神生活公共性建构的困境与突破》，《理论探讨》2015年第5期。

203. 罗姗：《论当代社会精神生活的维度与向度》，《思想理论教育》2012年第15期。

204. 张彦：《论精神交往的发展和精神生活的丰富》，《高校理论战线》2011年第12期。

205. 杨绪忠：《人的精神生活质量的指标体系研究》，《上海统计》2002年第10期。

206. 潘华实：《论当代中国人的精神生活》，《前沿》2012年第10期。

207. 孙其昂：《当代青年精神生活异化的现代性分析》，《中国青年研究》2012年第

7 期。

208. 侯勇:《困境与超越——青年精神生活的现代性图景》,《中国青年研究》2012年第 7 期。

209. 韩兴雨:《现代性语境中青年精神生活的理性建构》,《中国青年研究》2012 年第 7 期。

210. 侯勇、孙其昂:《论精神生活的现代性遭遇与超越之路》,《南京师大学报》(社会科学版)2010 年第 4 期。

211. 张彦:《论当代社会精神生活的基本特征》,《现代哲学》2011 年第 6 期。

212. 廖小琴:《论人的精神生活发展的道路和一般规律》,《求实》2010 年第 1 期。

213. 廖小琴:《论现代消费与人的精神生活发展》,《云南社会科学》2014 年第 1 期。

214. 廖小琴:《重视思想政治教育——提高人的精神生活质量》,《西华师范大学学报》(哲学社会科学版)2005 年第 4 期。

215. 李飞、廖小琴:《后现代背景下青年学生的精神生活透视》,《理论导刊》2015 年第 5 期。

216. 李飞、廖小琴:《异化与超越:后现代背景下青年学生的精神生活透视》,《江苏高教》2015 年第 7 期。

217. 柳礼泉、汤素娥:《社会主义核心价值观生命力的内构特征与外部呈现》,《伦理学研究》2016 年第 6 期。

218. 李建英:《构建中国人的和谐精神生活》,《河北大学学报》(哲学社会科学版)2008 年第 2 期。

219. 陈士锟:《关注青少年的精神追求》,《青少年研究》(山东省团校学报)2002年第 2 期。

220. 秦文:《转型期我国公众精神生活的碎片化特征及整合路径——基于"现阶段社会公众精神生活水平调查"数据的分析》,《学习与实践》2014 年第 1 期。

221. 秦文:《社会转型期公众精神生活的断裂样态及弥合路径——基于"现阶段我国公众精神生活水平调查数据"的分析》,《湖北社会科学》2014 年第 4 期。

222. 李威娜、刘举:《大众文化视域下的个体精神生活困境及其重构》,《学术交流》2016 年第 7 期。

223. 孟献丽:《当代中国价值观与中国人精神生活的重建》,《探索》2016 年第 2 期。

224. 岳友熙:《论生态文明社会精神生活的生态化》,《山东社会科学》2016 年第

4 期。

225. 王秀平:《马克思主义异化理论视域下现时代精神生活物化问题研究》,《湖北经济学院学报(人文社会科学版)》2016 年第 12 期。

226. 张朝松:《马克思主义的精神生活观探析》,《人民论坛》2013 年第 11 期。

227. 王玉如、赵继伦:《当代人精神生活物化及主体意识的再塑造》,《东岳论丛》2012 年第 9 期。

228. 袁雨宸、王艳华:《当代人的精神生活个体化困境及其批判》,《东北师大学报》(哲学社会科学版)2016 年第 1 期。

229. 陈洪泉、刘桂英:《论精神生活的意义需要与价值观建设》,《东岳论丛》2016 年第 1 期。

230. 胡海波:《精神生活、精神家园及其信仰问题》,《社会科学战线》2014 年第 1 期。

231. 罗迪:《论网络社会精神生活的基本特征》,《求实》2014 年第 9 期。

232. Griffith, Jessica Mesman, "The Spiritual Life of the American Teenager", *U.S.Catholic*, Vol.81, No.8, 2016, p.12−17.

233. Srivastava, Prem Shankar. "Adolescence Period: Reflections Through Spiritual Education", *International Journal of Multidisciplinary Approach & Studies*, Vol.2, No.1, 2015, p.49−54.

234. Clifford, Philomena. "Moral and Spiritual Education as an Intrinsic Part of the Curriculum", *International Journal of Children's Spirituality*, Vol.18, No.3, 2013, p.268−280.

235. Hall, Sarah, "Holistic religious education-Is It Possible? The Complex Web of Religion, Spirituality and Morality.Research on Religious and Spiritual Education", *British Journal of Religious Education*, Vol.38, No.2, 2016, p.218−221.

236. Charlene Tana, Leonard Tana, "A Shared Vision of Human Excellence: Confucian Spirituality and Arts Education", *Pastoral Care in Education: An International Journal of Personal, Social and Emotional Development*, Vol.34, No.3, 2016, p.156−166.

附录1:当代大学生精神生活调查问卷及其统计结果

问卷编号:

当代大学生生活状况调查

亲爱的同学:

你好!非常感谢你抽出宝贵的时间填写此问卷。为了更深入地了解当代大学生的生活状况,我们组织了此次调查。此次调查采取匿名方式,所有数据仅用于课题研究,答案没有对错之分,请根据自己的实际情况填写,你的回答将代表众多与你一样的大学生朋友,相信你会认真完成,再次感谢你对本次调查的支持!

"当代大学生生活状况研究"小组

说明:请按照要求在你认为符合的选项前面画"√"或在【　　】中填写选项前的标号。

（一）单选

1. 你的性别:【　　】

①男 32.1%　②女 67.9%

2. 你的年级:【　　】

①大一 48.0%　②大二 27.0%　③大三 17.4%　④大四 7.6%

3. 你的专业类别:【　　】

①理工类 55.4%　②文史类 32.7%　③艺体类 3.0%　④其他 8.9%

4. 你的政治面貌:【　　】

①党员（含预备）10.5%　②递交了入党申请或党校结业的团员 30.4%

③共青团员 56.7%　　④其他 2.4%

5. 你的家庭所在地:【　　】

①城市 24.5%　②县城、乡镇 25.5%　③农村 50.0%

6. 你父母对你的教养方式倾向于:【　　】

①放任型:很少干涉和约束,不怎么管 37.8%

②专制型:要求严格,无条件服从 1.4%

③权威型:有约束有控制,也会倾听 50.2%

④其他 10.6%

7. 你父母的最高文化程度:【　　】

①初中及以下 55.2%　②高中、中专、技校等 29.9%

③大专、大学本科及以上 14.9%

8. 你的家庭经济状况:【　　】

①很好 1.0%　②较好 7.1%　③一般 68.4%

④较差 21.0%　⑤很差 2.4%

9. 你是否有信仰:【　　】

①有 27.9%　②没有 41.6%　③说不清楚 30.5%

10. 你平均每个月阅读课外书的数量是:【　　】

①几乎没有 28.0%　②1 本 37.2%　③2 本 19.7%

④3 本 8.4%　　　　⑤4 本及以上 6.7%

11. 你每天的上网时间大约是:【　　】

①1 小时以内 8.4%　②1—2 小时 22.9%　③2—3 小时 30.8%

④3—4 小时 18.3%　⑤4 小时以上 19.6%

12. 你觉得物质生活与精神生活哪个更为重要:【　　】

①物质生活更重要 6.5%　②精神生活更重要 20.2%

③同样重要 69.2%　　　　④说不清楚 4.0%

13. 请对你目前的生活状况进行整体评价:

物质生活【　　】

①很差 1.6%　②较差 7.8%③一般 65.1%

④较好 22.6%　⑤很好 2.8%

精神生活【　　】

①很差 2.3%　②较差 12.9%　③一般　51.0%

④较好 28.8%　⑤很好 5.0%

(二)多选

14. 网络对你来说主要是(三项以内):【　　】【　　】【　　】

①休闲娱乐工具 4.3%　　　　②学习工具 66.6%

③生活帮手(网购等)52.5%　　④通信工具 51.8%

⑤理财经营工具 1.7%　　　　⑥交友平台 16.5%

⑦另一个展现自我的空间 6.3%　⑧其他 3.1%

15. 当感觉到心理压力很大时,你的应对方式是(三项以内):

【　　】【　　】【　　】

①向父母倾诉 28.4%

②向朋友、同学倾诉 68.7%

③向老师、辅导员寻求帮助 2.5%

④向学校心理咨询中心或其他专业机构求助 1.4%

⑤通过看书、运动等转移 56.5%

⑥通过吸烟、喝酒或者吃东西、逛街等发泄 14.2%

⑦闷在心里，自己承受 31.2%

⑧通过写日志，发微博、微信来抒发情绪 40.2%

⑨直接无视 9.5%

16. 下列选项中最让你有幸福感的事情是（三项以内）：

【　　　】【　　　】【　　　】

①家庭关系和谐 77.8%　　②身体健康 47.5%

③能力得到认可 38.6%　　④满足自身的物质要求 10.7%

⑤有知心朋友 43.3%　　⑥家人取得成功 9.5%

⑦兴趣爱好得到满足 16.4%　　⑧有满意的工作 9.7%

⑨学习或工作能胜任 21.0%　　⑩良好的生存环境 6.9%

⑪帮助别人或为社会作了贡献 10.5%

17. 你目前最迫切期待改善生活的哪些方面（三项以内）：

【　　　】【　　　】【　　　】

①改善人际关系 31.0%　　②优化时间规划 42.5%

③提高个人技能 72.4%　　④解决经济困难 16.3%

⑤丰富课余生活 18.3%　　⑥找到人生寄托 12.8%

⑦明确生活目标 33.7%　　⑧培养兴趣爱好 13.5%

⑨缓解学业压力 9.4%　　⑩改善就业环境 7.8%

⑪净化道德风气 2.4%　　⑫完善个人性格 25.2%

（三）表格

18. 下列说法是否符合你的实际生活情况：（请在选项相应的空格内打"√"）

	很不符合	不太符合	说不清楚	基本符合	完全符合
1. 我有可以分享心事的知心朋友	2.1%	5.4%	11.3%	43.9%	37.3%
2. 同学之间竞争多于关爱	10.0%	42.7%	27.3%	16.7%	3.4%
3. 我经常与老师讨论我遇到的难题	30.0%	42.4%	14.7%	11.2%	1.8%
4. 自己的事情不想让老师知道	4.0%	17.8%	28.4%	37.1%	12.7%
5. 我对父母报喜不报忧	4.0%	16.2%	15.8%	47.5%	16.5%
6. 我能从除父母外的亲人那里获得感情支持	3.1%	10.1%	16.2%	46.1%	24.5%
7. 打开网络主页时习惯性地看一下访问量	15.9%	32.8%	15.9%	27.3%	8.1%
8. 我经常思考自己生活的意义	1.6%	10.5%	27.2%	45.1%	15.7%
9. 我经常回顾或规划自己的生活	1.9%	15.8%	25.5%	45.1%	11.8%
10. 我喜欢课堂上发言	17.8%	42.7%	20.4%	15.8%	3.3%
11. 考试没考好的话会有挫败感	1.8%	10.0%	14.3%	52.7%	21.2%
12. 我觉得自己的课业压力很大	3.5%	24.4%	31.1%	33.9%	7.0%
13. 学习上出成果时很有成就感	0.7%	2.3%	8.0%	55.1%	33.8%
14. 我目前的学习生活很枯燥	4.6%	25.6%	31.4%	29.9%	8.6%
15. 我在学习上的努力或成绩得到了肯定	3.2%	17.6%	36.9%	36.6%	5.6%
16. 我的才智和能力在学习上得到了发挥	4.4%	23.1%	39.8%	29.2%	3.4%

19. 你从事以下活动的频率是:(请在选项相应的空格内打"√")

	每天	一周数次	一月数次	一年数次	从不
1. 与父母联系	9.1%	56.9%	31.8%	2.1%	0.1%
2. 做自己有兴趣、爱好的事	21.3%	47.7%	26.4%	3.8%	0.8%
3. 安静地待着,什么也不干	10.4%	31.8%	30.9%	11.9%	15.1%
4. 参加集体活动	5.6%	25.8%	46.2%	21.0%	1.4%
5. 体育锻炼	17.4%	43.6%	29.2%	8.0%	1.8%
6. 朋友聚会	0.9%	11.9%	46.0%	38.8%	2.4%
7. 看电影	1.2%	10.4%	31.6%	44.9%	12.0%
8.(近距离)外出游玩	0.5%	8.2%	43.2%	45.1%	3.0%
9. 写日记	5.1%	10.2%	19.3%	20.5%	44.9%
10. 寝室同学卧谈	15.5%	28.8%	36.0%	14.5%	5.2%

20. 下列说法是否符合你的实际生活情况:(请在选项相应的空格内打"√")

	完全不是	基本不是	说不清楚	基本如此	完全如此
1. 自己的情绪很容易受外界的影响	2.2%	19.8%	29.4%	43.1%	5.5%
2. 时常能体验到幸福	0.9%	7.1%	28.8%	51.6%	11.6%
3. 受挫后会低落一段时间	0.9%	10.2%	19.4%	59.3%	10.3%
4. 很容易纠结、烦躁	3.3%	22.4%	26.3%	40.7%	7.2%
5. 经常觉得别人比自己幸运	5.8%	27.0%	32.9%	29.2%	5.1%
6. 很容易满足,微笑面对生活	1.1%	5.9%	25.9%	53.6%	13.5%
7. 我能合理的规划和利用自己的时间	2.6%	21.3%	40.2%	31.8%	4.0%
8. 我总能明确自己每一阶段的目标	2.8%	20.1%	40.0%	32.8%	4.2%

21. 对于下列说法,你的态度是:(请在选项相应的空格内打"√")

	很不同意	不太同意	说不清楚	比较同意	非常同意
1. 大学学习就是为了找到一份好工作	5.7%	29.2%	17.1%	44.3%	3.7%
2. 薪资水平是就业时考虑的最重要因素	4.7%	29.1%	23.7%	36.7%	5.7%
3. 干得好不如嫁(娶)得好	20.7%	39.1%	22.4%	13.8%	3.9%
4. 宁愿坐在宝马里哭,也不愿意在自行车上笑	38.7%	38.8%	15.1%	5.2%	2.1%
5. 讲诚信会吃亏	30.1%	42.7%	19.7%	6.3%	1.2%
6. 网络上的言行不像现实生活中顾忌那么多	10.4%	32.6%	20.1%	32.4%	4.5%
7. 即使没有旁证,看到老人摔倒也会上前搀扶	2.4%	8.8%	39.3%	37.7%	11.8%
8. 在公共领域中,每个人管好自己就行	4.0%	25.8%	23.9%	40.7%	5.5%
9. 有意义的人生才是更有价值的人生	0.3%	2.3%	10.0%	52.6%	34.8%
10. 不管遭遇什么,生命都是最重要的	0.9%	4.1%	11.7%	38.7%	44.6%
11. 家庭幸福是学习、工作的唯一目标	2.1%	21.1%	19.6%	41.2%	15.9%
12. 有一种神圣的力量在主宰人类的命运	15.8%	29.2%	30.9%	17.9%	6.2%
13. 信教是人人都应该有的一种需要	21.7%	34.3%	27.4%	12.8%	3.8%
14. 人在做,天在看,所以善有善报恶有恶报	4.2%	12.1%	27.8%	42.0%	14.0%
15. 实现复兴梦是每一个中国人的责任和使命	1.4%	4.9%	22.1%	46.8%	24.7%
16. 国家利益高于一切	2.9%	7.5%	32.0%	35.7%	21.8%
17. 共产主义一定会实现	3.9%	8.5%	43.8%	24.2%	19.6%

问卷结束,感谢你的积极配合,祝你生活愉快!

附录2:当代大学生精神生活状况访谈提纲

大学生精神生活状况访谈提纲

亲爱的同学:

你好!我们课题组正在做一项有关青少年学生精神生活状况的调查,需要你的帮助和参与。我们的访谈内容仅用于课题研究,你只要根据问题谈一谈你的真实情况就可以了,对你的个人信息我们将会严格保密。为了后期整理的方便,我们需要对这次谈话进行录音,希望你不介意。非常感谢你的帮助。

1. 有人说现在学生的压力比以往时代学生的压力都更大,对此你怎么看?你觉得你自己的压力大吗?有哪些方面的压力?压力大或者情绪不好的时候一般如何排解?

2. 你有闺蜜(好基友)吗?你觉得你的知心朋友多不多?不管你生活中遇到什么事情,是否都能找到可以倾诉、可以懂你、可以与你分享的人?如果让你排名,对你来说相处最满意的前三个人分别是什么人?

3. 你觉得你的空闲时间多吗?你一般怎么度过你的空闲时间?没有阅读的习惯?你觉得看书主要是为了什么?你认为比较理想化的休闲生活是什

么样的?

4. 现在社会上有一些譬如看到有人跌倒要先拍照、找证人,才上前扶一把;看到有人跳江、跳楼,先拿着手机拍照发朋友圈,然后再考虑报警、营救的现象,对此你怎么看?

5. 你觉得信仰到底是什么? 你觉得哪些东西可以成为一个人的信仰? 你有信仰吗? 你怎么看待马克思主义信仰和共产主义信仰?

6. 你听说过"精神生活"这个词吗? 你觉得精神生活是什么? 你觉得哪些东西可以被称为"精神生活"?

7. 你对你目前的生活满意吗? 如果重新规划你的生活,你最想改善你生活的哪些方面? 如果对你的精神生活质量打分,你会打多少分? 你觉得影响个体精神生活状况的因素有哪些? 在你精神状况欠佳的时候,你希望你的父母、老师或者朋友通过什么方式来帮助你、关心你?

8. 你有特别崇拜的人吗? 你觉得他与娱乐明星、老师、医生、市长、科学家等这样一些人相比,谁的精神生活质量更高? 为什么? 你觉得判定一个人精神生活水平高低有什么标准? 或者你觉得什么样的生活更有意义?

我的提问到此结束,再次感谢你的分享和帮助!

附录3:当代大学生精神生活的
质性访谈示例

当代大学生精神生活质性访谈的文本整理

访谈对象基本情况:女生,大一,汉语言文学专业,免费师范生,籍贯农村

问:有人说现在学生的压力比以往任何时候的学生压力都大,你怎么看?

答:就我个人观点,我觉得这种看法不完全正确。虽然现在中国的大学生越来越多,像本科生、研究生,中国的支持率还蛮高的。与此同时,目前市场岗位面临饱和,岗位竞争比较大,退休时间又延长了,所以确实竞争压力蛮大。但是从另一方面来说,现在中国经济发展越来越好了,和其他各个国家的交流合作也越来越多,大家也越来越愿意"走出去",所以我觉得这种经济全球化条件下我们的就业面也很广,就业的途径很多,机会很多,所以说只要端正自己的心态,自己足够的优秀,那金子到哪里都一定会发光的。前提是你自己得足够优秀,有能力,只有使自己有能力了,你才有立足之地。

问:那你有压力吗?

答:我,怎么说呢,毕竟现在才大一嘛,有一点吧。我是汉语言文学的,是免费师范生,出来就是教师。教师的话基本上就是到中小学,我比较喜欢去高中。虽然毕业出来会给你包分配,但是想要更好的工作、更好的学校的话,我

在大学期间就要有比别人有更多优秀的地方,所以压力还是蛮大的。作为一名语文老师需要读更多的书,包括上课的一些能力,这些我都有待进一步去提高。有时候参加一些活动,会感觉自己在某些方面还很匮乏,跟别人相比差距也很大,就想着自己要赶快补充自己,心理压力挺大的。

问:压力大或者心情不好的时候,一般会采取什么样的方式进行排解?

答:一般情况下,跑跑步,我比较喜欢跑步,看一些比较励志的书,我从高中开始一直到现在都在读哲思系列的书,像《向上吧,少年》,我觉得那些东西读完还蛮有收获的。然后还会晚上听广播,每天晚上 12 点,我会听"千里共良宵"。然后还会和我比较信得过朋友或者舍友聊一聊,彼此打打气。

问:跟你的朋友聊天是打电话还是上网聊?

答:如果真的是心理不痛快的话,那肯定打电话。至于上网,虽然我属于那种整天手机不离手的那种人,但是从心底来说,如果我一整天不拿手机的话,我会更加开心。因为我是宣传部的,主要负责校会 QQ 空间,所以我每天都要登陆空间,关注动态什么的。但是事实上,每天用手机聊天,我觉得蛮烦的。

问:也就是说你现在上网大多是为了工作?

答:嗯,对。我是可以离开手机的那种人。虽然偶尔也会更新自己的动态,但不像他们那种一天更新好几条。

问:那你一般会写些什么?

答:我的话可能就写一下今天发生了什么引起我心灵颤动的事情。或者突然觉得自己要干某一项事情,然后给自己打气。或者自己比较开心的时候会分享一下自己的开心的心理。

问:你刚才说自己喜欢读哲思类的书,为什么喜欢这一类书呢?

答:我觉得一个人行走在世间,他需要有一种东西不断地推着自己一步一步地向上爬。上大学后,我觉得很多人的生活过得很安逸,像温水里泡死的青蛙。然后父母又在远方,老师又不可能时时刻刻鞭策你,所以我们需要寻找内心的一种东西,来推动自己,不要停下,继续向前走。

问:也就是说读这些书,更多的是为了获得自己前进的动力是吗?

答:嗯,是的。与此同时,你在别人的故事总能吸取到一些东西,人生就是一个在别人那里吸取经验少走弯路的过程。哲思有很多,包括一些明星的成长史,这样不仅可以了解到自己喜欢的明星的成长史,而且还可以摘抄一些唯美、经典的名言警句用来激励自己。

问:你们现在的空闲时间多吗?

答:蛮少的。刚开学的时候,我参加的社团蛮多的,也比较忙,现在又快期末考试了,还要复习啊什么的。虽然爱玩,但是还是得主攻学习。

问:参加这些社团是因为自己的兴趣爱好还是什么其他原因?

答:嗯,对。现在进社团都可以加学分,之前也有两个要我加入,然后加学分,我压根没弄,我觉得没意义。你看我加校会,就不是为了加学分。可能我还不知道学分的重要性,但是现在我没有把学分作为参加活动的一个目的,参加各种活动纯粹是出于一种单纯的爱。

问:你觉得最理想的休闲生活是怎样的?

答:早晨起来吹吹笛子、读读书、上下课,中午有时间的话休息一下,晒晒太阳,然后和好朋友喝杯奶茶,最好晚上有时间看部电影,再把自己该做的工作做完。这样说吧,我希望每天早晨7点起,晚上10点睡,然后主攻几个方面。第一,学习,希望轻轻松松的就把学习任务完成。第二,把握自己的爱好,吹吹笛子,跳跳街舞。第三,把自己参加的校会工作做好。第四,就是留下一些自己可以支配的时间,和朋友聊聊天,给家人打电话或者看看电影。

问:你觉得你目前的休闲生活和你理想的差别大吗?

答:差距不是特别大。如果我能第一合理的规划时间,第二提高时间利用的效率,第三按时完成任务不拖沓,基本就可以实现。

问:那你现在主要是哪些方面还做得不好呢?

答:时间规划,晚上总会在11点以后睡觉。我有时候事情特别多,当时没有完成就可能晚上开夜车,当天把它完成。写稿子、写作业,明天要交了,今天就不停地写完。

问:你闺蜜多吗?或者说知心朋友多吗?

答:一般般吧,七八个。基本上就属于那些朋友中,我有什么都可以说的,爱情、友情、亲情都可以聊,想哭就可以抱着他们哭,想笑就可以抱着他们笑的那种。

问:那你遇到事情的时候是和朋友分享多还是自我承担多一些呢?

答:开心的事情的话,我可能和朋友分享的多,但是如果是悲伤的话,我可能会先自己默默地承担,然后憋不住了就会和他们去分享。

问:如果让你给自己相处最满意的人排名,排在前三位的是谁?

答:第一个是好朋友、闺蜜(男闺蜜)。第二个的话是父母。第三个是我的室友,我和她特别默契,性格相投,而且对对方都特别尊重。

问:现在社会上有一些现象,像老人摔到了,你会不会扶?为什么?

答:扶。人之初性本善,我觉得从一个人的本性来说,你不可能眼睁睁地看着他跌倒不扶。还有我从小受的教育是要有一定的责任感,作为一名大学生,我觉得这是最基本的。如果大学生都不扶的话,那谁还会来扶呢?我可能有点愤世嫉俗。从理性上来说,现在老人摔倒了,你扶了之后可能责任归你,在这一点上可能要想一下。但是最后我还是会扶的。遇到这种情况的话,我会先拍一张照片,然后立马冲过去扶。但是如果情况特别危机的话,就会先冲过去扶了,也就不会想到那些讹不讹的了。

问:像你刚才说的先拍照再扶,现在社会上有一些"看到有人跌倒要先拍照、找证人,才上前扶一把;看到有人跳楼、跳江,先拿手机拍照发朋友圈,然后再报警、营救"的现象,新闻媒体上也有过报道,你是怎么看的?

答:怎么可以先发朋友圈呢?我说的先拍照,先打电话是说先打110报警或120,然后如果旁边有好多人都不扶的话,可能就会先问明情况。

问:那你在为人处世方面有没有一个明确的标准呢?

答：有啊，我觉得每个人都有自己的原则吧，这是做人最基本的。像现在就讲究什么自由、平等的，就是你对一个人，不管是熟人还是陌生人，最起码的就是尊重；第二就是行为举止必须符合我们作为一个文人所具有的那种气质。再怎么说我们作为文学院的学生还是应该具有那种文人气质的；第三个是说话要分群体，对长辈、晚辈、同辈，或者关系好的、不好的，应该都不一样。但无论什么时候都不要说脏话，我很讨厌说脏话的人；还有就是处理事情的基本原则，要诚信，还有就是朋友找你帮忙啊，能帮的就帮，不能帮的就直接拒绝，对待感情方面就是干脆点，喜欢就是喜欢，不喜欢就是不喜欢，不要拖泥带水。

问：你有没有听说在校学生出家的事情？

答：嗯，知道。

问：你觉得这和一个人的信仰有关吗？

答：肯定有关。

问：那你觉得信仰是什么？

答：我所理解的信仰是能在你的思想里占据主要位置，你信奉它，你按照它的要求去行动，它会对你的行为起支配的作用，你为人处事等方面的一个支配力。

问：那你有信仰吗？

答：我信仰中国共产党。我的直观感受啊，就是中国共产党建立以来，我们的生活的确是变好了，人们的地位上升了，再也不用卑躬屈膝，老人得到尊重等，这些都是事实。如果没有它的话，我就不能上大学，男生和女生也就不能在同一所大学上学，所以直观感受还是蛮好的。我之所以信仰中国共产党，是因为它在我的心里的确挺好的，它的总体方针很好的，不过其中也有一些人比较贪污，人性都有弊端。

问：你是党员吗？

答：不是。

问：那你想过要争取入党吗？

答:想啊。我觉得作为一名人民教师,我不能保证教的每一位学生都信仰共产党,但是至少我可以把共产党那些好的内容传授给他们。

问:有人说,有信仰的人精神境界更高,生活品质也更高,因为他们有自己的精神追求,不仅在物质生活上懂得知足常乐,还有精神生活上的需求和享受,你同意这个说法吗?

答:我不同意。

问:为什么呢?

答:因为信仰分很多种,中国目前就有很多信仰,像道教、佛教、伊斯兰教等,还有马克思主义信仰。我拿美国来举例,美国是一个文明程度很高的国家,他们大多信仰基督教,说是平等自由、男女平等,但是事实上他们并没有做到这些,还是存在阶级差别、种族差别。还有的话,就是有的人没办法把他信仰的理想社会与现实社会紧密联系起来,理想过于美好,没办法适应现实社会,他就会成为一个矛盾体,变得愤世嫉俗,对社会产生不满的情绪,本来是幸福的,因为这样的信仰而不幸福了。所以要视情况而定。

问:那我刚才说的"精神生活"这个词你听说过吗?

答:听过。

问:你觉得精神生活是什么?

答:精神生活应该是自己理想的一种生活,我觉得它和文化也相关,是一种文化吧,毕竟文化也属于精神生活。还有自己排除物质之外的一些兴趣爱好,自己参加的一些可以在心里陶冶情操等的一种活动。

问:在你刚才说的你一天的生活中,你觉得哪些是精神生活方面的?

答:吹笛子,中国的竹笛,传统文化。爱好属于精神生活,读书也属于精神生活。还有听讲座、看电影都算。

问:你对你现在的生活满意吗?

答:不太满意吧。哦,基本满意。

问:如果让你重新规划你的生活,你会怎样规划?

答:怀揣着我当初来大学的梦想:第一,心静。就是时刻保持心静,把当初那种好好学习的习惯延续下来,不要一直想着玩。第二就是坚持梦想,因为还有好多梦想,像考研的梦想啊。第三就是对自己真正热爱的写作,希望多写一些东西,多读一些书。第四就是把学习弄好。

问:如果让你对自己的精神生活打分,100分为满分,你会打多少分?

答:评价标准不同,我没办法去打。就是说我不能只生活在自己的世界里,我必须与别人比才能知道。那如果拿我和我身边关系最密切的人来说,我觉得我的精神生活80分吧。因为我参加的社团和社会实践活动比较多,享受的就比较多,而他们精神生活的面比我窄一些,所以我略微好一点。

问:你觉得影响一个人精神生活好坏的因素有哪些?

答:第一肯定是个人心态,还有就是周围的社会环境,政治环境、经济环境等,自然人文都可以。

问:你觉得父母、老师或者学校对你们的精神生活重视吗?

答:大学的话就是教授给我们上课,辅导员的话可能很少跟每一个同学聊,所以大学基本上就是半个社会,都靠自己去支配。父母的话离得太远了,很多东西还是靠自己的。

问:在精神状况不好,比较难受的时候,你希望父母、老师或同学通过什么样的方式来帮助你呢?

答:我希望在我难受的时候有一个人能对我不离不弃,会默默地守在我身边,然后给我擦眼泪、陪我聊天,给我安慰。

问:那你最希望这个人是谁?

答:老妈。

问:你父母的精神生活质量怎么样?

答:我觉得一般吧,我爸妈除了上班之外,会听听音乐、看看电视、和亲朋好友聊聊天、学习做做十字绣、跳跳广场舞等。

问:你觉得他们和娱乐明星相比的话,谁会更幸福一些?

答:子非鱼焉知鱼之乐也,我觉得差不多。明星有的我们这些平民百姓可能没有,但平民百姓也有小家之幸福。虽然明星很光鲜,但是我们知道光鲜的背后也会有些什么,你看他们每天努力的工作,如果他们对自己的工作特别热爱的话,他们也是一种精神追求。每天做自己喜欢的事情,还可以赚钱,何乐而不为呢?

问:也就是说评判精神生活的标准也是视情况而定的对吗?

答:嗯,是的,因人而异,就看你对幸福持什么样的态度,作什么样的评价。其实大学生可以参加的社会实践活动有很多,像讲座啊、社团啊,有些人是他本身特别喜欢这些东西,有些人是可能不太热爱这些,但是出于一定的目的,比如要锻炼口才等能力,他也参与这些活动,而且这一类人参加的活动其实挺多的。但是还有一小部分懒的不想动的同学,也包括学霸,他们一直秉承以前的学习习惯,一直学,不参与其他活动。那相比这些同学,我觉得那些参加活动多的同学精神生活比较好一点,他们虽然很累,但是每天接触的东西会很多,也会有收获,总比每天窝在宿舍里的那些人有更大突破。

问:那你觉得好的精神生活是什么样的?

答:一种健康的、比较好的精神活动是一种有意义的实践活动。第二就是不要总是怀有一定的目的,利己主义。就是说吧,让你的内心和这个社会达到一种平衡,你觉得自己所做的事情是有意义的,能让你感到愉悦,同时它又是符合社会道德规范的。比如说你去大街上飙车,你觉得很开心,但是这会对别人产生危害。所以,人生活在社会中还是要受一些道德制约的。在符合社会精神要求的基础上,做一些使你感到精神愉悦的活动是蛮好的。

附录4:"90后"大学生精神生活的质性研究报告

"90后"大学生精神生活的自我认知

——基于39位大学生的深度访谈结果

摘要:通过对39名大学生深度访谈资料的分析发现,"90后"大学生自觉观照自身精神生活状况的意识比较薄弱,对精神生活的概念知觉有待强化;他们在人生信仰、文化生活、道德价值、精神状态等方面存在失衡和滞后的特征,精神生活满意度有待提高;影响他们精神生活质量的主要因素是亲子关系、同辈群体、师生关系、社会环境、网络媒介等。为此,优化"90后"大学生的精神生活,需要增强大学生追求精神生活的自觉意识,解决大学生精神生活中的突出问题,着力促进大学生精神成人。

关键词:"90后"大学生;精神生活;自我认知;质性研究

一、问题的提出

精神生活作为人的一种本质存在方式,是个体发展水平、生活质量和生命品质的重要标识。但同时,精神生活也是现实生活中被认为"显而易见"、"理所当然"但实际难以用语言加以准确描述的对象,常常成为一个容易被大家

"熟悉"而非"熟知"、"熟知"而非"真知"的问题。

青年的价值取向决定了未来整个社会的价值取向,中国的未来属于年轻一代。作为社会主义合格建设者和可靠接班人的后备军,大学生的精神生活质量、精神成长水平关系重大。大学生精神生活问题自 20 世纪 90 年代开始逐渐受到学界重视,已有研究成果多从经验判断和实证调查的角度论述"90后"大学生精神缺失[1],精神生活异化[2]以及精神生活失衡、失序[3]等问题。在这些研究中,大学生处于"被认识"、"被表达"和"被评价"的地位。本研究试图以质性访谈的方式了解"90后"大学生对自我精神生活的认知和审视,通过"90后"大学生的自我表达来了解他们对自身精神生活现实图景的认识与评价。

二、研究方法

我们在 C 大学以目标抽样的方式选取了 39 位"90后"大学生,由访谈小组(2 名访谈员)逐一进行半结构式深度访谈。访谈内容包括对精神生活的理解、"90后"大学生的精神状态、人际交往状况、文化休闲状况、价值观念、信仰状况,以及对自我精神生活的满意程度与影响因素等。所有访谈事先征得受访者的同意,对访谈的内容进行全程录音。访谈结束后将所有录音逐字转录成文本资料。

我们以问题聚焦的形式对访谈资料进行了编码(具体编码方式和过程如下表),对访谈资料依其内容性质分别赋予不同的数字标识。数字是一级编码、二级编码与资料序列号的组合,第一、第二位数字为一级编码,第三位数字为二级编码,第四、第五位数字为资料序列号。如编号 04201 的资料,是指一级编码为 04(休闲方式)、二级编码为 2(文化休闲)、序列号为 01 的访谈资料。由于口头文字和书面文字具有不同的功能,如果将口头文字直接照搬到写作文本中,可能会改变文字的表达基础,从而改变文字意欲表达的意义的内容和结构,同时也可能造成理解的困难[4]。因此,本研究对引用的访谈资料进行了"标准化"处理,包括删掉无实质意义的停顿、重复、口头语,以及对文字顺序的适当调整。

表:"90后"大学生精神生活研究质性资料编码

文本表达示例	一级编码 (初始编码)	二级编码 (聚焦编码)	三级编码 (核心编码)
主要还是学习的压力,想学、学好	1:压力来源	1:压力	精神生活的 自我认知
出去逛逛,到处走走,想开了就好	2:压力排解方式		
排名的话是父母、朋友、恋人	3:满意的交往关系		
可能在宿舍看看电视剧什么的	4:休闲方式	2:文化休闲	
比较喜欢看看古诗词	5:阅读偏好与动机		
感觉自己的休闲方式比较单一	6:休闲方式自评		
是个别行为被放大成社会现象	7:对"扶不扶"的看法	3:道德观念	
三观比五官正,我会扶	8:老人跌倒扶不扶		
信仰就是一种精神寄托	9:信仰是什么	4:信仰	
做个好人	10:自身信仰情况		
爸妈说入党后可能会方便找工作	11:入党动机		
类似道德、品质的东西	12:精神生活是什么	5:对精神生活的理解	
听歌、看书、上课、旅游都算	13:精神生活的内容		
财富多少不影响人的精神追求	14:精神生活与物质生活		
给自己打8分	15:精神生活满意度	6:对自我精神生活的评价	
生活规划方面	16:期待改善的方面		
学生太多了,老师关注不过来	17:外界关注情况		
知道自己追求什么,生活有意义	18:精神生活评判标准		

三、结果与分析

"90后"大学生有关"我"、"我们"的话语表达,不论是描述客观现实还是陈述主观感受,实质上都是其自我认知的反映。他们有关精神生活的口述,反映了对精神生活的意义理解以及对自身精神生活的自我认识与自我评价。

（一）对精神生活的理解

"90后"大学生对"精神生活"这一概念的理解，是其描述和表达自身精神生活状况并作出满意度评价的前提和基础。

1. 精神生活是什么

对于"精神生活"一词，绝大部分受访的"90后"大学生表示在电视节目（民生类新闻、电视剧等）、高中老师那里听说过，或者从政治课本里看到过。但有三名受访大学生明确表示没有听说过"精神生活"一词，虽然听后"感觉大概可以意会"（12537），还有学生表示是"刚刚才听（访谈者）说的"（12520）。对于"精神生活是什么"这个问题，"90后"大学生的认识比较模糊。有学生表示对精神生活的说法"经常提，但可能解释不出来"（12530），有人则表示"精神生活是一种自己内心很充实的感觉"（12529），是"心里面认定的东西给自己在精神上的强大支撑"（12508），是"有点虚，类似道德、品质的东西"（12501）。在另一些同学看来，精神生活是在现实逼迫之外的，能够带来内心平静、精神愉悦的一种生活方式。"是按照自己的兴趣来享受的一种生活方式"（12504），"除了那种为了生活被迫干一种不喜欢的工作之外，其他那些我喜欢的，让我开心的，能让我从中得到享受的，都算是精神生活，哪怕它本身对我来说可能没有其他意义。"（12530）

2. 精神生活的内容

当问及"哪些方面可以被称为精神生活"或"说到精神生活你会想到些什么"时，受访者的迟疑和简单说辞反映出"90后"大学生对精神生活内容的认识还比较浅显和片面。提到精神生活，他们"最先想到乐观、积极、向上的心态"（13502），会想到"宗教和知识"（13537），会想到"静坐冥想，练瑜伽，打太极，让自己超脱的感觉"（13533）。还有人指出，"一个人的心理活动，他内心的一些标准、信仰、信念都可以作为他的精神生活。另外，静走、散心也算是精神生活支配下的活动"(13538)。甚至有人认为,"思考,自己想一些东西,用脑的东西都是精神生活……跟人说话是一种输出,也是一种精神生活……精神生活更多的是一种与自己内在的对话,形成自己的信仰。"(13515)综观所有相关描述,在"90 后"大学生看来,精神生活是由信仰、信念、思想、原则、心态、价值等个体内在意识性、精神性内容和娱乐消遣、兴趣爱好、阅读、卧谈交流等外在现实性、实践性生活内容构成。

3. 精神生活与物质生活的关系

对物质生活与精神生活关系的认识,可以进一步反映人们对精神生活的认识与知觉。在"90 后"大学生看来,一是精神生活的追求与发展必须以物质生活的保障为现实前提。"物质生活是最基本的,只有满足了物质生活才会去追求精神生活"(14516)。二是精神生活高于物质生活,理应成为人生追求的重要目标。"人每天生活注重的就是精神生活,物质生活上吃饱喝足就可以了,精神生活比物质生活重要得多。"(14506)三是物质生活与精神生活的水平并不呈正相关。"精神生活并不是说你非得在物质生活完全满足之后。一个人相对贫穷并不意味着他就没有什么其他的精神生活追求。"(14523)"一个很有钱的人的精神生活不一定充实,而一个物质生活比较一般的人,他的精神生活也可能很充足、丰富。"(14531)此外,还有学生认为"精神生活跟物质生活是相辅相融的,物质生活会渗透到精神生活中,在享受物质生活时也有精神生活在引导。"(14507)

(二)对自身精神生活状况的认识

"90 后"大学生对自我精神生活的表达和描述,反映了他们对自身精神生活现实图景的自我知觉。

1. 人生信仰

"90 后"大学生对信仰的认识表现出明显的多元化特点。在他们看来,信仰"是自己的一种可以带来希望和力量的依赖"(09401),"是支持自己对某一件事一直做下去的内在精神动力"（09438），"是让人有所畏惧……内心指引自己的一个杆子"（09439）。但部分"90后"大学生对信仰的认识也存在一些偏差或误区。有人认为"大家一般都有信仰，不过就看你信仰的是什么……可以把信仰分个三六九等"（09410）；有人认为"愿意信仰什么就信仰什么，这就是人的一种寄托"（09402）；有人认为"人不一定要有什么信仰，因为有信仰的人是这样生活，没有信仰的人也是这样生活"（09432）。对信仰认识的多元化导致"90后"大学生自身信仰的多元化。"我的信仰是坚持做一个正直并且善良的人"（10503）；"我的信仰是早点出去工作，然后好好孝敬我爸妈"（10508）；"我的信仰就是吃喝玩乐，支撑自己的就是活得快乐"（10524）。此外，也有部分同学明确表示自身没有信仰。"我没什么信仰……总觉得自己好像一直有所追求，但是我也不清楚我到底在追求什么"（10506）；"我没有信仰。我觉得做好你该做的事情就行了，凭着良心做好自己的事情，不用加什么标题"（10527）；"我觉得没有什么东西会让我把它刻意的归结为自己的信仰，我有自己为人处世的原则，但还没上升到那个高度。"（10511）

2. 文化生活

在本次访谈中，半数以上的受访者认为自己的休闲生活方式比较单一。这其中，学习任务繁重以及集体文化活动欠缺是最为主要的原因。"（学习）任务挺重的，休闲方式很少，有时候就尽量把休闲时间用来做一些该做的事情"（06207）；"空闲时间就在寝室里面玩游戏或者出去打球……加入了一些学生社团，但没组织什么活动，想去去不了"（04221）。而对于那些认为自身休闲文化生活丰富的人，刺绣、雕刻、绘画、看戏剧、练瑜伽、骑行等符合自己兴趣爱好的活动最能给他们带来精神上的满足与愉悦感。此外，阅读作为获取精神养分、构建精神家园的重要途径，是部分同学休闲娱乐的重要选择。"课余时间就是看自己喜欢的书。看书不为别的，就是自己感兴趣，就是喜欢读"（05203）；"我喜欢看一些古文、古诗词，觉得特别舒服"（05229）；"我自己是比较喜欢看书的。平时除了上课，就喜欢待在宿舍看书"（05233）。然而，对于部分"90 后"大学生而言,阅读也是一种"高贵"而"奢侈"的追求,难以成为一种真正的休闲方式。"我一直都特别喜欢看书,但是进入大学后我没有抽出太多的时间来看。因为我们专业比较难,专业的书需要花费多一点的时间"(05202);"我喜欢读文学类书籍,但是进入这个专业后基本上没有时间来看这些书。因为当你看这些书时,你会想着你周围的同学可能在写作业,也可能在看专业书,他们的任务已经完成了,可是你还在看,那就会受干扰"(05201)。

3. 道德选择

在访谈过程中,我们预设了"老人跌倒扶不扶"和"先拍照后救人"的情境问题,以了解"90 后"大学生的道德认知和行为选择。访谈结果显示,绝大多数受访学生遇到老人跌倒都会主动上前搀扶。"如果需要我救命的那种,我会提供我所能的帮助"(08312);"我的第一反应肯定会去扶,不能因为这种事(救人被讹的报道)就导致我救人先拍照"(08303);"我会去扶的,他要讹就讹吧,反正我也没什么钱"(08323)。而对于老人摔倒不扶,先拍照后救人的现象,他们认为,"至少这不是所有人碰到这种事情的第一反应,只是个别人的行为被放大成社会现象……有一点刻意宣传"(07312);"这种现象有,但肯定很少,就是因为少才会被报道"(07303)。而在部分"90 后"大学生看来,虽然主动提供帮助是义无反顾的选择,但见义智为比见义勇为更重要。"我会先拍照再扶,因为帮助别人首先不能伤害自己,要有保护自己的意识"(08324);"我家没钱,赔不起……如果不保护自己的话,那连学雷锋、做雷锋的基本条件都没有了"(08308);"我就会先拉个人证再去扶,帮是肯定要帮的,但不能说危害到自己"(08332)。但也有学生明确指出,在这种风险情境下,自己不会提供任何帮助,"这个社会是很乱的,我还是那种明哲保身,但求无过的观点。我不会主动去参与那种事情。我惹不起还躲不起吗?"(08306)有学生指出,"我们从小受的教育就是要传承中华美德,尊老爱幼。但是慢慢长大以后,父母或是其他人都会教育你说,遇到这种情况要当一个旁观者,因为多一事不如少一事"(07307)。上述不同陈述,真切地道出了大学生们面临社会现实和具体道德情境时行为标准的模糊以及由此带来的知行矛盾与德性挣扎。

4. 精神压力

"90后"大学生的精神压力主要源于"专业比较难"(01102)的学习压力、"就业形势一年比一年差"(01135)的就业压力、"与同学、舍友、周围人难相处"(01116)的人际交往压力、"不想靠家里的经济支持"(01116)的生活压力等,压力类型呈现明显的多元化特征。而这些多元化的压力在与同辈群体比较而衍生的相对剥夺感下愈益突出。"跟别人相比差距很大的时候,就会给自己压力。一想到别人都已经科研立项了,自己专业课都还没学好,就觉得自己很 low(差劲)"(01109);"学生之间的竞争很大,我不是学霸,成绩很平凡,所以我压力也很大"(01134)。面对众多的精神与心理压力,绝大多数"90后"大学生会采取积极的方式进行自我调节。"独自一个人在那里思考,看看书或者听听音乐,自己想通就好了"(02102);"心情比较 down(低落)的时候,会在一个本子上写一些话……最后都是一些正能量"(02107);"心情不好的话就跑跑步,运动一下"(02135)。此外,同辈群体与良好的亲子关系也为"90后"大学生提供了有力的社会支持。"因为年龄相仿,所处环境也差不多,所以说出来的话大家会比较理解。我们会相互鼓励……想通了就会心情变好"(17607);"我跟我父母的关系特别亲近,什么事都跟他们说,所以一般压力能得到排解"(17624)。但是对于部分"90后"大学生而言,他们在面对压力时却深感自己缺乏有效的社会支持。"和家长有交流,但就是不谈心,只说你最近在干吗、生活得好不好、有没有钱花"(17632);"辅导员他只是说会比较关心,然后一个学期找你一两次"(17607)。这种心理需求强烈与社会支持缺乏形成了鲜明的反差。

(三)对自身精神生活状况的评价

"90后"大学生对自身精神生活的评价,是其对精神生活现状的主观感受,也反映了他们对理想精神生活的追求与向往。

1. 精神生活质量的衡量标准

在"90 后"大学生看来,很难以统一的标准衡量个体精神生活的质量,但高质量的精神生活必定是良好的自我感受与较高的客观水平的统一。"可以以幸福为标准衡量精神生活水平的高低。但是,幸福也没有一个统一的、确认的标准……很多人的起跑线不一样,对自己精神生活的要求也不一样,所以还是不能用一个统一的标准。"(18633)在他们看来,衡量个体精神生活质量的好坏,需要结合个体主观感受和客观实际效果进行综合考察。有学生指出,"精神生活方面的高度取决于他对别人影响的深度和广度,另外就是自己的愉悦感和满足感"(18631);有人认为"别人的评价、自己的幸福感指数、具体的生活安排和生活方式"(18638)是衡量精神生活质量的主要标准;也有人把衡量标准概括为"精神生活的丰富度、自己感觉的舒适度和幸福感"(18616),"自己精神上的体验以及外界对你的一种感受"(18635)。

2. 精神生活的满意程度

访谈表明,"90 后"大学生对自身精神生活的满意度居于中等偏上的水平,自评分从 4 分到 9.3 分(以 10 分计算)不等。"90 后"大学生精神生活满意度差异较大,多数受访大学生的精神生活自评分在 8 分以上,也有部分学生对自身的精神生活并不满意,自评分在 5 分以下。而影响精神生活满意度的原因:一是缺乏计划性,执行力较差。"感觉自己的精神生活比较杂乱,计划性不强,基本上是根据自己的感觉在走。如果既考虑规划又考虑执行的话,打分就不及格"(15633)。二是目标、方向的迷失。"我现在的精神生活有点痛苦,就看着时间一点点在走,也不知道自己能干点什么,对自己未来的发展没有明确的方向"(15630)。三是理想远离现实。"没法按照自己理想的生活方式生活。我想干的不能去干,只能违背自己的内心去完成那些必须做的事情,每天都在受这样的煎熬。"(15601)

3. 对改善精神生活的期待

"90后"大学生处于人生发展的关键阶段，其精神生活状况在很大程度上影响着他们的未来。因此，他们对改善自己的精神生活状况充满期待。在期待改善的方面，提及最多的是时间规划、学习态度和学习方法，以及个人的能力提升等问题。"时间很乱，不会规划，每天浑浑噩噩地过了，不知道学了什么东西，所以最想改善自己的时间安排"（16629）；"首先要有一个好一点的成绩，然后参加各种竞赛，参加学生组织，锻炼自己的能力"（16616）。此外，多数学生提及希望自己在娱乐休闲生活、人际交往、兴趣爱好等方面有所改善。"我的课余生活太单调了，基本宅在宿舍了。如果要改善的话，想丰富一下自己的业余文化生活。"（16623）"我觉得要多读点书，不参加学生工作。每天泡图书馆里面，把读高中时我爸不让我读的书全都给读一遍"（16608）。

四、结论与建议

"90后"大学生精神生活表现出来的现实特征与突出问题是社会环境影响与自我建构发展共同作用的结果。通过内部提升与外部优化，丰富精神生活内容、优化精神生活结构、提高精神生活质量，对提升"90后"大学生的生命品质，进而成长为真正现代化的人、全面发展的人具有重要意义。

1. 加强精神教育，增强大学生追求精神生活的自觉意识

访谈结果显示，多数"90后"大学生对精神生活的认识比较模糊，较少对自身精神生活状况进行体察和反思，自觉追求和自主优化精神生活的意识比较薄弱。精神生活说到底是现实个体的精神生活，"人如果不意识到他现在的状况和他过去的局限，他就不可能塑造未来的形式"[5]。"90后"大学生精神生活的失衡与滞后，其根源在于大学生自身对精神生活的不自知、不自觉与不重视。优化"90后"大学生精神生活的现实境况，关键在于加强精神教育，激发和增强大学生追求精神生活的意识与自觉性。

2. 整合社会力量，把解决大学生精神生活突出问题作为紧迫任务

访谈结果显示，"90 后"大学生在信念信仰、道德生活、精神交往与文化休闲、精神压力与个人心态等精神生活层面确实存在一些较为突出的问题。"伴随中国经济的快速增长，社会实际已经出现了青年问题与社会问题的'同构现象'。"[6]"90 后"大学生精神生活中人生信仰迷失、道德知行不一、休闲阅读欠缺、心理亚健康明显等问题，已逐渐上升为突出的青年问题与社会问题。因此，全社会要把解决大学生精神生活的突出问题作为紧迫任务，着力为大学生精神生活的健康发展创造良好环境。一是要大力推进社会主义先进文化建设和精神文明建设，为更好地满足大学生的精神需求提供有力的精神文化保障；二是要坚持正确的舆论导向，大力培育和践行社会主义核心价值观，打击错误、反动信息的传播，为优化大学生的精神生活营造良好的媒介环境；三是要努力营造轻松愉悦的生活氛围、民主平等的同伴与亲子关系。

3. 坚持立德树人，着力促进大学生精神成人

访谈结果显示，"90 后"大学生渴望提升和改善自身的精神生活水平和质量，但备感无力和无奈。高等学校以立德树人为根本任务，应树立"专业成才，精神成人"的学生成长理念，把学生的精神成长纳入教育发展的视野，着力促进其精神成人。一要充分认识当前大学生的精神生活现状，在解决好大学生现实问题和思想问题的同时，加强精神需求的引导和精神动力的激发，提高大学生精神生活满意度；二要加强群体建设，构建寝室文化、班级文化、社团文化等场域，发挥意见领袖、情绪领袖的正向作用，扩大同辈群体的积极影响，为大学生个体提供情感支持网和精神导向标；三要建立平等、和谐的师生关系，教育者自觉担当起人生导师、知心朋友的责任，以实际的帮助和有效的建议引导大学生审视自己的精神生活，助其精神成人。

参考文献：

[1]丁媛媛.关于当代大学生"精神缺失"现状的调查与思考[J].学校党

建与思想教育,2012,(12).

[2]孙其昂,倪秋思.当代青年精神生活异化的现代性分析[J].中国青年研究,2012,(07).

[3]万美容,曾兰."90后"大学生精神生活优化与思想政治教育内容体系创新[J].思想理论教育,2014,(6).

[4]陈向明.质的研究方法与社会科学研究[M].北京:教育科学出版社,2000:348.

[5][德]恩斯特.卡西尔.人论[M].甘阳译.上海:上海译文出版社,2003:282.

[6]杨雄.关注改革开放后出生的一代——华东地区大学生调研报告[M].上海:上海社会科学院出版社,2008:15.

（本文已发表于《中国青年研究》2015年第10期）

附录5:"90后"大学生精神生活研究论纲

"90后"大学生精神生活研究论纲

摘要:大学生精神生活研究,已经成为高校德育发展创新的重要课题。这既缘于解决"90后"大学生精神生活突出问题的现实要求、促进高校德育理论与实践创新发展的客观需要,也因为研究"90后"大学生精神生活、引导他们精神成人是高等学校完成"立德树人"根本任务的重要保证。"90后"大学生精神生活研究的主要内容,包括大学生精神生活的一般理论性问题、发展变化的规律性问题、现状及优化的现实性问题。研究"90后"大学生精神生活,应坚持以唯物史观为指导,科学运用理论构建与经验总结相结合、系统研究与个案分析相结合、定量研究与定性研究相结合的研究方法。

关键词:"90后"大学生;精神生活;高校德育

精神生活与物质生活相对,是现实的个体为满足自身精神需要而进行的精神活动及其精神生活状态与方式。它体现着人生存的意义和价值,是个体的本质存在方式。当人们的物质生活水平随着社会经济发展而不断提升时,个体的精神文化需要和精神生活水平、质量就会逐渐成为备受关注的理论与实践热点问题。大学生是国家的未来和民族的希望。研究"90后"大学生精神生活的现状与特点,揭示其变化规律与发展趋势,探索其品质提升途径与优化方法,具有十分重要的理论价值和现实意义。

一、大学生精神生活:高校德育理论发展与实践创新的重要课题

教育的"根本意义不在于教给学生生活的技能和规范,而在于引导学生去自主地建构合理的生活方式"[1](P87),高校德育的目的也不只是帮助大学生形成符合一定社会所要求的思想品德,而应帮助他们解决精神生活中的突出问题、建构内在精神世界、优化外在精神生活方式。面对伴随社会主义市场经济浪潮出生、成长起来的"90 后"大学生群体,高校德育应把大学生精神生活作为理论发展与实践创新的重要课题展开研究。

首先,这是解决"90 后"大学生精神生活突出问题的现实要求。改革开放以来,物质生活的发展为精神生活的优化提供了现实基础,社会主义精神文明及校园文化的建设为大学生精神生活的丰富发展提供了广阔空间,大学生精神生活的领域不断拓展、内容日益丰富。然而,我们课题组①在全国范围内的抽样调查表明,"90 后"大学生在心理、道德、信仰等精神生活层面存在不同程度的失衡、失序、失落现象。他们面对生活、学习、就业等压力,表现出明显的浮躁、急躁、狂躁心态;他们期待他人关注却缺乏真正的知心朋友,强烈的心理需求与弱化的社会支持形成反差;他们有明确的道德价值观念、较高的道德认知水平和道德理想追求,但当遭遇现实生活中某些道德难题、困境,在行为上往往表现出犹疑和不确定;他们追求自身生活意义的热情消减,表现出较为明显的生活目标务实、人生信念淡薄、意义追求缺乏、精神动力不足等特点。[2]解决"90 后"大学生中存在的这些突出问题,需要高校德育工作者主动关注、有效监测学生精神生活的现状,科学认识、自觉遵循青年精神生活发展变化规律,及时引导、有效促进大学生精神需要与精神成人。

其次,这是促进高校德育理论与实践创新发展的客观需要。精神生活是

人类生活的重要内容,自古以来就不曾缺乏学者们对精神、精神世界、精神生活的探讨。综观已有的相关讨论和研究,西方学者重视对精神系统的心理生理机制研究,"把人的精神系统主要理解为认识系统,目标是人怎样认识包括自然社会及人自身在内的外部世界"[3](P260),而中国古代思想家们重视对精神生活内容的探究。改革开放四十多年来,我国学者就信仰危机、道德失范、心理失衡、精神教育、精神成人等精神生活领域的重大问题,从哲学、教育学、思想政治教育学、社会学等多学科角度展开研究,取得了丰富的理论成果。②但整体而言,对精神生活的内涵、结构和发展规律等根本性问题进行深入、系统分析和论证的成果相对较少;对大学生精神生活的研究,关注外在的精神引领与外部环境的创设、优化问题的较多,对学生精神生活状态的现实分析和个体精神生活状态的调适、建构的探讨较少。这种状况与高校德育发展的人本理念、生活路径和幸福取向明显不相适应。高校德育理论与实践创新发展,迫切要求加强对大学生精神生活生成机制及内在结构、具体特征及发展规律的深入研究,迫切要求加强对大学生精神生活现实状况、变化趋势及引导策略的有效探索。

最后,这是高等学校完成立德树人根本任务的重要保证。"90 后"大学生精神生活中的失衡、失序、失落现象,必然伴随着萎靡不振、心态消极、情绪波动大等精神状态。长此以往,就会模糊人生发展的方向,迷失人生的价值和意义,形成不健康的生活态度、不科学的精神生活方式,一旦遭遇困难就悲观失望,甚至轻生。"90 后"大学生是中国特色社会主义伟大事业的建设者和接班人,其精神世界的状况和精神生活的品质,深刻影响着中国未来社会的精神面貌和发展趋向,直接决定着高等学校"立德树人"的成效。毫无疑问,高校德育从理论上和实践上关注"90 后"大学生精神生活,尤其是对学生现实精神生活问题的关切和解决,将有效促进学生健康成长和精神成人,确保高等学校"立德树人"这一根本任务的完成。

二、"90 后"大学生精神生活研究的主要内容

马克思有言,"只有精神才是人的真正的本质"[4](P204)。因此,一切有关人的活动最终都可以归结为人的精神满足、精神愉悦和精神发展,所有人文社会科学研究都脱离不开人的发展、人的幸福、人的解放等精神性话题。目前学界关于精神生活的研究呈现出研究内容丰富、视角多样、参与学科众多等特点,但也存在基本问题缺乏共识、话语体系不统一、研究者自说自话等现象。显然,精神生活研究亟待圈定自己的研究领地,规约好研究的话语、概念、框架,并在此基础上厘定研究的主要内容。作为高校德育理论与实际工作者,我们以探究"90 后"大学生精神生活现状及其优化等重大现实问题为旨趣。我们认为,对大学生精神生活及其构成、大学生精神生活品质的发展和衡量、大学生精神生活的现实问题及应对策略等问题的研究,构成"90 后"大学生精神生活研究的主要内容。这些研究内容可依其性质,分别归属于"90 后"大学生精神生活一般理论性问题、发展变化的规律性问题、现状及优化的现实性问题三个方面。

1. "90 后"大学生精神生活的一般理论性问题研究

"90 后"大学生精神生活的一般理论性问题包括精神生活的基本内涵与一般特征,"90 后"大学生精神生活的内容构成与层次结构、个体功能与社会价值等问题。对精神生活最简单直接的理解是"带有精神性的生活",因此,精神生活从属性上来说首先是一种生活。生活,从内容上可以划分为物质生活和精神生活。在此意义上,精神生活是生活的外延,是与物质生活相对而存在的生活形式,这是研究"90 后"大学生精神生活的基本立场。人的精神生活的目的是满足个体的精神需要,而人的精神需要在取决于一定社会条件的同时,又能够在一定程度上超越该社会条件所能满足的程度而产生新的、更高的需要。正是精神需要这种本质上的不满足性推动着人的精神生活的发展[5](P56),也为精神生活的优化构建提供了可能。

"90后"大学生精神生活是精神活动与精神状态的统一,形成综合、立体的结构图景。横向内容结构包括精神活动、精神生活状态和精神生活方式,纵向层次结构包括心理的生活、伦理的生活和信仰的生活。具体来说,精神活动是个体"自觉到精神需要并尽力加以满足"[6](P10)的一切求真、向善、为美的活动的总和,是精神生活的基本表现形式和主要内容构成;精神生活状态包括现象层面的精神面貌、观念层面的精神价值、信仰层面的精神追求等,是精神活动的结果呈现;精神生活方式作为精神活动的机制化、制度化存在,包括学习生活、精神交往、精神消费和追求生命超越活动的方式。在层次结构上,心理的生活主要是一种感性认知,包括个体的心态和情感;伦理的生活主要是一种理性反思,包括个体的道德和价值;而信仰的生活主要是一种生命超越,包括个体的信仰和审美。对"90后"大学生个体而言,精神生活可以提供一种心理支撑、行为激励和意义导向,对社会而言,精神生活也起着导向、激励、整合等作用。因此,研究有关"90后"大学生精神生活的概念、构成、功能等基础性问题,一方面可以论证"90后"大学生精神生活优化建构的必要性、可能性,另一方面可以为研究"90后"大学生精神生活发展变化规律及其优化、引导策略提供理论依据和分析框架。

2."90后"大学生精神生活发展变化的规律性问题研究

研究"90后"大学生精神生活的基本特点与发展趋势,分析"90后"大学生精神生活变化的内在动因和外部动力,揭示"90后"大学生的精神生活发展变化规律,是"90后"大学生精神生活研究的核心内容。物质生活是精神生活的基础,强调"90后"大学生的精神生活的意义并不意味着否定物质生活的基础性,而是"基于人的发展的丰富性、全面性、自由性对人的精神发展水准的一种关注,是人进一步发展、更充分发展的内容,是人在现代物质生活条件得到明显改善情况下对人的整体发展水平更高的提升"[7](P244)。在现实生活中,"90后"大学生的物质生活水平不断提高,日益生发出更多的精神生活需要,对精神生活的水平和品质提出了更高的要求。这就带来一个与此相依的问题,"90后"大学生精神生活的水平或品质如何衡量?其精神生活发展的动力何在、趋势如何?

雅斯贝尔斯认为,"状况是无意识,虽不为有关个人所知晓却已发生实际作用","作为这种状况的结果而发生的事情,部分是由处于该状况中的人以及他对该状况的想法所决定的"[8]((导言)P25)。精神生活从根本上说是现实个体的精神生活,是个体通过自身的感受、体悟、反省、修身等方式不断反思、提升、超越的结果。以系统的眼光审视"90后"大学生精神生活的发展趋势,在时间维上表现为个体精神生活基于过去、着眼当下、建构未来的不断承接、满足与超越,在空间维上表现为精神生活与物质生活的相互作用、个体精神生活与群体精神生活的相互建构、现实精神生活与虚拟精神生活的相互渗透,呈现出精神活动内容的丰富化、精神生活方式的现代化、精神生活状态的积极化等特征。通过对这些特征的科学认识,无疑能帮助我们更深入地揭示出"90后"大学生精神生活发展变化的规律,更有效地解决"90后"大学生精神生活中的突出问题。

3. "90后"大学生精神生活现状及优化的现实性问题研究

"适应学生个体品质发展需要,适应其年龄特征、个体特点和思想品德的实际状况,通过教育和引导,将社会的要求转化为学生个体的需要动机和行为品质,使其形成相应的社会生活能力"[9](P75),这是德育个体适应性的基本要求。针对"90后"大学生精神生活的现实状况及其影响因素,提出有针对性、操作性的解决方案,体现了现代德育个体适应性的自觉,也是研究"90后"大学生精神生活的主要目的。高校德育能否适应大学生身心发展、精神成人的需要,是决定其是否具有实效性以及实效性大小的重要因素。因此,高校德育首先要对社会主义市场经济环境和个体身心发展阶段共同建构下的"90后"大学生精神生活状况有一个清晰的认识。通过对"90后"大学生精神生活的实证调查,了解他们的精神活动、精神生活方式及精神生活状态有何特点,了解他们对自身精神生活状况的认识和满意程度,了解他们的精神需要满足状况及精神生活领域存在哪些突出问题。其次,研究他们何以成其为今天的他们,即研究是哪些因素,以何种方式,在多大程度上影响着"90 后"大学生的精神生活。我们认为,"社会主义市场经济体制,社会主义政治文明建设,多元文化格局的影响,信息社会的发展"[10](P159)等社会客观条件构成每一个现实个体生活的"布景",这些短期内不会有根本性改变的因素决定了"90 后"大学生精神活动的宏观环境与条件;性别、专业、生源地、家庭教养方式、家庭经济状况、父母文化水平和职业等人口学变量则可能在微观层面成为"90 后"大学生个体精神生活状况存在差异的重要因素。最后,探索解决大学生精神生活领域突出问题、优化大学生精神生活状况的有效对策,这是"90 后"大学生精神生活研究的落脚点。大学生精神生活的优化和整体构建是一个系统工程,不可能仅仅通过某一方面的努力得以实现,学生(个体与群体)、学校、社会都应该为此作出努力,其中,学生自我调适、优化是关键,学校教育、引导是重点。只有真正构建起全员、全过程、全方位育人的德育长效机制,才能有效消除"90 后"大学生精神生活中存在的失衡、失序、失落现象,优化他们精神生活状况与精神生活方式,提升其精神生活品质与生命存在的价值。

三、"90 后"大学生精神生活研究的基本方法

精神生活具有内容丰富、形式多样、变化复杂、差异显著等特点,单一的方法不可能获得对这一问题的全面、深入认识。因此,必须以唯物史观为指导,综合运用多种方法,从理论和实践两个层面深入研究"90 后"大学生精神生活问题。

第一,坚持运用理论建构与经验总结相结合的方法。以范式范畴反观高校德育研究,大体上可以划分为理论建构和经验总结两种不同取向的研究范式。[11](P252)"90 后"大学生精神生活研究既涉及建构理论体系以提供分析的框架,也涉及对实践经验的规律性认识以更好地解决现实难题。一方面,精神生活是一个较为宽泛、抽象的概念,已有研究从不同角度对精神、精神世界、精

神生活等内容进行了阐释与论述,但对于有关精神生活的一些基础理论问题并没有达成普遍的共识。这就需要认真梳理已有理论资源,科学构建"90 后"大学生精神生活的理论体系,在思辨的基础上"提出一些认识的角度,推演出一些有解释力的概念,阐明一些分析的逻辑,提出一些分析研究的模式"[12](《自序》P3)。另一方面,大学生精神生活的发展与优化,与校园文化建设、课程体系建设、人际交往模式构建、社会实践活动设置等德育工作息息相关,各高校都有丰富而生动的实践经验。通过对这些实践经验的总结和提炼,有利于增进对"90 后"大学生精神生活发展变化及其优化建构规律的认识。因此,"90 后"大学生精神生活研究,必须将理论建构和经验总结两种方法紧密结合。

第二,自觉运用系统分析与个案分析相结合的方法。系统是普遍存在的,任何事物都可以被看成一个独立的有机整体。系统分析,是加强对事物整体的宏观把握,了解事物内在构成及其与外界互动机制的科学思维方式。有了这样的思维方式,人就能够"按照人的需要的形式,并根据事物的建构和结构、分解和组合的逻辑,在头脑中对事物进行观念的分解和组合,创造性地建构具有结构的观念的对象"[13](P107)。对"90 后"大学生精神生活进行系统分析,了解它的要素构成、层次结构、系统功能,并通过系统与环境之间关系的分析,能更好地透过现象看本质,在其运动变化中掌握发展规律,否则容易以点带面、以管窥豹、只见树木不见森林。

系统分析是把握对象整体性和普遍性的方法,但整体是由部分构成的,普遍性存在于特殊性之中。大学系统的专业知识教育、校园文化的建设、全员育人的格局等,为"90 后"大学生创造了精神生活发展的现实基础和良好环境,也决定了其精神生活状况存在区别于一般社会成员的特殊性。他们正处于青春后期,因自我同一性危机而表现出众多的困惑、矛盾和不稳定性,每个人都具有极大的可塑性和显著的差异性。精神生活的主体是现实的个人,"每个人也有一部个人的历史,有我们自己的生活故事,这些故事使我们能够解释我们是什么以及我们被引向何方"[14](P216)。只有深入每一个人生,每一段经历,了解细腻的情感、生动的经历、特殊的感受,才能还原一个个有血有肉的丰满的形象,从群体、个体的差异性中把握"90 后"大学生精神生活状况以及何以如此的原因。因此,要深入了解"90 后"大学生的精神生活状况,科学把握其发展变化规律,必须自觉运用系统分析与个案分析相结合的研究方法。

第三,有效运用定量研究与定性分析相结合的方法。精神生活的现实性、实践性特征决定了实证研究方法是其基本研究方法。问卷调查是一种直接、系统地从一个取自总体的样本中收集量化资料,并通过对资料的统计分析来认识社会现象及其规律的研究方法。在人文社会科学研究中,问卷调查方法因其可以大规模获取可量化信息、数据直观呈现结果等优点而备受青睐。目前很多关于精神生活状况的实证研究大多以问卷调查为基础,但其中不少研究或凭他人调查的二手数据资料,或基于自己并不规范的调查所获得的数据,因受到调查结果时效性、抽样方法科学性、调查样本代表性等方面的限制,不少研究结果缺乏信度难以真实反映人们精神生活面貌。因此,运用量化研究方法,通过科学设计问卷、严格抽样规则和认真统计分析,获得对"90 后"大学生精神生活的整体性、直观性、数量化把握,显得尤为必要。

精神生活是众多因素交织并共同作用的复杂适应系统,难以从单一的维度确定其内涵,这决定了研究者必须采取复杂思维方式,以非线性的、互补性的思维,以定性研究和定量研究相结合的方法来加以认识和把握。如果说以问卷调查为主的定量研究将收集的信息以直观、简明的数据呈现,使论证更有说服力的话,那么以个人访谈和文本分析的定性研究,则因其内容丰富、生动、深刻而更具说服力。马克思主义主张从"从事实际活动的人"去"理解有血有肉的人","它的前提是人,但不是处在某种虚幻的离群索居和固定不变状态中的人,而是处在现实的、可以通过经验观察到的、在一定条件下进行的发展过程中的人"[4](P525)。个体的生命历程是一个由多个生命事件构成的序列,深入的个人访谈是了解不同生命事件对个体人生不同影响的有效途径。此外,新媒体环境下,网络成为大学生表露心声的重要场所,他们通过日志、微博、说说、微信等文本、音像记录个体生命历程中的点滴,采用各种符号为生活中的具体事件和经验赋予意义。通过对这些自我呈现的生活文本的分析,既可以了解大学生特定时期的心路历程,也可以通过大学生的自我发声改变众多研究中大学生被观察、被定义、被表达的失语状态。总之,精神生活尤其是"90后"大学生精神生活的特殊性决定了定量研究与定性研究有效结合的必要性与重要性。

注释:

①指国家社科基金项目"90后学生思想行为特点与大学生思想政治教育实践创新研究"(项目编号:11BKS070)课题组。

②参见中山大学郑永廷、李辉,华东师大童世骏、许纪霖、陈赟、雷启立,东南大学廖小琴,华中师大王坤庆,吉林大学张慧君,南开大学杨桂华,河海大学孙其昂,宁夏社会科学院包哲兴、张同基等人的相关成果。

参考文献:

[1]郭元祥.生活与教育——回归生活世界的基础教育论纲[M].武汉:华中师范大学出版社,2002.

[2]万美容,曾兰."90后"大学生精神生活优化与思想政治教育内容体系创新[J].思想理论教育,2014,(6).

[3]吴元梁等著.精神系统和精神文明建设[M].北京:人民出版社,2004.

[4]马克思恩格斯文集(第一卷)[M].北京:人民出版社,2009.

[5]廖小琴.人的精神生活质量研究——小康社会进程中人的发展图景[M].南京:江苏人民出版社,2009.

[6]童世骏.当代中国人精神生活研究[M].北京:经济科学出版社,2009.

[7]王坤庆.精神与教育——一种教育哲学视角的当代教育反思与建构

[M].武汉:华中师范大学出版社,2009.

[8][德]雅斯贝尔斯,王德峰译.时代的精神状况[M].上海:上海译文出版社,2013.

[9]龚海泉.走进新世纪的高校道德教育[M].武汉:华中师范大学出版社,2001.

[10]郑永廷,罗姗.中国精神生活发展与规律研究[M].广州:中山大学出版社,2012.

[11]万美容.思想政治教育方法发展研究[M].北京:中国社会科学出版社,2007.

[12]雷洪.社会问题:社会学的一个中层理论[M].北京:社会科学文献出版社,1995.

[13]夏甄陶.人是什么[M].北京:商务印书馆,2000.

[14][美]马丁.当代叙事学[M].北京:北京大学出版社,1990.

(本文已发表于《学校党建与思想教育》2015 年第 1 期,被人大复印资料《思想政治教育》2015 年第 4 期全文转载。)

后　　记

　　选择思想政治教育专业，其实可以说是一个偶然，然而真正进入思想政治教育这样一个领域、找到自己感兴趣并努力为之奋斗的方向，要得益于导师万美容教授的引领和指导。本书是在博士论文基础上修改完成的，博士论文从选题、大纲、初稿到最后的定稿，无不凝聚着导师的智慧和心血，感谢导师高屋建瓴、耐心细致的指导。在攻读硕士、博士学位的六年里，导师用自己渊博的学识学问、宽厚的师者仁心和严谨的学术风格，让我在思维方式、处世方式、生活方式等各个方面都有了蜕变升华，让我受益终生。感谢恩师用自己在为人处世、生命追求上的一言一行教导我认真地做事、严谨地治学、用心地生活。人生路上能有这样一位精神引路人、学术指导者，我是何其幸运。师母洪星老师六年来如慈母一般，一如既往地支持我、关心我和鼓励我，让我非常感动和感激。感谢您在图书借阅上的帮助和文献计量上的指导，感谢您在我迷茫、脆弱时的陪伴和鼓励，感谢您在生活上对我点点滴滴的关怀，现在每每想起，依然觉得无比温暖。

　　感谢张耀灿老师对我专业学习、博士论文选题及研究的耐心指导，感谢您对我学习研究的支持和鼓励，感谢您慷慨无私地把办公室借给我作为学习室，那里书香四溢、安静清新，是我读博期间待得最多、留下很多美好回忆的地方。

　　感谢导师组的胡咚、陈迪明老师、吴艳华老师、李芳老师、谢莉勤老师、王卫国老师、张建红老师、彭红艳。读博的三年里，我们经常一起感受学术带来的惊喜，一起分享生活的喜怒哀乐。作为同门的兄弟姐妹，感谢你们的陪伴与共同成长，因为有你们的存在，我的博士生活才会如此丰富多彩。感谢你们的出现，让我的人生收获了最宝贵的同门情谊，相信这份情谊必将长存。

感谢导师组 2013 级研究生与我一起学习和进步，感谢学习小组成员的付出和努力。

感谢 2013 级思政博士班的 14 位同学，很庆幸能与大家成为同学，这个大家庭很温暖，谢谢你们三年的鼓励和陪伴。

感谢答辩委员和盲审专家对论文提出的宝贵意见。

感谢"张耀灿思想政治教育学术研究基金"同意将本书纳入张耀灿先生主编的"现代大学德育创新研究丛书"出版并给予资助；感谢导师万美容教授课题"我国当代青少年精神生活现代化问题研究"为本书出版提供的经费赞助。

感谢人民出版社编审马长虹为本书出版提供的帮助。

感谢湖南大学马克思主义学院各位领导和同事对我的支持和帮助。

感谢我的家人，你们是我最大的精神支柱，是我的精神港湾，是我精神力量的来源。

关注人的精神世界，研究人的精神生活，无形中也让我更加积极地看待生活中的酸甜苦辣，更加自觉地耕耘内在的精神家园。个体的精神成长是一个漫长的过程，唯愿自己始终怀着一颗感恩的心，锻造有趣的灵魂，坚持梦想的方向，努力成长为一个真正精神富足、生命丰盈的人！

曾　兰

2020 年 10 月 30 日

责任编辑:马长虹

封面设计:徐　晖

图书在版编目(CIP)数据

当代大学生精神生活现状及其优化研究/曾兰 著. —北京:人民出版社,
　2021.9

ISBN 978－7－01－023179－2

Ⅰ.①当…　Ⅱ.①曾…　Ⅲ.①大学生-思想政治教育-研究-中国
　Ⅳ.①G641

中国版本图书馆 CIP 数据核字(2021)第 033449 号

当代大学生精神生活现状及其优化研究

DANGDAI DAXUESHENG JINGSHEN SHENGHUO XIANZHUANG JIQI YOUHUA YANJIU

曾兰 著

人民出版社 出版发行

(100706　北京市东城区隆福寺街 99 号)

中煤(北京)印务有限公司印刷　新华书店经销

2021 年 9 月第 1 版　2021 年 9 月北京第 1 次印刷
开本:710 毫米×1000 毫米 1/16　印张:20.25
字数:300 千字　印数:0,001-3,000 册

ISBN 978－7－01－023179－2　定价:58.00 元

邮购地址 100706　北京市东城区隆福寺街 99 号
人民东方图书销售中心　电话 (010)65250042　65289539